미디어 읽고 쓰기

건강한 미디어 생활을 위한 미디어 리터러시

일러두기

이 책은 《나를 중심으로 미디어 읽기》를 미디어 환경 변화에 맞추어 개정한 책입니다.

미디어 읽고 쓰기

건강한 미디어 생활을 위한 미디어 리터러시

개정 1판 1쇄 발행 | 2021년 03월 31일
개정 1판 6쇄 발행 | 2024년 09월 13일

지은이 | 이승화
펴낸이 | 김경배
펴낸곳 | 시간여행
편 집 | 김지수
디자인 | 디자인[연:우]
등 록 | 제313-210-125호 (2010년 4월 28일)
주 소 | 경기도 고양시 덕양구 지도로 84, 5층 506호(토당동, 영빌딩)
전 화 | 070-4350-2269
이메일 | jisubala@hanmail.net

종 이 | 화인페이퍼
인 쇄 | 한영문화사

ISBN 979-11-90301-11-4 (43300)

이 도서의 국립중앙도서관 출판예정도서목록(CIP)은 서지정보유통지원시스템 홈페이지 (http://seoji.nl.go.kr)와 국가자료공동목록시스템(http://www.nl.go.kr/kolisnet)에서 이용하실 수 있습니다. (CIP제어번호 : CIP2020046635)

미디어 읽고 쓰기

건강한 미디어 생활을 위한 미디어 리터러시

MEDIA LITERACY

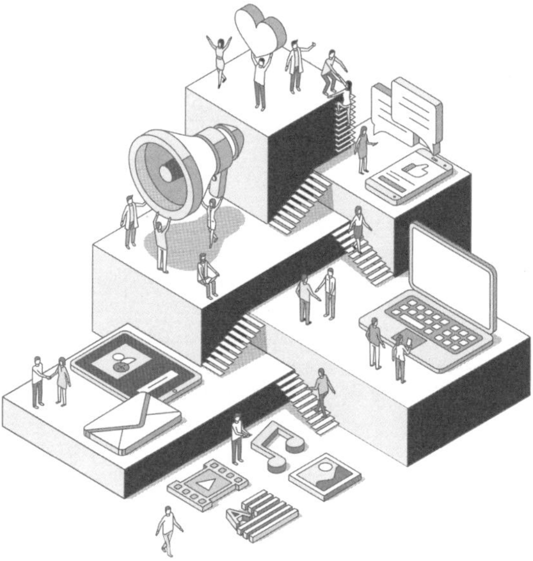

이승화 지음

시간여행

들어가는 말

건강한 미디어 생활을 위하여

꿈을 키우는 데 도움이 된 웹툰이 있나요?

마음 뿌듯하게 해준 유익한 예능이 있나요?

동네 형처럼 힘이 되는 유튜버가 있나요?

콘텐츠를 만들며 성취감을 느낀 적이 있나요?

한 작가는 책을 쓸 때 큰 질문으로 시작하라고 했습니다. 제가 이 책을 시작하도록 한 질문은 "《나를 중심으로 미디어 읽기》가 담지 못한 것은 무엇일까?"입니다. 2016년, 책의 원고를 작성할 때는 '미디어 리터러시'란 개념이 흔하지 않았습니다. 학술서나 논문 외에는 보기 힘든 용어였고, 조금 쉽게 접할 수 있는 책을 집필하고자 노력한 결과물이 《나를 중심으로 미디어 읽기》입니다.

미디어 리터러시라는 말을 미디어 읽기로 순화해서 표현하였고, 심리적인 부담을 덜어주고자 '나를 중심으로'라는 키워드를 앞으로 내세웠습니다. '재미와 의미', '지속 가능한 즐거움'을 위한 적극적인 읽기를 지향했어요. 덕분에 많은 분이 사랑해주셨고, 선물 같은 책이 되었습니다.

그 몇 년 동안 미디어 리터러시 관련 책이 많이 나왔고, 조금은 대중적인 용어가 되었어요. 처음에 '영화'나 '웹툰'을 소재로 강의를 진행하면 "그냥 노는 거로 무슨 강의를….."란 반응도 종종 있었는데, 이제는 정규 프로그램으로 당당히 편성하고 있습니다. 반가운 변화죠.

미디어의 영향력은 빠른 속도로 커졌고, 많은 사람이 미디어를 대하는 태도도 달라졌습니다. 코로나19로 인한 언택트 시대를 맞이하여 수많은 것이 변했고, 변화의 중심에 디지털 미디어가 굳건하게 자리 잡았어요. 그래서 이런 빠른 변화에 맞추어 개정판을 준비하게 되었습니다.

개정판의 방향은 크게 두 가지입니다.

하나는 '나를 중심으로'에 대한 이야기입니다. '나'를 강조한 것은 다른 사람들의 시선과 평가에 얽매이지 않고 자신 있게 감상을 꺼낼 수 있도록 장려하기 위한 것이었습니다. 생각하지 않는 것과 비교하여 주체적으로 사고할 수 있는 근육을 단련해주는 과정이었어요. 하지만 과유불급이라는 말이 있습니다. 과도한 자기 중심적 사고는 편협한 사고를 불러일으킬 수 있어요. 그런 면에 집중해서 자아와 세상의 균형을 고민했습니다.

다음은 '미디어 쓰기'에 대한 이야기입니다. 창조적 읽기의 부분으로 다루었던 것을 강화하여 쓰기로 새롭게 구성하였습니다. 미디어 콘텐츠를 창작하고자 하는 사람들의 욕구가 더욱 강화된 면을 반영했어요. 이는 언택트 시대에 집에서 보내는 시간이 많아지고, 미디어가 수익을 내는 창구로서의 역할로 확장되기 때문입니다. 미디어를 구체적으로 활용하고, 퍼스널 브랜딩으로 나아가는 과정을 담았어요.

추가로 예시들도 많이 수정했어요. 미디어 트렌드가 워낙 빨리 변하다 보니, 책이란 미디어로 담는 데 한계가 있었습니다. 시간이 지나도 촌스럽지 않은 책이 되었으면 하는 바람으로 구체적인 작품 제목은 언급을 최소화하였습니다.

간단히 내용을 정리하면, 1장에서 미디어의 개념과 미디어 리터러시의 구성 요소를 자세히 풀어냈습니다. 조금 딱딱할 수도 있지만, 개념 확립을 명확히 하는 부분이라 지적 욕구를 채워줄 수 있을 것입니다.

2장에서는 주체적으로 미디어를 읽는 태도, 그리고 주관과 객관의 분리하여 균형을 잡는 태도에 대해서 다루었어요. 어떤 자세로 미디어를 대해야 할 것인가에 대해 함께 고민할 수 있는 장입니다.

3장에서는 다양한 미디어의 특징과 함께, 미디어의 결에 맞게 읽는 방법을 담았어요. 각각의 미디어를 자세히 들여다볼 수 있는 시간을 마련했습니다. 미디어를 활용해서 할 수 있는 유익한 활동들도 큰 도움이 될 것입니다.

4장은 미디어를 하나의 담론으로 삼아 대화하고 토론하는 사회적 읽기에 관한 이야기입니다. 독서 토론을 오랜 시간 즐겨온 입장에서 좋아하는 뜻에서 건강한 공동체를 위한 미디어 토론도 항상 권하고 있습니다.

5장은 미디어 쓰기에 관한 부분으로 기본적인 콘텐츠 제작에 관한 이야기입니다. 간단한 리뷰 쓰기부터 기획안 작성, 퍼스널 브랜딩까지 알차게 구성했어요. 읽기와 쓰기는 긴밀하게 연결된 활동이니까요.

이 순간, 사람들은 서로의 안전을 위해 자신의 자유를 억압하고, 고통을 인내하고 있습니다. 이 힘든 시기를 이겨내는 데 미디어는 큰 역할을 하고 있습니다. '즐거움'의 도구를 넘어 생활 필수 요소가 되었습니다. 하지만 미디어의 영향력이 커질수록 미디어에 대한 부정적인 이야기도 많이 들립니다. 우려의 목소리도 점점 커지고 있어요. 우린 어떡해야 할까요?

우리는 과거의 일상으로 돌아갈 수 없습니다. 새로운 일상을 만들어나가는 중이에요. 미디어의 영향력을 줄이기도 쉽지 않을 것입니다. 그래서 우리는 미디어를 대하는 바람직한 태도를 가져야 합니다. 거기에 맞는 능력도 필요하죠. 조금은 더 주의를 기울일 필요가 있어요.

예상치 못한 재난으로 인해 우리는 '건강'의 중요성을 다시금 깨닫고 있습니다. 개인의 자유와 취향도 중요하지만 '건강'이란 근본적인 가치관 앞에서 모두 뜻을 함께할 수밖에 없습니다. 건강한 미디어 생활을 위해 이 책이 조금이나마 도움이 되길 바랍니다.

2021년 3월

이승화

목 차

| 제 4 장 |

세상과 함께하는 미디어 읽기

| 제 5 장 |

창의적 미디어 쓰기

MEDIA LITERACY

제1장

미디어 읽고 쓰기란 무엇인가?

MEDIA LITERACY 01

미디어와 인문학

이전과 다른 우리의 일상

많은 분께 미디어 교육에 대해 말씀드리면 돌아오는 답변 중 하나가 '편하게 쉬려고 미디어를 접하는데, 왜 그 순간마저 피곤하게 생각을 해야 하느냐?'는 것입니다. 물론 여가로서의 미디어 생활도 존중합니다.

하지만 거기에 한정 짓기에는 미디어의 영향력이 너무 커지고 있어요. 우리가 생활 속에서 접하는 미디어를 어떤 자세로 대할 것인가, 꼭 생각해볼 문제입니다. 조금 거창하게 접근해보면 인문학적 의미에 관해 이야기하고 싶습니다.

2016년 알파고와 이세돌의 바둑 대결 이후로 4차 산업혁명이란 말이 자주 거론되고 지속해서 일자리가 없어질 거란 걱정 섞인 예측이 많이 나왔습니다. 패턴화가 가능한 업무는 대부분 인공지능과 로봇으로 대체될 것이기에, 인간만이 할 수 있는 일을 찾아 인간적인 역량을 키워야 한다는 목소리가 높습니다.

2021년이 된 지금도 크게 다르지 않습니다. 실제로 많은 가게에서 수많은 아르바이트가 키오스크로 대체되었습니다. 나아가 어르신들이 주문하기 힘든 키오스크로 인해 디지털 소외 문제도 쟁점이 되었어요. 여기서 중요한 것은 과거 '키오스크'가 비인간적이라고 비판받던 분위기가 전환되어 소비자들에게 '키오스크 이용법을 교육하자'라는 방향으로 진행되고 있다는 점입니다.

물론 그사이 많은 일이 있었죠. 펜데믹 시기, 코로나19 바이러스로 인해 사회적으로 큰 혼란이 발생했고, 그 영향력은 전 영역에 미쳤습니다. 그 과정에서 '사회적 거리두기'라는 이름으로 물리적 접촉을 최소화하는 캠페인이 시작되었지요. 사람끼리 접촉하지 않는 '언택트 시대'가 도래하였습니다.

많은 사람은 최대한 집에서 생활하며, 친목 모임은 SNS로 대신하고, 많은 물건은 온라인 상점에서 주문했습니다. 집에서 시간을 보내기 위해 다양한 플랫폼으로 영화와 드라마 등을 시청했고, 방송에서도 '몰아보기', '정주행' 프로그램을 적극적으로 기획하여 중계했어요. 방 안에서 공연을 볼 수 있도록 '방구석 콘서트', '안방 공연', '온라인 상영회' 등의 프로그램도 구성했습니다. 서점도 조심스럽고, 도서관도 휴관하자 전자책을 구매하는 분들이 늘었으며, 발맞추어 전자책 스트리밍 서비스도 이벤트를 실시하며 세력을 확장해나갔습니다.

회사에서는 재택근무를 하며 화상 회의를 진행하고, 학교에서는 온라인 강의로 학교 수업을 대체하였습니다. 인간이 인간에게 위협적인 요소가 되면서, 그 자리를 연결해주는 것들이 필요했고 그 역할은 미디어가 충실히 해냈죠. 그렇게 우리의 일상은 급속도로 변했고, 이전으로 돌아가기는 힘들게 되었습니다.

이제는 미디어 자체가 인간들의 직접 소통을 막는 비인간적 소통이라는 관점에서 벗어나, 미디어를 어떻게 인간적으로 대할 것인가를 좀 더 깊이 고민해야 합니다. 그런 의미에서 '인간적'인 것이 무엇인지 살펴보겠습니다. '인간답다'라는 것에 대한 인식도 세상의 변화, 특히 산업의 변화와 함께 달라지고 있음을 알 수 있습니다. 이 변화의 흐름을 알면 시대에 맞는 바람직한 태도를 형성하는 데 도움이 될 것입니다.

▶ 인간미란 무엇인가?

기존에 우리가 쓰는 욕은 동물과 관련된 것이 많았습니다. '개'로 시작되는 다양한 어휘를 포함해서, '짐승만도 못한 놈', '닭대

가리', '돼지' 등, 동물과 연관된 욕설은 국가와 언어를 불문하고 수없이 발견됩니다. 우리가 인간과 동물을 구별하려고 애써왔으며, 동물과 같아지는 것을 치욕스럽게 생각했음을 알 수 있습니다. 농사를 지으면서 동물을 부리는 처지에 선 만큼 인간의 우월성을 명확하게 할 필요가 있었는지도 모르겠네요.

사실 생물이라는 점을 놓고 보면 동물도 인간과 큰 차이가 없습니다. 감정과 욕망에 따라 행동하고, 생각도 하고, 정을 붙이거나 미워하기도 합니다. 이럴 때 우리가 동물과 다르다는 근거로 가져오는 것이 인간은 욕망에만 충실한 것이 아니라 고차원적인 생각을 한다는 것입니다. "배부른 돼지보다 배고픈 소크라테스가 낫다"라는 말도 이런 맥락이죠.

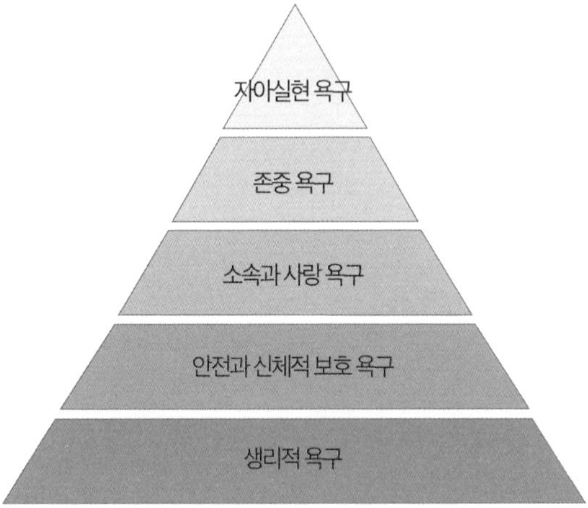

매슬로우의 욕구위계 5단계론

인본주의 심리학자 에이브러햄 매슬로는 '욕구위계 5단계론'을 통해 이러한 생각을 보다 체계적으로 제시했습니다. 그는 인간 행동의 동기가 되는 욕구를 생리적(본능적)인 욕구, 안전에 대한 욕구, 애정과 소속에 대한 욕구, 타인에게 존중받고자 하는 욕구, 자아실현의 욕구 5단계로 나눴습니다.

높은 단계로 갈수록 고차원적인 욕구를 나타냅니다. 동물이 아래쪽 단계에 있는 기본적인 욕구에 충실하다면 인간은 동물이 다다를 수 없는 사회적이고 주체적인 욕구를 통해 인간만의 보람을 찾는다는 것입니다. 사람들은 이렇게 동물과 다른 점을 통해 '인간다움'을 증명했어요. 또한, 동물이 다다를 수 없는 고도의 사고 능력을 '이성'이라고 칭하며 인간만의 합리성, 논리성을 강조하기도 했습니다.

그런데 언젠가부터 새로운 비속어(?)가 등장했습니다. "로봇 같다", "영혼이 없다.", "기계적이다"와 같은 말이 그것입니다. 봇bot이란 로봇에서 파생된 단어로 인터넷에서 정해진 임무를 수행하는 프로그램을 대략 통칭하는 말이에요. 웹사이트의 방대한 정보를 수집하거나 관리하는 프로그램, 서비스업이나 SNS에서 프로그램된 패턴대로 정해진 답변을 출력하는 계정, 여러 사람이 함께하는 게임에서 사람 대신 플레이하는 인공지능 등 다양한 봇이 있습니다.

소통되지 않는 사람, 정해진 행동만 반복하는 꽉 막힌 사람, 남의 감정을 이해하지 못하는 사람을 비난할 때 이런 말을 사용합니다. '로봇'이 가진 합리적이고 효율적인 이미지 대신, 정해진 패턴을 벗어나지 못하는 획일성, 감정을 이해하지 못하는 차가움을 두고 인간보다 못한 존재로 깎아내리는 것이지요. 대신 비록 실수를 저지르거나 비효율적인 일을 하더라도 스스로 생각하고 판단하는 주체성과 창의성, 사람을 이해하고 사회적으로 소통하는 따뜻한 공감 능력 등을 '인간미'로 규정하여 강조하게 된 것입니다. 물론 기술이 발달하여 로봇의 성능이 업그레이드된다면, 이러한 말의 의미조차 바뀔 수도 있겠지만 시간이 필요해 보입니다.

우리가 가진 인간상에 대한 변화는 지속해서 조금씩 이루어졌습니다. 산업의 변화는 사람의 인식 변화를 함께 가져오고, 정부가 교육과정을 통해 기르고자 하는 인재상을 보면 그 시대의 '인간미'를 느낄 수 있습니다.

현재 많은 선진 교육에서 4차 산업혁명 시대에 필요한 핵심역량 4가지를 4C라고 표현합니다. 의사소통능력Communication, 협업능력Collaboration, 비판적 사고력Critical Thinking, 창의력Creativity을 이야기하는 것인데, 키워드만 봐도 인재상이 그려집니다. 우리의 공교육도 '창의 · 융합형 인재 양성을 위한 교육과정'이라는 슬로건 아래 새로운 변화를 맞이하고 있습니다.

물론 교육이란 것이 쉽게 달라지지 않아서, 교과서 조금 바뀌고 수업 방법이 조금 바뀐다고 당장 눈에 띄는 변화가 생기지는 않습니다. 하지만 전체적으로 보았을 때 시대가 원하는 인재상의 변화는 감지할 수 있습니다. 학생들에게 지금 눈앞에 중간고사, 기말고사가 중요하고 수능과 대학입시에 대한 부담감이 있는 것은 알지만 궁극적으로 그 배움이 효용을 발휘하는 것은 사회입니다. 대학교에서 수많은 산학협력단을 꾸리고 기존 전공교과를 융합하여 새로운 학과를 신설했습니다. 그래서 사회의 필요를 무시할 수만은 없습니다.

지금 이 순간, 이 시대는 창의적이고 융합 능력을 갖춘 인재를 필요로 하고, 교육은 그런 사람을 만들고자 노력합니다. 이 노력은 학교에서 그치는 것이 아니라 사회로 이어져 평생교육을 통해, 삶을 통해 지속되어야 합니다.

▶ 우리가 지켜야 할 존엄성

사람들은 기술의 발달로 인해 '인간의 존엄성'이 위협받고 있다고 말합니다. 그런데 인간만이 가진 존엄성이란 무엇일까요? 철학자들은 존엄성의 근원 중 하나로 '대체 불가능성'을 이야기합니다.

오랫동안 부모님과 자녀가 함께 살다가 자녀가 독립했을 때, 부모님은 두 가지 마음을 동시에 느낍니다. 아무 탈 없이 잘 지냈으면 하는 마음과 빈자리를 느꼈으면 하는 마음이죠. 자식이 잘 살아가길 바라는 마음은 기본이고, 우리가 주목해야 할 것은 후자입니다. 그동안 부모님이 그 집에서 해온 역할, 그 존재감이 사라지는 것에 대해 아쉬움을 느끼기 마련이죠. 이런 모습은 직장에서도 쉽게 볼 수 있습니다. 부사수를 열심히 가르치면서 "네가 빨리 배워야 내가 편해진다"라고 하지만, 부사수가 금방 내가 할 수 있는 모든 것을 한다면 오히려 마음이 싱숭생숭해집니다. 회사에서 내가 그만둔 후에 업무적 타격 없이 매끄럽게 운영된다면, 이미 떠난 회사라도 섭섭해집니다. '나 없어도 회사가 잘 돌아가는구나….' 이 모든 상황은 하나의 질문으로 귀결됩니다. '나란 존재가 이렇게 쉽게 대체 가능한 것인가?'

주변에서는 이런 이야기도 종종 들려요. 여러 갈등으로 회사를 그만두었는데, 시간이 지나 회사에서 다시 나와 달라고 부탁했다는 것이죠. 고생할 팀원 생각에 미안하고 찝찝하면서도 마음 한쪽으로는 뿌듯한 마음이 존재합니다. "내가 꼭 필요한가 보군!"이란 마음과 함께 "있을 때 잘하지!"라는 사이다처럼 시원하고 통쾌한 마음마저 덤으로 샘솟죠.

언택트 시대에는 이 대체의 대상이 기계로 많이 바뀌었습니다. 어쩔 수 없는 상황이 빠른 변화를 초래했습니다. 인간과 인간을 강제로 떨어뜨린 비대면 시스템을 권장하는 상황이니까요. 지금의 위기를 어렵사리 극복한다고 해도 또 다른 위기를 대비하지 않을 수 없습니다. 많은 분이 이 상황에 동의하고 있고, 적응하려 노력하죠.

지금 우리는 힘들게 새로운 생활에 적응하고 있지만, 그 속에서 중심을 잡는 것은 인간입니다. 기술이 발달해도 그 기술을 제대로 활용하는 것은 사람의 몫입니다. QR코드로 손쉽게 신원 확인을 하고 정보 공유를 할 수 있지만, 그것으로 사생활 침해나 불법 정보 수집을 할 수도 있습니다. 인공지능 기술로 유능한 챗봇을 만들어도, 사람들이 제대로 사용하지 않으면 '인종차별', '성차별', '혐오 발언'이 가득한 대답을 하는 괴물이 됩니다. 실제로 서비스 중지된 예들이 나오고 있고요. 우리가 어떻게 사용하는지에 따라 가치가 달라집니다.

이 모든 것이 우리의 손에서 시작되었다는 것을 잊으면 안 됩니다. 힘든 문제 상황 속에서 해결 방법을 찾고, 창의적인 시스템을 구축하는 것도 우리의 일입니다. 이제 특정 천재 몇 명이 아니라, 우리가 모두 주체성과 창의성을 갖추어야 합니다. 앞으로는 자신의 의지로 생각하고, 그것을 창의적으로 구현해내는 것이 비범한 능력이기보다 우리가 모두 지향해야 하는 '인간미'에 속하게 될 것입니다. 다가올 미래에 우리가 지켜낼 '대체 불가능성'으로 주체성과 창의성이 먼저 꼽히는 이유입니다.

미래에는 또 다른 세상이 열릴지도 모릅니다. 하지만 지금 우리에게 가장 큰 무기는 주체성과 창의성입니다. 과학을 부정하는 것이 아니라, 인간을 긍정하는 것입니다. 그런 방향에서 '인간의 의미 찾기'는 멈추지 않아야 합니다.

MEDIA LITERACY 02

보는 것과 읽는 것의 차이

▶ 미디어란 무엇인가?

우리는 미디어 속에서 살고 있습니다. 시도 때도 없이 눈에 들어오는 광고부터, 어딜 가나 들려오는 음악, 항상 손에 있는 핸드폰의 다양한 콘텐츠가 계속 일상 사이로 밀려옵니다.

생활에 필요한 정보와 지식도 미디어를 통해 얻고, 취미와 오락도 미디어에 의존합니다. 공부하는 과정에서도, 지인과 연락하는 과정에서도 미디어는 중요한 역할을 합니다. SNS 시대가 열린 후로는 아는 사람을 넘어 불특정 다수의 사람과도 손쉽게 연결할 수 있지요. 전염병과 같이 물리적 접촉을 피해야 하는 상황에서는 이러한 미디어 생활이 새로운 사회적 관계와 생활 방식으로 큰 역할을 해내기도 합니다. 이제 사람들은 머리맡에 스마트폰을 두고 하루의 시작과 끝을 함께하며, 화장실을 갈 때도 스마트폰이 없으면 허전할 정도로 자연스럽게 미디어와 연계하여 생활하고 있습니다. 일상생활과 미디어 생활을 구분하기가 힘들 정도입니다.

미디어media의 어원은 중간을 뜻하는 미디움medium을 한자로 하면 매체媒體, 중간에서 연결해주는 것이라는 의미입니다. 우리가 접하는 책·잡지·신문 같은 활자 매체, 라디오와 같은 음성 매체, TV·영화·유튜브 같은 영상 매체 등을 모두 포함합니다.

컴퓨터와 인터넷을 포함하여, 활자, 소리, 그림, 영상 등으로 메시지를 전달하는 모든 것이 미디어입니다. 한때는 미디어라는 말이 방송사나 신문사 같은 대형 미디어(대중 매체)를 주로 가리켰고, 요즘은 좁은 의미로 디지털 미디어를 의미하기도 하지만, 사람과 사람 사이에서 정보를 전달하는 것은 모두 미디어라고 할 수 있습니다.

삶에서 미디어 의존도가 높아진 만큼 미디어 종속을 우려하는 목소리도 큽니다. 유해 미디어의 난립과 그 부정적 영향도 제기되고 있지요. 그렇다고 미디어와 단절하고 자연으로 돌아가거나, 디지털 미디어를 멀리하고 종이책, 종이신문만 읽고 산다는 것은 현실적이지 않은 이야기입니다. 굳이 그럴 필요가 없지요.

미디어는 다른 사람의 생각과 우리의 생각을 이어주는 통로입니다. 우리는 살면서 삶의 여러 면을 인식하며 다양한 생각을 합니다. 문제가 생기면 이유가 무엇인지 분석하고, 어떻게 해결할 지 고민합니다. 혼자서만 생각하는 것이 아니라, 다른 사람이 생각한 것을 보고 듣고 배우며 점점 사고를 발전시켜 나갑니다.

다른 사람의 고민과 생각을 가장 쉽게 만날 수 있는 창구가 미디어입니다. 미디어는 우리의 의식과 사고를 구성하며, 단순히 세상에 대한 정보만을 제공하는 것이 아니라 정보를 받아들이는 우리의 인지 양식까지도 바꾸어줍니다. 미디어를 통해 우리는 더 깊어지고, 더 영리해지고, 더 많은 사람과 연결할 수 있습니다. 물론, 노력이 필요합니다.

미디어를 통해 이러한 정보와 생각을 얻으려면 미디어에 종속되지 않고 미디어를 제대로 알고 잘 활용하는 능력을 길러야 합니다. 정신 바짝 차리고 끊임없이 훈련해야 하죠. 쏟아지는 미디어의 내용을 그저 보고 듣는 것만으로는 부족합니다. 미디어의 특성부터 차근차근 알아보겠습니다.

▶ 미디어의 기본 특성 4가지

점점 더 현실과 미디어 세계의 구분이 어려워집니다. 그만큼 미디어들이 정교하게 세력을 확장하고 있습니다. 긍정적인 발전도 있고, 우리와 같은 독자를 기만하는 방법도 교묘해지고 있습니니다. 도움을 받으면 무척 감사한 일이지만, 적어도 우리가 속수무책으로 당하지 않기 위해서는 상대방에 대한 이해가 필요합니다. 그런 의미에서 미디어의 근본적 특성 4가지인 ①프레이밍Framing, ②게이트 키핑Gate Keeping, ③아젠다 세팅Agenda Setting, ④아젠다 키핑Agenda Keeping을 차근차근 살펴보겠습니다.

① 프레이밍 Framing

1. 사진을 찍을 때, 피사체를 파인더의 테두리 안에 적절히 배치하여 화면을 구성하는 일. (네이버 국어사전)
2. 시설물의 뼈대가 되는 파이프, 나무, 형강 등의 골격 구조. (네이버 국어사전)
3. 뉴스 미디어가 어떤 사건이나 이슈를 보도할 때 특정한 프레임을 이용해 보도하는 것. (두산백과)

영상 기기를 좋아하는 분에게는 1번 의미가, 건축에 관심 있으신 분은 2번 의미가, 정치에 관심 있는 분은 3번 의미가 와 닿을 수 있습니다. 그만큼 여러모로 다루어지고 있죠. '틀, 화면의 단위'라는 기본 의미 프레임Frame에서 확장되어 세상을 바라보는 방식이란 의미가 있습니다. 저는 최인철 교수님의 《프레임》을 인상 깊게 읽어서 '마음의 창'이라는 심리학적인 의미도 함께 떠오르곤 해요. 우리가 세상을 바라보고 사는 태도와도 깊은 관련이 있죠.

우리가 보는 미디어는 프레임이란 한정된 틀에 갇혀 있다는 것을 전제로 합니다. 그럴듯하게 꾸며진 미디어는 현실을 있는 그대로 보여주는 것 같지만, 그것 또한 누군가의 '작품'이죠. 즉, 모든 미디어는 구성됩니다. 이것이 중요합니다. 의식적이든 무의식적이든 제작자의 의도가 담긴다는 것을 전제로 해요. 아무리 객관적으로 제작하려 노력했다고 해도, 이 사실은 변하지 않습니다.

어떤 프레임으로 담느냐에 따라 같은 상황도 전혀 다르게 전달할 수 있습니다. 예를 들어, 같은 곳에서 사진을 촬영해도 어떤 각도에서, 어떤 조명으로, 어떤 순간을 촬영하느냐에 따라 느낌이 많이 달라집니다. 신문에 똑같은 인물의 사진을 담아도, 신문마다 표정과 포즈 등이 다르죠. 웃는 표정, 찡그린 표정, 권위적인 포즈, 자연스러운 분위기 등. 편집은 더 많은 의도를 내포하고 있습니다. 방법도 다양해져서 '자르기와 붙이기' 외에 자막, 효과음, 그래픽 효과 등도 특정 이미지를 형성합니다. '밀어주기 편집', '악마의 편집' 등은 미디어에서 이제 익숙한 표현이 되었어요.

그래서 요즘 사회·정치 관련 방송에서는 '무 편집본'과 '편집본'을 모두 공개하기도 합니다. 공정한 시각을 위한 노력이지요. 이것 또한 '촬영'이란 프레임을 거치지만 그래도 '편집'보다는 조작의 위험이 덜합니다. 결국, 우리가 객관적이라고 생각하는 뉴스, 다큐멘터리 등도 복합적인 프레임으로 구성된 결과물이라는 사실을 인지해야 합니다.

여기서 나아가 사람의 인식 도구로서 '프레임'이란 말이 활용되기도 합니다. 제작자가 가지고 있는 인식은 카메라를 통해 전달합니다. 이건 제작자의 프레임이죠. 하지만 수용자도 그것을 그대로 받아들이지는 않습니다. 나름의 프레임으로 재해석하죠.

상대방이 A라고 말해도 B라는 프레임으로 받아들이는 것입니다. C, D, E라고 말해도 자신만의 프레임을 고수하는 사람은 인지적 편향성에 갇힐 위험이 있습니다. 또한, 이것을 형성하고 강화하는데 미디어를 적극적으로 활용하고, 댓글과 공감을 통해서 여론을 형성하며 전파하기도 하지요. 결국, 우리가 제작하고 수용하는 미디어는 이 프레임의 한계를 태생적으로 안고 있습니다.

② 게이트 키핑Gate keeping

1. 기자나 편집자와 같은 뉴스 결정권자가 뉴스를 취사 선택하는 일. (네이버 국어사전)
2. 어떤 메시지가 선택 또는 거부되는 현상. (지형 공간정보체계 용어사전)

말 그대로 문지기를 떠올리면 이해가 쉽습니다. 뉴스에서 결정권자가 어떤 것을 기사화할지 고르는 과정이라는 의미로 많이 쓰이는데요. 이를 다양한 미디어 콘텐츠로 확대하여 해석할 수도 있습니다. 태생적인 프레임의 한계 위에 의도적인 취사 선택의 과정이 더해진 것이죠.

예를 들어, 방송 뉴스를 보겠습니다. 세상에는 수많은 사건이 일어나고 수많은 기자가 그 내용을 취재하지만, 우리에게 전달되는 뉴스는 일부입니다. 노출 순서와 비중, 시간 또한 정해져 있습니다. 이런 것은 객관적인 중요도에 따라 정해질까요? 기준이 무엇일까요? 누가 정하는 걸까요? 결국은 기준이 있습니다. 사람이 하든, 자동화된 알고리즘이 하든 특정한 기준을 바탕으로 하는 것이죠.

드라마나 영화에서 열정적인 기자나 PD가 열심히 준비한 내용을 상사에게 보여주었을 때, 거부당하고 좌절하는 장면들을 본 적이 있을 것입니다. 모두에게 노출되는 방송인 만큼 그 검열의 과정이 더 까다롭지요. 자유롭게 올리는 SNS나 개인 방송 보다는 TV에 송출되는 방송이, 그 방송 중에서도 공중파 3사와 케이블은 또 검열의 수위가 다릅니다.

어떤 배우는 사생활 문제로 공중파에는 출연하지 못해도, 케이블 방송에는 나오는 경우가 있습니다. 방송검열 기준을 넘나드는 대화 등도 마찬가지죠. 요즘은 그 경계가 많이 유연해졌지만, 과거에는 "공중파에서 이런 이야기 해도 되나요?", "이거 편집될 것 같은데?" 식의 말을 자주 들을 수 있었습니다. 법적인 기준도 있지만, 결국 이것을 방송에 내보낼 것인지, 어떻게 내보낼 것인지를 고민하고 결정하는 사람들이 있습니다.

문화 예술계의 '블록리스트blocklist'와 '얼로우리스트allowlist'도 이와 관련이 깊습니다. 특정 사람이나 정치 성향의 내용을 문지기가 차단하는 것(블록 리스트)이나 특별한 혜택을 주는 것(얼로우 리스트)이 많은 논란이 되기도 합니다. 결국, 의도가 개입된 것이죠. 하지만 이 문지기의 역할이 무조건 나쁘다고 볼 수는 없습니다. 오히려 필요한 경우도 많습니다. 이 역할이 충실하게 이루어지지 않았을 때도 큰 문제가 발생하기 때문이죠.

종종 방송에서 부적절한 영상이나 자막 등이 노출되어, 사회적 파문을 일으키고 대대적인 사과를 하기도 합니다. 맞춤법만 잘못되어도 따끔한 지적을 받죠. 그나마 혼자서 촬영하고 바로 송출하는 개인 방송 채널보다 TV 방송에 대한 신뢰도가 높다면, 이 게이트 키핑의 역할에 대한 신뢰라고 할 수 있습니다. 여러 사람, 수많은 관문을 거치며 정제될 가능성을 믿는 것이죠. 역으로 신뢰도가 낮은 경우도 마찬가지입니다. 수많은 필터링 속에서 본질이 흐려지고 과도한 의도 개입으로 조작된다고 생각할 수도 있죠. 계속 살펴야 하는 이유입니다.

이러한 게이트 키핑의 역할을 모두 사람이 직접 하진 않습니다. 현재 미디어 생활에서 포털 사이트의 영향력이 향상되고 있는 만큼, 포털 사이트 메인에 노출하거나 상위에 노출하는 것이 대중에게 접근하는 중요한 요소가 되었습니다. 대형 포털 사이트 외에도 다양한 플랫폼 서비스들은 이 '상위노출'을 위한 나름의 기준을 갖고 있습니다. 과거에는 전문가들의 통찰력에 기대었다면 지금은 이 역할을 알고리즘에 의해 진행하는 곳이 늘어나고 있습니다. 실제로 포털 사이트 네이버는 일부 화면에서 자체 편집된 뉴스를 제공했었는데, 수많은 편향성 논란과 책임론 속에서 전면 알고리즘 기반 시스템으로 바꾼다고 공표하기도 했습니다.

과거 라디오나 TV에 사연이 뽑히기 위해서는 "담당 작가가 좋아할 만한 내용"을 써야 했고, 책을 쓰기 위해서는 독자들에게 와닿는 콘텐츠를 만들어야 했고, 상품으로 진열되기 위해서는 담당 MD Merchandiser의 눈에 띄어야 했습니다. 현재 디지털 기반의 생태계에서 접근성을 높이는데 가장 중요한 것은 알고리즘에 선택받을 수 있느냐입니다.

아무리 정성 들여 블로그에 글을 써도 상위노출이 되지 않으면, 영향력을 잃습니다. 정성스럽게 영상을 만들어도 마찬가지로 검색 상단에 위치하지 않으면 소비자에게 닿기 어렵습니다.

그래서 많은 판매담당자와 마케터, 자신의 콘텐츠가 노출되기 바라는 개인은 포털 사이트의 알고리즘을 열심히 공부하고 맞춤 제작을 합니다. 포털 사이트 또한 알고리즘을 비공개한 상태로 수시로 업데이트하며 공정성을 위해 노력합니다.

또 다른 형태의 문지기가 생긴 것이라고 할 수 있는데요. 이 또한 누군가의 의도가 담긴 설계를 기반으로 하는 것입니다. 처음 시작은 알고리즘 제작팀의 손끝이지만, 계속 수정·보완해 나가면서 지금은 제작자들도 상위노출 방법을 모를 정도로 복잡하게 구성되어 있다고 합니다. 이렇게 복잡하게 구성해도 알고리즘이 만능은 아닙니다.

추천 서비스 속에서 편향된 정보 속에 갇혀 보고 싶은 것만 보고, 믿고 싶은 것만 믿는 확증 편향 문제, 클릭 수를 늘리기 위한 뉴스 제목 및 키워드 조작, 자극적인 낚시성 콘텐츠의 범람 등 또 다른 문제들이 계속 생기고 있습니다. 건강한 미디어 생태계를 위해서 문지기는 오늘도 열심히 일합니다.

③ 아젠다 세팅Agenda setting

1. 미디어가 뉴스나 시사 프로그램 등을 통해 중요하다고 보도하는 주제가 공중에게도 중요한 주제로 되는 것. (네이버 시사상식사전)
2. 정부가 사회문제를 해결하기 위해 공식적 정책문제로 채택하는 과정 또는 행위. (네이버 행정학 사전)

주요 의제Agenda 설정setting이라고 번역됩니다. 쉽게 예를 들면, 교실에서 회의나 토론을 진행할 때, 선생님이 주제를 제공합니다. "환경을 위해 분리수거를 잘하는 방법", "개인위생 관리를 잘하는 방법" 등으로 지금 시의적으로 필요한 생각거리나, 학습 목표에 맞는 내용을 바탕으로 준비할 것입니다. 이렇게 주제가 선정되면 아이들은 정말 중요하다고 생각하며 회의나 토론에 참여하고 학습을 진행합니다. 이것은 선생님의 의도가 반영된 과정이죠.

이것을 사회로 확대해보겠습니다. 사회에서는 매 순간 수많은 사건이 일어나고 그중 일부는 사람들의 입에 오르락내리락합니다. 그리고 그중 몇 사건은 큰 관심을 얻고, 여론을 형성하며 치열한 토론 끝에 사회의 변화를 가져오기도 합니다.

그럼 이 몇몇 사건은 왜 이렇게 큰 관심을 받게 되었을까요? 정말 다른 사건들보다 주목해야 할 만큼 더 중요하기 때문일까요? 아니면 선생님과 같이 누군가 제시하는 사람이 있는 것일까요?

이러한 과정에 미디어는 깊이 관여되어 있습니다. 수많은 학교에 폭력 사건이 일어나도, 기자가 취재하고 뉴스에 보도된 학교의 사건이 더 주목받습니다. '주요 의제'로 설정하는 것이지요. 이런 기사를 포털 사이트 메인에 게시하면 더욱 큰 영향력을 갖습니다. 그러면 사람들은 중요한 일이라고 받아들이고 어느 순간 '진짜' 중요한 일이 되어버립니다. 영화에서 "나 아는 기자 있어!"라고 큰소리치거나, 기자들에게 "이것 좀 취재해 주세요."라고 부탁하는 과거 장면들을 볼 수 있는데, 같은 맥락입니다. 미디어의 힘이죠.

물론 시대정신, 대중들의 관심과 공명하는 부분이 있어야겠지만, 그 전반에는 점점 커지고 있는 미디어 영향력이 자리잡고 있습니다. 그래서 "뻥 터뜨린다."라는 표현을 사용하죠. 큰 소리가 나면 누구든 놀라서 쳐다보니까요. 인터넷과 SNS를 비롯하여 뻥 터뜨릴 수 있는 경로는 더욱 다양해지고 있습니다.

대표적인 예로 방송 노출입니다. 연예계에서는 잊혔던 가수의 노래가 역주행을 하기도 합니다. 특정 미디어에 노출되고, 관심을 받으면 '소환'이라는 명목 아래 재조명을 받죠. 마찬가지로 방송에 맛집으로 출연한 음식점들은 많은 관심을 받고 손님들이 줄을 섭니다. 옆집에 더 맛있는 음식점이 있어도 사람들은 '방송 맛집'을 찾게 됩니다. '주요 의제'가 된 것이에요.

인터넷 환경에서 쉽게 인식할 수 있는 것 중 하나는 포털 사이트의 '실시간 검색어'입니다. 많은 사람이 같은 시간대에 검색한다는 것은 주목받는 내용이라는 의미이고, 이 순위가 인기의 척도가 되었습니다. 저 또한 실시간 검색어 내용을 바탕으로 트렌드를 파악하기도 했으니까요.

그러자 실시간 검색어도 '구성'하기 시작했습니다. 특정 연예인 팬들의 마케팅에서 시작하여 정치적 후원자들, 기업의 판매담당자 등등이 적극적으로 개입한 것이죠. 실제로 네이버 포털에서는 2020년 4월 선거의 공정성에 영향을 줄 수도 있다며 약 2주간 급상승 검색어 운영을 중단하기도 했습니다. 끊임없이 순위가 바뀌던 그 공간에는 '선거기간 동안 제공되지 않습니다'라는 문자가 남겨져 있었습니다. 그 이후에도 관심사별, 연령대별로 다양화하는 등 영향력을 분산시키려는 노력을 꾸준히 하고 있습니다. 그럼에도 몇몇 대형 포털 사이트는 결국 실시간 검색어 서비스를 폐지했습니다. 순기능보다 역기능이 많다는 판단이었죠.

'청와대 국민청원'도 이러한 시각으로 보면 새롭습니다. 과거 전통 미디어들의 전유물이었던 아젠다 세팅의 기능을 국민이 하는 것이니까요. '20만 명 이상의 동의를 받은 청원의 경우 정부와 청와대 관계자들이 답변한다.'라는 이 시스템은 민주 여론을 형성하여 주요 의제를 설정할 가능성을 열어두었습니다. 영향력이 향상되자, '청와대 국민청원'에서 화제가 된 사건들을 기자들이 역으로 기사화하여 확산시켰지요. 그럼 더 많은 사람이 이 사실에 대해 인지하고 관심을 가집니다.

개인의 SNS도 마찬가지로 '자기 노출'을 전제로 하는 만큼 주목받는 것을 피할 수 없습니다. 자신의 게시물이 플랫폼 메인에 노출된다면, 조회 수가 엄청나게 증가합니다. 조회 수는 인기도이자 영향력이라고 할 수 있죠. 이러한 개인의 영향력을 바탕으로 한 인플루언서 마케팅 시장도 점점 커지고 있습니다.

이렇게 여러 가지 알고리즘이나 마케팅으로 먼저 노출되는 것이지만 수용자의 관심을 끌긴 충분합니다. 그만큼 미디어는 다각도에서 주요 의제를 설정합니다.

④ 아젠다 키핑Agenda keeping

- Agenda: 모여서 서로 의논하거나 연구할 사항이나 주제.
- Keeping: 보유, 유지.

앞에서 주요 의제를 설정하는 것을 이야기했다면, 이번에는 유지하는 것입니다. 세상에는 수많은 사건이 일어나고, 그 사건 중에 일부는 미디어에 노출됩니다. 그리고 대중의 관심을 받습니다. 하지만 다른 수많은 사건이 대기하고 있어서, 그 관심은 또 다른 사건으로 빠르고 쉽게 대체됩니다.

우리가 뉴스를 보거나, 정보를 얻을 때도 가장 최신 정보를 빠르고 쉽게 인지하고 그와 동시에 이전 이슈들은 잊곤 합니다. 이 주요 의제에 관한 관심을 유지하기 위해서 많은 미디어는 지속적인 후속 보도를 제공하고 끈을 놓치지 않으려고 노력합니다. 앞에서 예를 들었던 '실시간 검색어'는 말 그대로 '실시간'에 머무르는 경우가 많죠. 정글과 같은 야생의 공간입니다. 그래서 특정 사건의 경우 '잊지 맙시다', '기억합시다.'와 같은 캠페인을 하기도 해요. 휘발성의 뉴스보다 지속적인 후속 보도, 끈기 있는 심층 보도의 진정성이 강조되기도 합니다.

반대로 지금 설정된 주요 의제가 나에게 불리한 내용일 경우, 의도적으로 관심을 다른 곳으로 돌리기 위해 노력하기도 합니다. '이슈를 이슈로 덮는다'라는 말이 있죠. 사회 · 정치 영화에서 A 사건을 덮기 위해 사람들이 흥미로워할 B 사건을 폭로하는 장면들이 나오고…. 그럼 순식간에 대중들의 관심 속에 A 사건은 잊힙니다. 또 반대 측에서 A라는 사건에 대한 불씨를 살리기 위해 노력하면서, 엎치락뒤치락 하게 되죠. 지키려는 자와 새롭게 차지하려는 자의 처절한 사투라고 할까요. 이와 관련된 수많은 '음모론'들이 사회에서도 비일비재합니다. 이런 사회적 문제 외에, 기업과 개인으로서도 마찬가지입니다. 소셜 미디어 콘텐츠, 댓글 반응 등도 모두 미디어라고 할 수 있으니까요.

해당 기업은 자신의 제품에 대한 긍정적인 반응을 노출하고 싶고, 부정적인 반응은 숨기고 싶겠죠. 그래서 긍정적인 반응은 비용을 들여서라도 '상위노출'을 유지하고, 부정적인 반응은 청탁하여 지우거나 뒤로 밀어내기를 합니다. 앞에서도 말했듯이 우리는 최근 정보에 쉽게 노출되기 때문에, 상위노출이 가능한 유명인을 섭외하거나 포털 사이트 알고리즘에 맞는 전략을 활용합니다. 끊임없는 경쟁이 이루어지죠. 포털 사이트 검색어 마케팅의 경우 경매 방식으로 노출 순위가 정해지기 때문에 첫 화면 노출을 위한 보이지 않는 눈치 게임이 진행되기도 합니다. 꾸준히 노출되는 것이 그만큼 힘든 일이죠.

밀어내기 전략은 양적으로 많은 콘텐츠를 제작하여 해당 콘텐츠가 뒤 페이지로 넘어가게 하는 것입니다. 눈에 보이지 않으면 쉽게 잊히기 마련이니까요. 뒤로 밀리지 않으려면 새로운 콘텐츠를 반복적으로 제작해야 합니다. 힘든 일이죠. 이렇게 설정된 주요 의제를 지키기 위해 지금도 소리 없는 전쟁이 이루어지고 있습니다.

▶ 세상에 나쁜 미디어는 없다!

스낵 컬처snack culture라는 말이 있습니다. 이는 과자를 먹듯 짧고 간편하게 콘텐츠를 즐기는 문화 트렌드입니다. 짧은 시간에 적은 비용으로 부담 없이 가볍게 볼 수 있는 작품이 주를 이룹니다. 웹툰 · 웹 소설 · 모바일 퍼즐 게임 · SNS 피드 같은 것이 대표적인 스낵 컬처 콘텐츠입니다.

그런데 스낵 컬처라는 말에는 부정적인 뉘앙스가 있습니다. 과자만 많이 먹고 밥을 먹지 않는 아이의 건강을 부모님이 걱정하듯, 쉽고 단순한 콘텐츠만 즐기느라 소비자가 깊이 있고 다양한 문화를 누릴 기회가 없어지는 데 대한 우려이지요. 이러한 우려에는 공감합니다. 최근 미디어들은 점점 자극적으로 변했고, 호흡은 빨라졌습니다. 이런 환경에서 수용자들은 3줄 요약만 요구하거나, 영상을 2배속으로 시청하는 습관이 생겼습니다. 최근 유행하고 있는 SNS 틱톡TikTok은 15초 이내의 짧은 동영상을 전제로 합니다. 이런 조급함 앞에서 가만히 멈춰 생각하는 습관은 머나먼 이야기죠.

하지만 패스트푸드점의 음식이 건강에 해롭다고, 먹지 말자는 캠페인을 해도 패스트푸드의 인기가 줄어들지는 않습니다. 지금까지 매장 수는 점점 늘어나고 있으니까요. 무조건 거절하는 것보다 건강하고 맛있는 먹거리를 많이 만들고, 이용자들이 바람직한 식습관을 가질 수 있도록 유도하는 방법을 찾는 것이 현명합니다.

한편, 다른 미디어와 마찬가지로 스낵 컬처를 통해서도 우리는 많은 것을 느끼고 배울 수 있습니다. 게임으로 기분 전환을 하고, 웹툰으로 상상의 나래를 펼칩니다. 영화를 통해 삶의 단면을 이해하고, 예능 방송으로 트렌드와 사람들의 욕구를 분석할 수도 있습니다. 소셜 미디어를 통해서도 사람을 성찰하고 의미 있는 인간관계를 형성할 수 있죠. 중요한 것은 이용자가 미디어를 어떻게 선택하고, 어떻게 활용하느냐입니다. 분명 해로운 미디어들이 많이 존재하지만, 면역력을 바탕으로 슬기롭게 퇴치하며 자양분으로 삼을 수도 있습니다.

여기서 우리가 미디어를 소비하는 형태에 대해서 생각해보겠습니다. 책을 읽다, TV를 보다, 영화를 보다, 웹툰을 보다, 같은 미디어인데 왜 어떤 것은 읽는다고 하고, 어떤 것은 본다고 할까요? 단순하게 생각하면 글자가 많으면 읽는 것이고, 이미지가 많으면 보는 것이라고 대답할 수 있어요. 또는 가볍게 접하는 것은 보는 것이고, 진지하게 접하는 것은 읽는 것으로 생각할 수도 있습니다. 하지만 '이미지(영상)의 시대'라고 일컬어지는 지금, 그런 구분은 의미가 없습니다.

독서교육의 권위자 톨로레스 더킨 교수는 '읽기'를 "의미를 구성하는 과정"이라고 했습니다. 단순화해서 살펴보면, 읽기는 작가가 쓴 텍스트를 독자가 읽는 행위이자 텍스트를 두고 작가와 독자가 대화를 나누는 행위입니다.

이러한 '읽기'의 범위를 책으로 한정하지 않고 넓힐 필요가 있습니다. 그림이나 영상, 음악 등에서도 우리가 의미를 찾아낼 수 있다면 그 모든 것이 읽기라고 할 수 있습니다. '읽기 방법'의 적용 또한 다양한 미디어를 바탕으로 할 필요가 있어요. 방법은 조금씩 다를 수 있지만, 우리 생활에 깊숙이 들어와 있는 모든 미디어가 다 '읽을거리'입니다.

가볍고 부적절하게 보이는 콘텐츠도 적극적인 의미 부여를 통해 긍정적으로 승화시킬 수 있습니다. 타산지석으로 삼아 내공을 쌓는 자양분으로 쓰거나, 텍스트 비교분석의 재료로 활용할 수 있는 식이죠. 세상을 이해하는 툴로 삼을 수도 있습니다. 주체성을 가지고 미디어를 살필 때 불필요한 콘텐츠를 가려내고, 중심을 잡을 수 있으며. 그 중심에서 나만의 콘텐츠도 찾을 수 있습니다.

진지하게 미디어를 읽는 과정을 통해 그 안에 담긴 거짓과 선동을 가려내고, 사람들의 생각을 살피는 힘을 기를 수 있습니다. 미디어의 흐름을 제대로 읽을 줄 안다면 문화의 흐름, 세상이 흘러가는 흐름도 이해하고 대처할 수 있습니다. 이렇게 미디어를 통해 그 안에 담긴 내용을 제대로 이해하고, 내 생각을 더 깊게 하는 것이 바로 '미디어 읽기'입니다. 그 깊어진 생각을 바탕으로 미디어를 적극적으로 활용하고, 새로운 콘텐츠를 구성하여 표현한다면 '미디어 쓰기'가 됩니다. 이 읽고 쓰는 과정은 서로 독립적이지 않고 크게 이어져 있습니다. 그리고 이는 새로운 말이 아니라 '미디어 리터러시'를 바탕으로 합니다.

▶ 미디어 읽고 쓰기의 즐거움

미디어 리터러시의 바탕에는 읽고 쓰기의 즐거움이 있어야 합니다. 미디어 환경의 변화에 따라 이전에 생각하지 못한 문제점이나 걱정할 부분이 생겨나기는 했지만, 결국 미디어 리터러시는 더욱 발전되고 열린 환경에서 즐기는 '읽고 쓰기'의 연장입니다.

'읽기'는 작가(콘텐츠 생산자)와 독자(콘텐츠 사용자)의 상호작용에서 이루어지는 '의미 구성 과정'입니다. 작가가 만든 것을 독자는 나름의 경험과 배경 지식을 바탕으로 재해석해서 소화하죠. 거기서 새로운 의미가 구성되기도 합니다.

그러한 읽기의 과정도 단계를 나누어 생각해볼 수 있습니다. 있는 사실을 그대로 이해하는 사실적 읽기, 겉으로 드러나지 않은 부분을 파악하는 추론적 읽기, 글에 담긴 생각을 다양한 각도로 생각하고 평가하는 비판적 읽기, 공감하고 감동하는 감성적 읽기, 내 생각을 바탕으로 새로운 의미를 창출하는 창조적 읽기. 크게 5단계로 나눌 수 있어요.

단순하게 말하기와 듣기, 대화의 과정으로 생각해보겠습니다. 처음에는 말하고 듣는 과정에 흥미를 느껴야 합니다. 정확한 내용을 이해하지 못해도 그 음성과 분위기, 느낌을 통해서 대화의 과정을 즐겨야 합니다. 그 과정에서 자의적인 해석을 할 수도 있고, 오해할 수도 있어요. 하지만 그 과정에서 스트레스받고 거부감이 드는 것보다는 낫습니다. 대화 자체를 피하면 실력이 늘 기회조차 생기지 않으니까요.

그다음 단계는 말하는 사람의 메시지를 그대로 이해할 수 있어야 해요. "물 좀 줘."라고 했는데, 사과를 가져다주면 안 되니까요. 동문서답으로 대화가 툭툭 끊길 수도 있습니다. 말귀 어두운 사람 취급받을 수도 있죠. 그래서 기본 메시지의 사실적 이해는 기본 바탕이 됩니다.

다음은 제공된 내용을 단서로 드러나지 않은 내용을 추론해봅니다. '저 사람은 왜 저렇게 말했을까?', '어떤 의도가 담겨 있을까?', 해석의 여지가 있지만, 기본은 사실적인 내용, 드러난 내용을 근거로 생각을 전개합니다. 여기까지는 수용적으로 이해하며 읽습니다.

이어서는 이해한 내용을 '공감하며 받아들이고 감동할 것인지', '미약한 근거를 지적하고, 반대할지' 판단해야 합니다. 기본 이해도 제대로 하지 못한 상태에서 수용하거나 반박하는 것은 위험합니다. 대화의 단절을 넘어 오해로 인한 갈등이 생길 수 있으니까요.

마지막으로 이런저런 상호작용을 거친 내 생각을 정리하여 메시지를 전달합니다. 듣기만 하는 사람, 말만 하는 사람이 있는 것이 아니라 새로운 자극을 수용하고, 재생산하는 사람들이 있는 것입니다. 앞에서 이루어진 상호작용이 탄탄할수록 건강한 메시지가 나올 가능성이 큽니다.

많은 분이 '읽기 능력'을 키우고 싶어 합니다. 빠르게 핵심을 파악하는 독해력에 관심이 많죠. 이러한 '읽기 능력'은 '읽기 태도'와 깊은 관련이 있습니다. 즐겁지 않으면, 하기 싫고 실력도 늘지 않죠. 그런 의미에서 '나를 중심으로' 읽는 것은 읽기 태도 향상에 좋습니다.

정답을 찾는다는 강박에서 벗어나 내가 느낀 것을 충실하게 나타낼 수 있죠. 그래서 '인상 깊은 것'을 찾고, 의미 부여를 지속해서 하는 습관을 갖는 것이에요. 그래서 심리적인 장벽을 낮추기 위해서 우선 '나를 중심으로' 읽기를 권합니다.

그러다 보면 고민에 빠집니다. '내가 읽는 것이 맞나?', '작가는 어떤 의도였을까?', '다른 사람들은 어떻게 생각할까?' 건강한 고민이죠. 이 고민에 빠지지 않으면 오히려 위험해집니다. 내 생각과 경험의 한계를 외면하는 것이죠. 이 순간을 외면하지 않고 직면하고 또 고민해야 성장합니다.

그래서 처음엔 작품 자체의 재미로 보고 스스로 감상을 즐기다가 작가의 인터뷰나 평론가의 해설, 사람들의 해설 방송을 찾아봅니다. 작품의 메시지, 창작자의 의도를 제대로 이해한 것인지 확인해봅니다. 정답을 찾기보다 합리적 근거를 바탕으로 이해하는 과정이에요. 사람은 누구나 인식의 한계를 가지고 있으니까요.

해석의 여지가 있는 부분은 사람들과 만나 토론을 하기도 하죠. 다양한 사람들과 생각을 나누고 교류하며 합의된 내용을 도출하기도 하고, 나만의 독특한 해석을 만들기도 합니다. 이 과정 모두 즐겁고 유익한 읽기 행위입니다. 읽기 능력과 읽기 태도를 모두 기를 수 있으니까요.

주체적으로 사유하고 표현하는 즐거움을 알고 더 좋은 방향으로 계속해나갈 수 있는 토대를 만들어주는 것이 미디어 리터러시 교육의 중요한 역할입니다.

살아 움직이는 미디어 리터러시의 역동성을 파악하려면 감수성과 호기심이 필요합니다. 미디어의 자극을 받아들이고 반응하는 감수성은 우리를 미디어 읽기로 이끄는 동력입니다. 우리는 미디어를 읽고 수시로 감동하기도 하고 불편해하기도 합니다. 이런 여러 가지 감정들이 미디어를 즐기게 하는 것이죠.

나아가, '같은 장면을 위에서 촬영했다면 어떨까?', '내가 저 입장이라면 어떻게 했을까?'와 같은 마음으로 이어져 창조성도 기를 수 있습니다. 미디어 리터러시에 포함된 궁극적 의미 중 하나가 미디어를 활용하고 제작하는 능력인 것도 이러한 이유죠. '읽고 쓴다'라는 것은 '수용하고 제작한다', '소비하고 생산한다'라는 말로 이어질 수 있습니다.

미디어 리터러시는 우리 생활과 밀접하게 관련되어 있습니다. 앞으로도 끊임없이 변화할 미디어에 대해 주체적으로 판단하고 유연하게 수용하며 창의적으로 표현할 수 있는 태도를 키우는 것이 미디어 리터러시 교육의 궁극적인 목표임을 명심해야 합니다. 좀 더 자세히 알아보겠습니다.

MEDIA LITERACY 03

미디어 리터러시의 이해

▶ 당신도 혹시 문맹? 미디어 리터러시의 개념

우리나라에서 성인 대부분이 글자를 읽고 쓰게 된 것은 그리 오래되지 않았습니다. 1950년 이전에는 한글을 읽고 쓰지 못하는 사람이 국민의 절반에 가까웠다고 합니다. 정부 등이 일관되게 문맹퇴치사업을 벌이고 의무교육을 시행한 덕분에 이제는 '문자를 모르는 문맹'은 많지 않습니다.

하지만 복잡한 내용의 정보는 읽고 이해하지 못하는 '실질적 문맹'에 대한 논란이 계속 이어지고 있어요.(국가평생교육진흥원, 성인 문해 교육 현황, 2017) 이후 교육의 중심은 글자 내용을 읽고 의미를 제대로 이해하며 글로 자기 생각을 제대로 표현하여 생활에 실질적인 도움이 되는 방향으로 바뀌었습니다.

현시대에는 언어와 의사소통의 개념이 확장하고 있습니다. 문자 언어뿐 아니라 이미지 언어, 영상 언어, 컴퓨터 언어 등 다양한 언어로 소통이 이루어집니다. 문자 언어도 책, 인터넷, 모바일 등 환경에 따라 활용하는 방식이 달라졌습니다. 3D, 증강현실, 가상현실과 같은 기술이 발달하면서 앞으로도 계속 새로운 개념이 생길 전망입니다.

새로운 소통수단이 생기면 곧바로 이해하고 적응하는 사람도 있지만, 원활한 소통은 사실 쉽지 않습니다. 매 순간 변화하는 언어를 이해하기 위해 노력해야 합니다. 영상 문화, 디지털 문화를 외면하다가는 또 다른 문맹이 될 수도 있습니다.

여기서 말하는 문맹은 TV를 볼 줄 모르는 사람, 영화를 볼 줄 모르는 사람, 책을 볼 줄 모르는 사람이 아닙니다. 말로 표현하지 않은 이미지나 연출에 담긴 메시지를 해석하지 못하는 사람, 피상적 내용만 파악하고 안에 담긴 의미는 읽어내지 못하는 사람, 이를 바탕으로 주체적으로 의미를 구성하지 못하는 사람은 이 시대의 '읽지 못하는 사람'이라고 할 수 있습니다.

마찬가지로 소통에 활용되는 미디어나 디지털 기기를 제대로 활용할 수 없는 사람, 생각을 논리적으로 표현하거나 창의적인 결과물로 만들어내지 못하는 사람은 '쓰지 못하는 사람'이라고 할 수 있어요. 같은 맥락에서 언택트 시대에 유발된 '디지털 소외계층'이 또 다른 '실질적 문맹'이라고 할 수 있습니다. 리터러시

능력 부족으로 실생활에 어려움을 겪고 있으니까요.

오늘날 미디어 문맹은 치명적입니다. 세상이 정보화 사회를 넘어서 초연결 사회로 진화하고, 기계와 인공지능이 점점 더 단순노동을 대체하고 있는 상황에서 미디어를 통해 배우고 소통할 수 없다는 것은 엄청난 걸림돌이기 때문입니다.

새로운 소통 방법이 생기면 그 필요성을 인식한 사람들부터 이를 활용하는 능력을 익히고 전파합니다. 그렇게 그것들의 리터러시가 널리 퍼지면, 또 새로운 것이 등장합니다. 이렇게 앞으로도 리터러시는 계속 확장될 것입니다. 시대는 빠르게 변하고, 사회 구성원들은 그 문화에 적응하기 위해 노력할 것입니다. 이렇게 평생학습은 삶의 여가나 교양 쌓기가 아니라 생존 전략이 되고 있습니다.

오픈북 시험은 이제 익숙합니다. 시험 답안을 쓸 때, 책이나 노트를 자유롭게 참고하도록 허용하는 시험이죠. 그런데 요즘 대학에서는 더 열린 형태의 시험이 치러지기도 합니다. 주어진 교재는 물론 인터넷 정보까지 활용해서 답안을 작성할 수 있게 하는 것입니다. 나아가 정해진 주제를 바탕으로 자유롭게 정보를 구성하는 과제도 많습니다.

그럼 많은 사람이 "만점을 받지 않을까? 이것이 시험인가? 책에 답이 있고, 인터넷에 검색하면 다 나오는데, 변별될까?"라고 여러 가지 의문점을 떠올립니다. 물론 인터넷에는 무궁무진한 정보가 있습니다. 정보의 홍수라는 비유도 옛말이 되었습니다. 마찬가지로 시험으로 암기 능력을 측정하는 시대도 끝난 지 오래입니다. 이해력과 사고력을 측정하는 것을 넘어서, 인터넷을 비롯한 다양한 미디어를 주체적으로 활용하고 나의 사유와 통합하여 창조하는 능력, 즉 '미디어 리터러시media literacy' 능력이 필요해진 것입니다.

미디어 리터러시란 말은 요즘 어렵지 않게 들을 수 있는데요. '읽고 쓰는 능력'이란 의미의 리터러시literacy와 미디어가 합쳐진 말입니다. 리터러시의 고전적 정의는 '문자화된 기록물'을 전제로 하고 있어 '문식성', '문해력'이란 말로 번역되기도 하는데, 여기서는 리터러시란 말을 그대로 쓰겠습니다.

이외에도 리터러시는 '뉴스 리터러시', '게임 리터러시', '디지털 리터러시', '유튜브 리터러시' 등등 다양한 곳에 덧붙여 사용되는데, 이 책에서는 폭넓은 의미의 미디어(아날로그+디지털) 리터러시로 정의합니다. 미디어 리터러시를 한마디로 정리하면 '미디어가 전달하는 메시지를 이해하고 표현하는 능력'이라 할 수 있죠.

문자 언어를 기준으로 생각할 때, 읽는다는 것은 단순히 글자를 알아보는 능력에 한정되지는 않습니다. 글의 맥락과 내재한 뜻을 파악하고, 때로는 행간과 글이 쓰인 사회적 배경까지 생각하여 깊은 의미를 찾아내야 합니다. 글자를 기호로써 파악하는 해독decoding과 독해reading를 애써 구분하는 이유죠. 쓰는 것 역시 마찬가지입니다. 주어진 상황과 읽는 이를 파악하고, 명확하게 내 생각과 의미를 담아 전할 수 있는 효과적인 표현 능력이 필요합니다.

그렇다면 읽고 쓰기의 대상을 '미디어'로 확장하면 어떨까요?

현대의 미디어는 문자는 물론 이미지, 소리, 음악, 동영상 등 다양한 형태로 정보를 전달하기 때문에 멀티미디어라고 하지요. 책과 영화처럼 제작자가 완성한 정보를 전달하는 미디어가 있는가 하면, 방대한 정보를 취사 선택할 수 있는 인터넷이나 쌍방향 소통이 가능한 미디어 등 각각 활용하는 방식도 다릅니다.

이처럼 여러 가지 방법으로 전달되는 정보를 수용하여, 전달되는 메시지를 바로 이해하고, 각 매체의 특질에 맞게 메시지를 표현하여 다른 사람들과 소통하는 능력이 '미디어 리터러시'입니다. 정보를 받아들일 뿐 아니라 쌍방향으로 미디어를 활용하고 나아가 미디어 콘텐츠를 제작하는 능력까지 모두 미디어 리터러시에 포함된다고 할 수 있습니다.

또한, 미디어가 빠르게 발전하고 변화함에 따라 미디어 리터러시의 개념은 수시로 업그레이드되고 있습니다. 과거의 미디어 리터러시는 책, 영화, 광고 등 한 방향으로 제공되는 정보를 비판적으로 독해하고 이를 정리하여 표현하는 정도를 말했다면 네트워크 기술이 발달한 오늘날은 더욱 다양한 능력을 요구하고 있습니다. 정보가 범람하는 만큼 활용할 미디어를 주체적으로 선택하고 원하는 정보를 찾아내는 것 또한 미디어 리터러시 능력의 중요한 부분입니다.

그리고 '쓰기'의 범위도, SNS를 통한 기본적인 의견 나눔은 물론 영상 기획 및 제작과 편집, 능동적인 커뮤니티 활동, 개인 플랫폼 운영 등 점점 더 넓은 범위로 확장되고 있습니다.

▶ 미디어 리터러시 능력을 어떻게 키울까?

학교에서 글자를 읽고 쓰는 방법을 배우듯, 미디어 리터러시 역시 적절한 교육을 통해 키울 수 있습니다. 많은 사람이 미디어 리터러시 교육이라고 하면 신문활용교육newspaper in education을 떠올리는데, 이는 정확히 말하면 미디어를 활용한 교육으로 미디어 리터러시의 극히 일부에 불과합니다. 신문을 활용한 수업, 뉴스를 활용한 수업, 광고를 활용한 수업과 같은 것이죠. 요즘은 영화를 활용한 수업, 웹툰을 활용한 수업, 유튜브를 활용한 수업 등이 인기를 얻고 있습니다.

미디어와 미디어 리터러시 교육은 함께 변화를 거쳐왔습니다. 과거에는 새로운 미디어가 등장하면 적극적으로 그 수용 역량을 키워주기보다는 미디어로부터 이용자를 보호해야 한다는 생각이 주를 이루었습니다. TV를 바보상자라 부르며 멀리한다든가, 아동이나 청소년을 미디어의 영향에서 보호해야 한다는 주장이 대표적인 예이죠. 새로운 미디어가 나올 때마다, 경계의 목소리는 점점 더 날카로워집니다.

이러한 관점을 보호주의 패러다임이라고 합니다. 이런 주장은 강력한 힘을 가진 미디어가 제작자나 자본의 의도대로 수용자에게 영향을 끼치리라는 우려와 비판에서 비롯합니다. 최근에도 SNS 중독이나 게임중독에 대한 걱정과 함께 디지털 기기 멀리하기 운동을 펼치곤 했었지요.

반대로 미디어를 적극적으로 활용해야 한다는 역량 강화empowerment 패러다임이 있습니다. 수용자는 미디어에 수동적으로 끌려다니는 것이 아니라 미디어를 주체적으로 활용할 역량이 있으며, 역으로 그 힘을 활용하여 각자가 콘텐츠를 직접 생산하면서 목소리를 내는 창구로 활용해야 한다는 것입니다.

소셜 미디어가 발달하여 쌍방향 소통이 가능해지고, 대형 방송사가 아닌 개인도 다양한 미디어의 생산과 유통에 참여하고 이익을 얻게 되면서 이러한 관점은 더욱 힘을 얻고 있죠. 학생들의 장래희망 인기 순위에 '크리에이터'가 상위권을 차지하고 있고, 많은 성인이 N잡으로 크리에이터를 준비하는 시대이니까요. 아주 어려서부터 키즈 크리에이터를 적극적으로 육성하고자 하는 학부모도 늘고 있습니다. 콘텐츠 창작의 인기는 말 그대로 전 세대를 아우르고 있죠.

미디어 리터러시 역량을 키우기 위해서는 두 패러다임이 모두 중요합니다. 무조건 배척하거나 막무가내로 받아들이는 것이 아니라, 균형 잡힌 관점으로 접근할 필요가 있습니다.

미디어 리터러시 교육은 구체적으로 어떤 역량을 키우는 것일까요? 새로운 미디어 활용 능력을 배운다고 하면 디바이스나 유틸리티를 다루는 능력을 먼저 떠올릴 수 있습니다. 사실 이는 새로운 미디어를 받아들일 때 어느 정도 필요한 과정입니다.

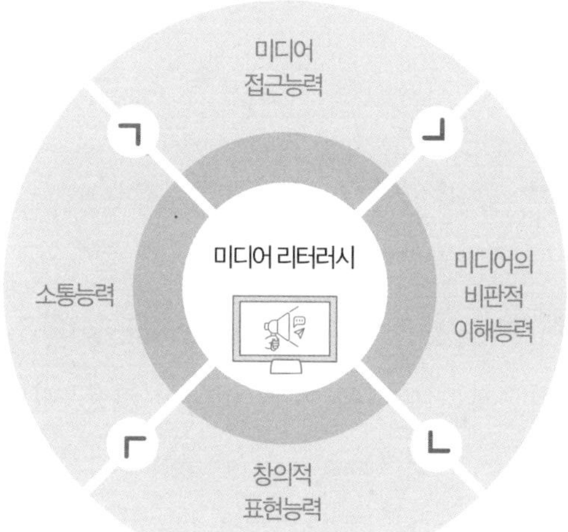

한국언론재단 미디어교육 연구서(2009)

미디어 리터러시의 영역은 어디부터 어디까지인지 굉장히 포괄적이기 때문에, 학계에서도 지속적으로 논의 중입니다. 영국 미디어 규제기구인 오프컴Ofcom은 미디어 리터러시를 '접근access, 이해under-stand, 창조create'로 정의했는데, 현재 이 기준을 세계인이 따르는 추세입니다. 그 외에도 조금씩 차이를 두고 세부 영역에 대한 구분이 달라지는데요. 이 책에서는 한국언론재단 미디어 교육 연구서(안정임, 김양은, 박상호, 임성원, 2009)에 정의된 미디어 리터러시 4가지 영역 – 미디어 접근능력Access, 미디어의 비판적 이해능력Critical Understanding, 소통능력Communication, 표현능력Create – 을 바탕으로 살펴보겠습니다.

시작이 반, 효과적으로 접근하기

가장 기본이 되는 것은 '미디어에 대한 접근능력'을 키우는 것입니다. 세부적으로는 미디어 이용, 미디어 활용, 미디어 조절로 나눌 수 있어요.

과거 글을 읽지 못하는 사람이 책이나 신문에 담긴 수많은 정보에서 소외되었듯이, 현대의 다양한 미디어에 접근하지 못하면 그만큼 피해가 큽니다. 해당 미디어를 통해 오가는 정보로부터 소외될 수밖에 없으니까요. 온라인 개학을 바탕으로 한 비대면 학습을 통해 학습 격차, 계층 격차가 심화될 수 있다는 경고의 메시지가 나오는 이유입니다.

처음 우리나라에 컴퓨터를 보급하던 시절, 학교나 학원에서는 컴퓨터 자판 치기를 가르쳤습니다. 자판 연습을 위한 타자 게임도 많이 활용했지요. 제가 다니던 초등학교의 컴퓨터 선생님은 '베네치아'라는 타자 게임을 일정 스테이지까지 통과하라는 과제를 내주기도 하셨습니다. 중학교 때는 수업 시간에 이메일 보내기, 문서 작성 등 인터넷과 유틸리티의 기본 활용법을 배웠습니다. 당시 흔하게 볼 수 있던 사설 컴퓨터 학원에서도 비슷한 내용을 가르치곤 했지요. 초등학생도 컴퓨터와 모바일 기기를 자유자재로 다루는 지금은 보기 힘든 풍경이었지요. 하지만 지금도 컴퓨터 교육은 다른 방향으로 계속 이루어지고 있습니다. 포토샵, 프리미어 등의 편집 프로그램, 컴퓨터 언어, 3D, 코딩 등 보다 전문적인 영역으로 세분되었을 뿐입니다.

특히, 디지털 미디어의 경우 각종 디바이스나 플랫폼의 활용법, SNS 이용법 등을 알아야 접근할 수 있습니다. 환경이나 문화적 조건이 갖추어지지 않으면 진입 자체가 힘들어집니다. 학교에서 전면 온라인 수업으로 진행한다고 했을 때, 집에 컴퓨터나 디지털 패드, 스마트폰 등의 기기가 없으면 시작도 할 수 없습니다. 실제로 '웹캠'에 대한 판매가 급증하여 물건이 부족해지는 상황이 생기기도 했으니까요.

이런 기기가 갖추어졌다고 끝이 아닙니다. 사용법을 알아야겠죠. 디지털 기기로 게임을 즐기는 것과, 필요한 분야에 활용하는 것은 다른 영역입니다. 기본적인 학습이 필요해요. 디지털 네이티브라고 해도, 온라인 수업에 접속하는 방법을 몰라 부모님께 부탁하고, 선생님에게 문의합니다.

게임은 신나게 하는데 타자는 독수리 타법인 아이들도 많죠. 어른들도 마찬가지예요. 평소 인터넷 뉴스나 게임은 즐기지만, 연말정산 때마다 방법을 몰라 벌벌 떠는 분들도 많습니다. 나의 필요와 목적에 맞게 미디어에 접근하고, 의도한 결과물을 얻어낼 수 있어야 접근능력을 갖추었다고 할 수 있습니다.

언택트 시대에 화두가 된 것은 키오스크(Kiosk, 터치스크린 방식의 무인 단말기)입니다. 많은 가게가 키오스크를 집중적으로 늘려가면서 음식을 주문하거나, 물건을 구매하는 데 부담을 느끼는 분들이 많아졌습니다. 겨우겨우 익혀서 하더라도 뒤에 사람들이 줄 서 있으면 식은땀이 흐르고, 심지어 포기하기도 해요. 진짜 먹고 싶은 것을 주문하지 못하고 엉뚱한 것에 돈을 허비하는 때도 부지기수입니다.

이러한 '디지털 소외' 현상은 접근능력의 부재에서 오는 사회적 문제입니다. 그래서 '키오스크 이용 교육', '스마트폰 활용 교육' 등이 공공기관에서 이루어지고 있습니다. 규율을 통해 디지털 격차를 줄이기 위한 노력이죠.

기본적인 접근능력에서 한발 더 나아가 '주체적' 접근능력도 중요합니다. 스스로 사용을 조절하고 통제하는 능력으로 현대인들에게 필요성이 증대되고 있습니다. IT 강국의 그림자라고 할 수 있을까요. 스마트폰 보급률이 올라가고, 인터넷 접속이 쉬워지면서 '스마트폰 중독, 미디어 중독' 문제는 오래전부터 사회적 문제가 되었습니다. 사회적 거리두기 기간 동안 미디어에 의존하는 생활은 더욱 늘어만 갔죠.

이렇게 사회 곳곳에서 미디어에 노출되어 있으므로 스스로 조절하여 접근하지 않으면 나도 모르게 '과의존'할 위험성이 있습니다. 적어도 미디어 중독으로 일상이 망가지는 것은 막아야 합니다. 그래서 유아 시기부터 청소년, 성인까지 미디어 과의존에 대한 위험성을 경고하고 바른 사용 습관을 형성하는 미디어 교육이 수시로 이루어지고 있어요. 미디어 중독에 관한 이야기는 이후에 자세히 다루겠습니다. 모든 것의 기본기가 중요하듯, 미디어 리터러시의 기본기인 '접근능력'을 가볍게 여기면 안 됩니다.

▶ 속고 살지 마! 비판적으로 이해하기

다음은 '미디어의 내용을 비판적으로 이해하는 능력'을 키우는 것입니다. 크게 현실 구성, 산업적 동기, 미디어 언어로 나눌 수 있어요.

우선 '비판적 이해' 전에 '사실적 이해' 단계를 거쳐야 합니다. 주어진 정보, 그 안에 담긴 주제나 메시지 등 미디어를 통해 전해지는 것을 인지하는 과정이에요. 대화로 따지면 겉으로 드러나는 소리에 귀 기울이는 것이죠. 그렇지 않으면 '동문서답'할 위험이 있으니까요. 기호, 연출, 음악 등 미디어에서 활용하는 다양한 표현 방식을 바탕으로 기본 정보를 인지한 상황에서 그 텍스트를 분석하고 의도를 추론·해석하며 판단합니다. 그 내용에 공감할 수도 있고, 비판할 수도 있겠죠. 의문을 가진 상태로 판단보류 할 수도 있습니다. 이때는 나의 경험, 문화적 배경, 사회적인 맥락에 관한 이해, 자료 조사 등이 필요하지요.

과거 미디어가 귀하던 시대에는 경전, 성경 등 책에 쓰여있는 내용을 절대적인 진리로 받아들이고 사유하는 것을 바탕으로 삼았지만, 오늘날은 미디어를 통해 들어온 정보는 한 번쯤 의심해 보고 그 안에 담긴 의미를 생각할 필요가 있습니다.

특히, 어릴 때부터 미디어를 받아들여 온 디지털 네이티브 세대는 미디어를 자연스럽게 여긴 나머지 그 내용도 당연하게 받아들이는 점이 문제가 될 수 있어요. 인터넷 방송에서 본 해로운 행동을 무분별하게 따라 하거나 미디어의 내용을 무조건 사실로 받아들이는 것은 미디어 접근능력은 있지만, 미디어 이해에 관한 교육이 이루어지지 않은 경우라고 할 수 있습니다.

앞에서 미디어의 특성 '프레임'에 대해서 알아보았었는데, 그 점을 수시로 떠올리는 것이 중요해요. 미디어는 '누군가'가 현실을 반영해서 '구성한 것'이기 때문에 절대적이지 않습니다. 그래서 그 내용을 의심해야 하고, 그 영향력을 의심해야 합니다. 누군가를 부정적으로 대하는 '혐오'의 메시지는 더욱 경계해야 합니다. 어떤 의도가 담겨 있는 것이니까요.

이전부터 학교에서도 국어 시간에 포함하여 뉴스, 광고, 만화, 드라마 등의 텍스트를 비판적 분석하는 교육을 진행해왔습니다. 그런데도 인터넷과 SNS를 통해 확인되지 않은 정보가 판을 치고, 가짜뉴스에 의한 사회적 손실은 더욱 커져만 갑니다. 누구나 메시지를 만들고 공유할 수 있는 소셜 네트워크 시대에 우리는 '미디어 마스크'를 착용해야 합니다.

자본주의 시대에 미디어는 시장을 형성하고 소비를 자극하는 역할을 충실하게 했습니다. 수많은 미디어를 우리가 부담 없이 만날 수 있는 것은 '광고 수익' 때문이고, 이를 위해서 미디어는 사람들을 유혹합니다. 수익이 전부는 아니지만 하나의 '의도'인 것은 명확합니다. 영향력을 가질수록 수익도 늘어나는 구조라 많은 사람을 현혹하려고 하죠. 이 현혹의 대상이 명확한 경우도 많습니다. 주요 표적 수용자를 정하고, 집중적으로 메시지를 보내는 것이죠. 크게 10대, 20~30대와 같은 연령이나 성별, 세부적으로 학생과 직장인, 주부 등으로 구분되기도 해요. 이러한 미디어 생태계에 대한 '투명한' 이해가 합리적 미디어 생활에 도움이 될 것입니다.

미디어의 종류가 다양해지고 각각의 영향력이 커지고 있는 지금, 다양한 미디어의 특성과 각각의 전달 방식, 즉 미디어 언어에 대한 교육도 필요합니다. 나라별로 언어가 다르고 전달하는 방식이 다르듯 미디어도 다르니까요. 예를 들어, 문자 언어와 이미지 언어, 영상 언어는 큰 차이가 있죠. 어떤 어휘를 사용하느냐, 어떤 구도로 촬영하느냐, 어떤 음악을 사용하느냐 등등. 이것들에 대한 이해가 있으면 좀 더 풍요로운 의미 구성을 할 수 있고, 제작자의 의도도 파악할 수 있습니다. 마찬가지로 소셜 미디어의 특징, 영화의 특징, 만화의 특징 등을 파악하여 더욱 좋은 방향으로 활용할 수 있는 교육이 필요합니다. 이는 뒤에 자세히 다루겠습니다.

▶ 우리는 모두 친구, 사회적으로 소통하기

한 방향 미디어 시대에서 쌍방향 미디어의 시대로 변화하면서 미디어 리터러시 교육에서 점점 중요성이 커지는 것이 '미디어를 활용한 소통능력'입니다. 이는 참여 욕구와 능력, 규범 인지와 준수로 구분할 수 있어요.

사회적 동물인 인간은 누군가와 연결되고 싶은 욕구가 있습니다. 먼 옛날에 얼굴도 모르는 사람과 편지로 오랜 시간 연락하여 사랑과 우정을 키우는 모습, 미디어에서 접했을 겁니다. 낯선 모습 같지만 지금 우리 SNS 문화의 원조라고 할 수 있어요. 가까운 사람이든, 먼 사람이든 누군가와 연결되고 싶은 마음이 그 시작이라고 할 수 있습니다. 그리고 과학 기술은 그 욕구를 더 쉽게 이룰 수 있도록 도와주고 있어요.

과거에는 큰 비용과 시간이 들었기 때문에 굉장히 압축적으로 중요한 내용만 전달해야 했다면, 지금은 그런 제약 없이 아주 사소한 일부터 하나하나, 다양한 주제에 대한 생각을 전합니다. 또 그런 사람들끼리 모여 공동체를 만들고, 참여를 유도하죠. "SNS는 인생의 낭비다"라는 말이 유행어처럼 퍼진 적도 있었지만, 지금 SNS는 일상의 한 부분이 되었고, 언택트 시대에는 그 영향력이 더욱 커지고 있습니다.

소소한 일상을 포함하여 사람들이 풀어낸 경험과 지식, 만든 정보가 하나하나 쌓여서 '집단지성'을 이루어 인터넷 생태계의 중심이 됩니다. 이렇게 다양한 미디어를 통해서 많은 정보가 생성되고, 그 유용한 정보들을 잘 활용하면 큰 도움이 됩니다.

초연결 시대라는 이름에 걸맞게 SNS의 영향력은 날로 확대되며 이를 바탕으로 한 소통도 개인의 영역을 넘어 사회·정치 영역까지 활발히 뻗어가고 있습니다. 여론을 형성하고 사회 정책을 집행하는데도 막대한 영향력을 행사하죠. 여기서 댓글 조작, 실시간 검색어 조작 등 다양한 문제도 노출되었습니다. 이에 현혹되지 않는 합리적 소통과 정치 참여 방식도 민주주의 시민으로서 꼭 챙겨야 할 소양입니다.

경제적으로도 SNS 마케팅은 꼭 필요한 방법이 되었어요. 영세 자영업자부터 대기업까지, SNS를 활용한 홍보와 고객과의 소통은 더욱 활발해지고 있습니다. 이로 인해 고객의 목소리가 직접 반영되어, 소비자의 권리를 찾거나, 제품 구성에 영향을 미치기도 하죠. 바람직한 소통은 많은 것을 바꿀 수 있습니다. 직접 세상을 바꾸는 과정에 참여하는 것이죠.

이렇게 전 지구인이 인터넷으로 연결된 시대입니다. 서로 관계를 맺고 싶은 마음은 모두 갖고 있지만, 잘 지내기는 쉽지 않은 문제입니다. 오프라인 관계나 온라인 관계나 모두 마찬가지죠. 온라인에서도 내 의견을 잘 전달하기 위해 노력해야 하고, 상대방의 의견을 존중하고 이해하기 위한 연습도 해야 합니다. 이런 면에서 인터넷 규범, 네티켓이 계속 강조됩니다.

과거에는 댓글에 중점을 두어 '악플'을 경계하고 '선플'을 장려하는 활동을 많이 진행했지요. 이는 지금도 마찬가지입니다. 아주 오랜 시간 캠페인을 해왔고, '인터넷 실명제'가 실시되었다가 폐지되는 등 많은 시행착오를 거쳤지만, 상황은 더 악화되었습니다. 수많은 연예인과 스포츠인이 '악플'로 인한 고통을 호소하고,

극단적인 선택을 했습니다. 이에 대형 포털 사이트에서는 특정 카테고리 뉴스에 대해 '댓글 폐지'라는 강수를 두기도 했습니다. 자체 검열, 네티즌들의 신고를 통한 관리 등 여러 가지를 해보았지만, 실효성이 없었던 것이고 결국 문을 닫아버렸습니다.

사실 이렇게 통로를 막아도 문제가 해결되지는 않습니다. 무대는 바꾸면 그만이니까요. 실제로 웹툰, 유튜브, 다양한 커뮤니티 등에서 악의적 댓글을 쉽게 목격할 수 있고, 이는 또 다른 혐오와 차별을 조장하고 있습니다. 현재 진행형이죠.

이래서 인터넷 문화 규범에 대한 교육을 강조하고 있습니다. 악플러에 대한 법적인 처벌도 지속해서 증가하고 있어요. 상대방을 존중하는 것은 건강한 인터넷 문화를 위해 꼭 지켜야 할 규범입니다.

댓글에 대해 부정적인 면만 있는 것은 아닙니다. 다른 사람의 생각을 알 수 있는 통로이고, 건강한 토론, 생각의 교류가 이루어지는 장이기도 합니다. '댓글 맛집' 이란 키워드와 함께 문화적으로도 큰 영향력을 갖고 있어요. 댓글도 하나의 콘텐츠가 되어 유행을 선도하기도 합니다. 활용하기 나름이죠. 인터넷 문화를 건강하게 만들기 위한 소통능력이 중요한 이유입니다.

▶ 너도 나도, 창의적으로 표현하기

마지막으로 미디어를 창의적으로 제작하는 능력입니다. 이는 표현 욕구와 제작 및 전달 방법으로 나눌 수 있어요.

앞에서 다룬 '참여 욕구'와 이어지는 것이 '표현 욕구'입니다. 누군가와 소통하고 싶다는 욕구에서 시작되어 '어떤 방식'으로 소통할까 고민하고 그것이 콘텐츠 창작으로 이어집니다. 옛날부터 많은 사람은 이야기를 좋아하고, 이야기를 만들어 서로 공유했습니다. 거기서 즐거움을 얻고 또 다른 이야기를 만들고 함께 즐겼습니다. 오랜 시간 남기기 위해 글로 기록하였고, 이제는 시대를 초월해 모두에게 전달합니다. 지금은 과학 기술의 발달로 더 쉽고 편하게 만들고 더 널리 퍼뜨릴 수 있게 되었죠.

여러 가지 이유가 있을 수 있지만 순수하게 무엇인가 표현하고 만들어내고 싶은 마음을 갖고 거기서 성취감을 느끼는 것이 중요합니다. 그것이 나만의 콘텐츠를 만드는데 원동력이 되는 것이죠. 같은 집에서도 인테리어를 다르게 하고 나만의 스타일로 꾸미듯이, 똑같이 블로그 홈페이지나 SNS 계정 등을 만들면서 자신을 드러내기 위해 노력합니다.

똑같은 말을 하더라도 '어떻게' 하느냐가 중요하듯이, 재미있게 댓글을 달고, 귀엽게 그림을 그리고, 신나는 영상을 만드는 등 표현 욕구를 자극해서 결과물을 만들어봅니다. 이러한 경험들이 하나하나 쌓이면 표현능력이 키워집니다.

오늘날의 미디어에서는 댓글을 달고 블로그를 운영하는 것부터, 1인 방송을 제작하거나 자신의 콘텐츠를 연재하는 등 다양한 활동을 손쉽게 경험할 수 있습니다. 과거 '전문가'의 영역으로 여겨지던 창작자의 길이 '일반인'에게도 열린 것이죠. 과거에는 출판사와 계약해야 했고, 방송국에서 섭외가 들어와야 했다면, 지금은 스스로 판을 구성할 수 있는 시대입니다.

의지만 있다면 녹음해서 팟캐스트로 송출할 수 있고, 영상을 찍어 유튜브에 업로드할 수 있습니다. SNS에 글을 꾸준히 연재해도 되고, 독립출판으로 큰 부담 없이 내 책을 만들 수도 있어요. 이를 통해서 이익도 얻을 수 있는 통로가 생기면서 많은 사람이 도전하고 있습니다. 콘텐츠 창작이 사회 트렌드가 되었고 관련 직업도 많아졌습니다.

수요가 많아지면서 콘텐츠 제작과 관련된 교육도 활성화되고 있습니다. 시장의 필요성에 의해 형성되는 경우가 많아요. 과거부터 지속하던 글 쓰는 법, 말하는 법을 비롯하여 웹툰 그리는 법, 영상 촬영하는 법, 영상 편집하는 법 등등의 교육들이 인기가 많아요. 굉장히 어렵게 느낄 수 있지만, 기술이 발달하면서 손쉽게 배울 수 있는 툴이 계속 만들어지고, 일반인에게도 접근성이 높아졌어요. 그래서 최근 미디어 교육에서 가장 인기가 많은 분야는 '영상 기획 및 편집'이라고 할 수 있습니다.

나아가서 소셜 미디어를 통해 개인이 영향력을 키울 수 있게 되면서 '인플루언서가 되는 채널 운영 방법', '구독자 수 늘리는 방법', 'SNS 마케팅 방법' 등의 채널 운영 교육도 많아지고 있어요. 콘텐츠를 만들고 이를 바탕으로 인기도 얻고, 인기를 바탕으로 이익도 얻을 수 있는 구조입니다. 학생부터 성인들에게 모두 매력적인 분야지요.

이럴 때일수록 자신이 창작하는 콘텐츠의 의미와 파급력을 이해하는 것이 중요합니다. 창조뿐 아니라 공유하는 것도 미디어 공급의 일부이므로, 이에 대해서도 의미를 이해하고 책임감을 가질 필요가 있습니다. 제작 규범에 대한 교육을 강화해야 한다는 목소리가 나오는 이유입니다.

인터넷 문화의 특성상 더 많은 조회 수, 더 많은 관심을 받기 위해 노력하는 과정에서 선정적인 콘텐츠가 남발합니다. 가짜뉴스, 조작방송, 허위광고 등이 계속 사회적 이슈로 대두하였지요. 또한, 남의 창작물을 무단으로 배포하거나 공유하는 일도 많아요. 이런 상황을 막기 위해 기초적인 저작권 교육, 정보의 출처 확인과 표시 방법, 자신의 창작물에 대한 책임, 소통의 기본 태도에 대한 교육과 문화 조성이 함께 진행되어야 합니다.

[TIP] 미디어 과몰입을 극복하는 4가지 방법

미디어는 일상 속에 일부가 되었습니다. 닐슨코리아 〈코로나19 임팩트 보고서〉에 의하면 우리 사회에서 게임, 웹툰, 비디오 스트리밍, SNS 등의 활동이 모두 50% 이상 증가했습니다. 영상 미디어를 통해 공부한다고 해도 마찬가지입니다. 과도한 영상 미디어 노출은 사회성과 소통능력 부족을 유발하기 때문에 경계해야 합니다. 혹자는 미디어 중독(과몰입)이란 용어 자체를 경계하지만, '건강'이란 키워드를 생각하면 관점이 달라집니다. 식습관과 운동습관, 수면습관 모두 건강을 기준으로 관리의 대상이 되고 있습니다. 미디어 습관도 마찬가지입니다.

다양한 미디어 중에서 게임이 유독 논란이 많은 것은 과몰입(중독) 때문입니다. 2019년 세계보건기구WHO가 게임 과몰입(중독)을 하나의 질병으로 분류하며 사회적으로 쟁점이 되기도 했습니다. 권고안이긴 하지만 다양한 매체에서 뜨거운 토론이 이루어졌고, 지금도 지속하고 있습니다. 세계보건기구가 내세운 게임 과몰입(중독)의 기준은 이렇습니다.

① 다른 관심사나 일상생활에서 게임 하는 것을 우선시한다.

② 이로 인하여 삶에 (부정적인) 문제가 생겨도 게임을 중단하지 못한다.

③ 게임을 하고 싶은 욕구를 참지 못하는 상황이 1년 이상 지속한다. (증상이 심각하면 짧은 기간에도 진단 가능)

다소 모호해 보일 수도 있으나 핵심 키워드로는 지속성, 통제 가능성, 빈도입니다.

사실 게임 이외에 다른 미디어를 대입해도 적용이 가능한 내용입니다. 대부분의 미디어는 수용자가 작품에 몰입하기를 바라며 다양한 기교를 부립니다. 하지만 미디어의 홍수 속에 허우적대다 일상을 잃어버리는 경우가 많아지는 것이 문제입니다.

미디어 중독을 극복하고 예방하기 위해서는 의도적인 노력이 필요합니다. 거부감이 가장 적은 것부터 4단계로 차근차근 살펴보겠습니다.

❶ 상황 및 원인 파악하기: 구체적으로 확인하자!

가장 기본적으로 현재 상황과 과하게 의존하는 원인을 살펴봐야 합니다. 가계부를 쓰며 지출 내용을 점검하듯, 미디어 사용시간을 정리해보아야 합니다. 요즘은 유튜브 시청시간, 인스타 사용 시간, 게임 접속시간 등을 다 어렵지 않게 확인할 수 있습니다. 내가 주로 언제, 얼마나 미디어에 종속되어 있는지 확인해봅니다.

상황을 진단했으면 그 원인도 살펴봅니다. 단순하게 '재미있어서' 이외에 가정환경, 직장 및 업무, 친구나 연인, 금전 문제, 의지 문제, 시간 관리 문제 등 다양한 원인이 존재합니다. 일상에 손해를 끼치는 정도의 상황, 고치고 싶은 상황이라면 조금 불편하더라도 자신을 객관적으로 파악하려는 노력이 필요합니다. 원인에 따라 대응 방법이 다르지만, 일반적인 단계로 살펴보겠습니다.

❷ 상호작용하기: 함께 하자!

미디어를 다른 오프라인 사람들과 함께 즐기도록 합니다. 연예인 영상을 보다 친구와 덕질을 공유하거나, 영화를 보고 사람들과 대화를 나누거나, 게임 동아리에 가입하여 친목을 다지기도 합니다. 책을 읽고 사람들과 이야기 나누는 독서 모임을 생각하시면 됩니다.

더 깊이 빠지지 않을까 걱정될 수 있습니다. 하지만 미디어 활동을 음지에서 양지로 끌어올릴 수 있는 좋은 방법이에요. 콘텐츠에 과도한 몰입을 방해하고 오프라인 일상으로 돌아올 수 있는 연결고리를 계속 만드는 것이죠. 미디어라는 가상 세계에 혼자 갇힐수록 의존 경향이 점점 심해질 수 있으니 주변으로 주의를 환기해야 합니다. 실제로 많은 미디어 중독자들이 외로움을 호소합니다. 단계적으로 관계의 결핍을 해소하는 방법입니다.

❸ 대체하기: 슬쩍 바꾸자!

바로 끊는 것은 힘드니 대체할 수 있는 활동을 선정하여 조금씩 대체합니다. 금연 치료 때, 담배 대신 사탕을, 금주 치료 때 음료수를 주는 것과 같은 원리입니다. 예를 들어, 디지털 게임에서 아날로그 보드게임으로, 스포츠 웹툰에서 운동으로, 음악 방송 시청에서 춤추기로, 대체할 수 있습니다.

대체하면 또 다른 과의존에 빠지지 않을까 걱정할 수도 있는데, 그런 면에서 온-오프, 디지털-아날로그의 균형을 맞출 수 있도록 대체해야 합니다. 건강한 기준을 세우고 그쪽으로 나아가는 방향이죠. 게임 하지 않고 공부하기와 같은 대체는 거리감이 있어 비현실적입니다.

강압적으로 통제하면 더 하고 싶어지는 법이니, 자연스러운 연결, 단계적 연결이 중요합니다. 많은 시간 소비하던 것을 쏙 빼면 구멍이 생기기 마련이니, 그 구멍을 채울 수 있는 건강한 활동을 미리 준비해두세요.

❹ 관리하고 거리두기: 의도적으로 훈련하자!

미디어에 대한 과한 의존과 몰입을 막는 것이지, 미디어를 차단하는 것이 아닙니다. 그래서 꾸준히 관리하는 습관이 중요해요. 꾸준히 사용시간을 체크하고 일정 시간 거리를 두는 훈련을 합니다. 내가 주로 사용하는 미디어마다 사용시간 알람을 설정해서, 어느 정도 이용하는지 꾸준히 체크합니다. 관리용 알람 외에 마케팅 알람, 메신저 알람 등은 최소화하는 것이 좋습니다. 계속 눈과 손이 가기 때문이죠. 알람을 놓치면 큰 일이 날 것 같지만, 꼭 그렇지도 않습니다.

스스로 관리하기가 쉽지 않으니, 학교나 학원에서는 수업 시간에 스마트폰을 회수하기도 합니다. 그것 때문에 '해야 할 것'을 하지 못하는 경우가 생기니까요. 일부 회사에서도 업무 효율을 위해 'PC 카톡 금지령'을 내리기도 하죠.

이런 시스템을 스스로 만드는 것입니다. 친구와 대화하는 지금 20분간은 스마트폰을 만지지 말아야지, 가족과 밥 먹는 30분간은 SNS에 들어가지 말아야지, 인터넷 강의를 듣는 동안은 스마트폰을 만지지 말아야지 스스로와 약속을 하고 지키는 연습을 합니다. 과거 거실에 TV 없애기, 컴퓨터를 거실로 옮기기, 컴퓨터 사양 낮추기 등의 활동이 요즘은 스마트폰 바구니, 스마트폰 존, 관리 앱 설치 등의 활동으로 이어집니다. 다른 사람이 하면 통제지만 스스로 하면 '약속'이 됩니다.

가장 중요한 것은 결국 자기조절능력, 자기통제력입니다. 무조건 참는 것이 아니라 원하는 목표를 달성하기 위해 스스로 조절하는 것이죠. 원하는 목표를 위해 순간적인 쾌락보다 의미 있는 즐거움을 찾아 나서는 것이 인생을 낭비하지 않는 길이니까요. 외부에 의한 통제가 아니라 스스로 '너무 과했다', '해야 할 것이 있다'라는 생각을 하고 우선순위를 정립하는 것입니다. 균형과 조화, 재미와 의미를 잘 챙겨야 건강한 미디어 생활을 지속할 수 있습니다.

MEDIA LITERACY

제 2 장

주체적으로 미디어 읽기

MEDIA LITERACY 01

미디어를 대하는 태도

▶ 더 빨리, 더 많이 읽으려는 조바심

《연애소설 읽는 노인》에 등장하는 주인공은 소설 읽기를 좋아합니다. 노인은 아마존 밀림에서 혼자 살며, 겨우 구한 소설책 한두 권을 읽는 것이 삶의 낙입니다. 그래서 책을 읽을 때는 의식을 치르듯 경건한 마음으로 주변을 정리하고, 한 자 한 자 꼼꼼하게 읽고, 되짚으며 소리 내어 말하고 외우기까지 합니다. 그렇게 미디어를 대하는 주인공의 태도는 그 자체로 신성합니다. 그런 자세가 참 아름답게 느껴지죠.

하지만 요즘엔 그렇게 미디어를 공들여 읽는 사람은 찾아보기 어렵습니다. 환경의 차이가 태도의 차이를 부른다고, 넘쳐나는 콘텐츠로 인해 사람들은 속도에 대한 강박을 갖기 시작했습니다.

보고 싶은 것은 많고, 시간은 한정되어 있어서 빨리빨리 많이 보고 싶은 것이죠.

책도 후루룩 빨리 읽고, 영화도 1.5배속으로 보거나 건너뛰면서 필요한 장면만 보고, 웹툰도 엄지손가락을 이용하여 쭉 밀어 올리며 스쳐 가는 그림들을 눈으로 훑습니다. 게임도 배경이 되는 묘사는 건너뛰기 바쁘죠. 나아가 직접 즐기지 않고, 다른 사람이 정리해준 내용만 보며 대리만족하기도 합니다. 물론 효율적으로 보이긴 하지만, 그렇게 작품을 대하면 진정한 감동이나 깨달음, 카타르시스를 느끼기는 어렵습니다.

저 또한 '빨리빨리'의 유혹에 넘어갈 때가 많습니다. 그럴 때마다 자신에게 물어봅니다.

"왜 빨리 읽고 싶은가?"

빨리 읽는 것이 무조건 나쁜 것은 아닙니다. 상황에 따라 효과적인 전략이 될 수 있습니다. 저도 강의를 준비하거나 원하는 자료를 찾을 때는 되도록 효율적으로, 필요한 부분을 발췌하며 책을 읽습니다. 하지만 보통은 별 이유 없이 마음이 조급할 때도 많아요. 딱히 그 시간으로 무엇을 할 것도 아니면서, 괜스레 시간이 아깝다고 생각하는 것이죠. 이런 점에 생각이 미치면 좀 더 차분하게 미디어를 대할 수 있어요.

'읽기'의 바탕이 되는 태도입니다.

실제로 많은 분이 강의 때나 SNS로 속독에 관해 물어보곤 합니다. 속독 강의는 수강료가 비싼 곳이 많아 나름 신중히 결정하는 것이죠. 그럴 때마다 이 질문을 다시 건넵니다.

"왜 빨리 읽고 싶으신가요?"

속독 강의가 효과가 있는지 없는지는 나중 문제입니다. 능력이 갖추어져도 목적에 맞게 활용하지 않으면 의미가 없습니다. 그래서 시작하기 전에 자신의 목적을 되짚어보는 것이 중요합니다. 목적이 분명해야 교육도 효과가 있지요.

그래도 아쉬운 기분이 사라지지 않으면 구체적으로 다시 묻습니다.

"이 미디어를 왜 읽는가?"

킬링타임으로 읽는지, 정보를 얻으려고 하는지, 아니면 깊이 읽고 감동하고 싶은지…. 이 점을 생각하면 이 미디어를 어떻게 대해야 하는지 더 명확하게 알 수 있습니다. 적당히 넘기면서 필요한 부분만 읽어도 읽는 목적을 다 할 수 있다면 그것으로 좋습니다.

하지만 대부분의 미디어 콘텐츠는 마음 편히 읽고 차분히 즐겨야 그 깊이를 다 알 수 있습니다. 영화 한 편만 보아도 줄거리와 핵심 메시지 이외에 수많은 서브 메시지와 정보, 볼거리와 즐길 거리, 한두 문장으로는 정리할 수 없는 복잡한 뉘앙스가 촘촘하게 담겨 있기 마련이죠. 가게로 비유한다면 한 가지 상품만 다루는 전문점이 아니라 온갖 분야의 물건을 망라한 백화점인 셈입니다.

제가 급하게 쓸 물건이 있어서 백화점에 가 그 물건만 구매하고 나왔다고 합시다. 친구가 "너 거기 가 봤어? 어때?"라고 물었을 때, 제대로 대답할 수 있을까요? 제가 이용한 매장만 알 것입니다. 여러 매장을 천천히 둘러보고, 음악과 실내장식을 벗 삼아 1층에서 5층까지 둘러보며 윈도쇼핑도 하고, 이벤트도 참여한 사람이 그 백화점에 대해 잘 안다고 할 수 있겠지요.

물론 그 백화점에서 살 것도 없는데 한없이 시간을 보내거나, 천천히 구경하다 꼭 사야 할 물건을 사지 못하면 그것도 안타까운 일입니다. 무작정 오랜 시간을 투자한다고 좋은 것도 아니죠. 그래서 미디어 읽기는 절대적으로 옳은 방법이 있다기보다 목적에 따라서 읽는 방법을 달리해야 합니다. 그런데 미디어를 대하는 마음은 귀하고 진지할 필요가 있습니다. 그래야 애정도 더 깊어집니다. 당신이 스치듯 소비하는 작품들이, 누군가의 피와 땀, 돈을 담아 만든 작품일 테니까요.

현재 우리 환경은 미디어를 진지하게 대하기 어렵게 만드는 것이 사실입니다. 21세기를 과잉의 시대라고 하지만 미디어는 유독 심합니다. 너무 많은 콘텐츠가 쏟아져서 하나하나를 귀하게 여기기 어렵습니다.

이러한 태도를 더 가볍게 만드는 것이 무료, 정액제, 무제한 스트리밍이란 유혹입니다. 인터넷을 조금만 돌아다녀도 적은 비용으로 볼 수 있는 콘텐츠가 무한정 눈에 들어오죠. 둘러보다 보면 본전을 찾는 마음이랄까, 되도록 빨리빨리 많이 보지 않으면 아깝다는 생각이 듭니다. 후루룩 열 가지를 보는 것보다 한 가지를 차근차근 깊게 읽는 것이 더 좋다는 걸 알면서도 마음은 그렇지 않습니다. 진도가 잘 나가지 않는 미디어는 답답하게 느껴지고, 애초부터 쉽고 빠르게 볼 수 있게 만들어진 스낵 컬처만 찾아다니기도 하죠.

뷔페에 먹을 것이 많다고 내가 다 먹을 필요는 없습니다. 오히려 체하면 고생만 하죠. 무한 리필의 유혹을 극복하고 내 건강, 입맛과 체질에 맞추는 것이 현명한 자세입니다. '과잉의 시대'에 스스로 절제하며 즐기고 음미하는 것도 미덕입니다.

'빨리빨리'의 논리에서는 이 책에서 다루는 많은 내용이 사치일 것입니다. 작품을 읽고 생각할 시간, 질문할 시간, 토론할 시간, 다른 매체와 비교할 시간, 변형하고 창조할 시간. 이 시간은 내가 만드는 것입니다. 그런 의미에서 이유 없는 '빨리빨리'의 강박은 벗어나길 바랍니다.

최근 독서교육에서 '깊이 읽기Slow reading'가 다시 주목받고 있습니다. 읽을거리가 너무 많아진 이 시대적 환경이 아이러니하게도 읽기를 방해하고 있는 것이죠. SBS 스페셜 「난독시대」, EBS 특별기획 「당신의 문해력」에서 학생들의 문해력 부족이 학습 결손으로 이어지는 모습을 보며 참으로 안타까웠습니다. 어려서부터 무제한 미디어에 노출되면서 바람직한 태도를 형성하지 못하고 읽기 방법에 대한 교육을 제대로 받지 못한 것이 큰 문제입니다.

▶ 명작과 인생작은 다르다

미디어를 단순 소비재가 아니라 귀한 원석처럼 대하는 자세가 필요합니다. 원석이라고 한 이유는 내가 다듬어서 마무리를 지어야 하기 때문입니다.

유명한 고전, 남들이 다 좋다는 명작이라도 내가 의미 있게 읽지 않으면 아무런 가치가 발생하지 않습니다. 내가 시간과 노력을 들여 그것을 내가 받아들일 때 그 작품은 비로소 가치를 지닙니다. 값을 따질 수 없는 보석이든, 조금 기억에 남는 돌멩이든, 동전 한 닢이 든, 그 가치를 만들어내는 것도 나의 몫입니다.

진지하게 미디어를 대한다고 해도 여전히 선택의 문제는 남습니다. 일단 선택하지 않으면 아무것도 시작되지 않는 만큼, 이왕이면 누구나 좋은 작품을 골라 의미 있는 감상을 하고 싶어 합니다. 그런데 좋은 작품이란 과연 무엇일까요?

예전에 회사에서 '좋은' 책을 선정하는 일을 했습니다. 여러 사람의 평가를 모아 놓으니 천차만별이었습니다. 기관의 추천도서, 베스트셀러 목록, 스테디셀러 목록, 서평집, 유명 작가… 이런 정보를 바탕으로 선별된 작품들을 다시 보는데도 결과는 쉽게 좁혀

지지 않았습니다. 누군가에겐 정말 좋은 책이, 누군가에겐 열외 대상이기도 했죠. 어느 우수 선생님들과 함께한 교육제품 간담회에서 한 선생님이 "이 책은 빼는 게 좋지 않을까요?"라고 말하자마자 다른 선생님이 "그 책 정말 좋은데, 아이들도 좋아해요!"라고 한 기억도 잊히지 않습니다.

이런 상황을 겪고, 많은 독자를 만나면서 중요한 것은 기준이라고 생각했습니다. 오디션 프로그램에서 승자를 선발할 때나, 시상식에서 수상자를 호명할 때 "기준이 뭐야?"라는 생각이 든 적이 있을 거예요. 물론 그 기준은 절대적이지 않고 납득하기 힘들 수도 있어요. 그런데도 명시된 기준은 선발의 근거가 됩니다.

개인으로 넘어오면 자신도 그런 기준을 세워보는 것이 중요합니다. 제품으로 말하면 콘셉트고 개인적으로 말하면 '상황과 목적'이 중요하다고 할 수 있어요. 경험적으로도 특정한 상황에서 기대하는 바를 책이나 영화, 드라마, 음악을 통해 이루었을 때 가장 만족도가 높았습니다. 같은 작품도 주어진 상황에 따라 감동의 깊이, 효율성이 달라지곤 하니까요.

'공부에 도움이 되는 책'과 '마음이 안정되는 책'은 전혀 다른 의도와 목적이 있어요. 목적에 맞지 않으면 아무리 콘텐츠가 알차고 글이 매끄러워도 독자 만족도가 낮을 것입니다. 영화를 보아도 아무런 생각 없이 웃고 즐기고 싶어서 보는 작품과 의미있는 교훈을 얻고 싶어서 보는 작품은 다릅니다. 게임도 전철에서 가벼운 마음으로 하는 게임과 여러 사람이 함께 미션을 수행하며 성취감을 맘껏 느끼는 게임이 다릅니다. 수준 차이가 아닌 다름의 문제입니다. 어느 기준과 잣대를 적용하느냐에 따라 평가가 달라지죠.

물론 사람들이 이구동성으로 말하는 '웰메이드 작품', '명작'이라는 것은 존재합니다. 이런 기준을 무시하자는 것은 아닙니다. 같은 목적으로 만들어진 작품이라도 그 목적을 잘 충족시켜주는 작품이 있습니다. 하지만 잘 만들었다고 무조건 좋은 작품은 아닙니다. 나의 상황과 목적에 따라 분리해서 보아야 합니다. 큰 상을 받은 작품, 평론가들에게 인정받은 작품이 나의 평가와 차이가 있는 이유죠.

그런 의미에서 '명작'이란 말보다 '인생작'이란 말을 더 좋아합니다. 잘 만들어진 작품이면 좋겠지만, 그렇지 않았더라도 '나의 인생에 영향을 준 작품'이 더 오래 남더라고요. 실제로 인생작을 묻는 질문을 많이 받는데, 제가 언급하는 작품들을 듣고 의외라고 대답하시는 분들이 많습니다. 물론 취향 문제도 있지만, 그때의 제 삶과 작품이 공명한 순간들이 '작품성'을 넘은 감동과 결과물을 만들었기 때문에 인생작이 된 것이죠.

▶ 나만의 의미 만들기

고전 게임 '테트리스'가 있습니다. 비슷한 게임도 많이 있죠. 게임을 시작하면 계속 퍼즐이 내려옵니다. 다양한 퍼즐을 옮기고 회전해가며 모양에 딱 맞게 차곡차곡 쌓으면 점수를 낼 수 있습니다. 하지만 퍼즐이 너무 빨리, 많이 내려오면 점점 퍼즐을 적절한 위치에 쌓기가 어려워집니다.

테트리스를 우리의 삶, 인생에 비유하면 퍼즐들은 자극이라고 볼 수 있습니다. 미디어의 홍수 속에서 우리는 수많은 자극에 묻혀가고 있습니다. 눈만 돌리면 볼 수 있는 온갖 광고, 여기저기서 들리는 노래, 쉼 없이 울리는 채팅 알림음까지. 산속에 들어간다고 해도 피하기 어렵습니다. 이 많은 자극을 아무 생각 없이 받아들이면 어떻게 될까요? 생각 없이, 주어지는 대로 뒤죽박죽 퍼즐이 쌓이다 보면 우리의 머릿속은 순식간에 'Game Over'가 될 것입니다. 이 퍼즐을 잘 정리하여 깔끔한 머릿속을 만들기 위해서는 적절한 구조화가 필요합니다.

많은 사람은 다음 퍼즐로 '좋은 것'이 나오길 기대합니다. '좋은 퍼즐은 무엇일까요?' 대부분 처음에는 긴 작대기나 반듯한 네모를 기대합니다. 하지만 바닥이 쌓이면서 '좋은 퍼즐'의 기준이 바뀝니다. 내가 살면서 쌓아온 기반이 기준이 됩니다. 이 기반에 맞는 퍼즐이 좋은 퍼즐입니다.

여기에서 기반은 앞에서 말했던 '나의 상황과 목적'입니다. 그렇게 자신이 쌓아 온 기반을 스스로 인지해야 합니다. 수시로 바뀔 수 있으니 자주 들여다보아야겠죠. '나는 지금 어떤 상황이지?', '나는 지금 무엇이 필요하지?' 자주 점검하며 새로 오는 자극과 적절하게 조율하는 것이 중요합니다. 이렇게 '좋은 작품'의 개념부터 나를 중심으로 새롭게 접근해 가는 것이 주체적 읽기의 시작점이라 할 수 있습니다.

미디어 읽기도 마찬가지입니다. 무작위로 돋아난 이파리에서 아름다움을 느끼는 것이 사람입니다. 미의 기준은 사람마다 다르고, 나라마다 다릅니다. 보편적인 미의 기준을 들먹거려도, 그 또한 그 시대의 기준일 뿐이고 다른 시대로 넘어가면 또 달라집니다. 대상이 아닌, 대상을 바라보는 나의 인식의 문제입니다. 결국, 내 눈에 아름답게 보이는 것입니다. 내가 본 것에 가치를 부여하는 것이 시작입니다.

작품을 읽고 "재미없어요"라고 말할 수 있어도 "인상 깊은 게 없었어요"라고 말하지 않기를 바라는 마음입니다. 소중한 시간을 투자하여 어떤 의미도 찾지 못하다니 얼마나 안타까운 일인가요. 작품이 나에게 저절로 의미를 줄 것이라는 생각은 내려놓아야 합니다. 작품은 내가 의미를 구성할 수 있도록 도와줄 뿐입니다.

어떠한 상황에서도 주체적으로 의미를 구성하는 작품 읽기를 시도해 보았으면 합니다. 그러면 내 삶도 순간순간 인상에 남을 것입니다. 과한 자기 확신은 독이 되지만, 주체적 의미 만들기는 능동적인 읽기 태도를 형성하며 동기유발에 큰 도움이 됩니다. 이러한 능동적 자세가 이후 사회적 읽기와 만나며 유연하게 성장할 수 있는 기반이 되니까요.

▶ 주체적인 것과 편협한 것의 차이

'나를 중심으로' 미디어를 읽는 것에 관해 이야기하면서 많이 듣는 질문 중 하나가 주체적인 사고를 강조하다 편협한 사고를 하면 어떡하느냐, 둘을 어떻게 구분하느냐는 것이었어요. 저 또한 많이 고민했던 부분이고, 구분하기 조심스러운 부분입니다.

우선 '나를 중심으로'는 '타인을 중심으로'와 대비되는 개념으로, 스스로 생각하는 힘을 강조한 것입니다. 주변 사람의 말, 작가의 말, 감독의 말, 제작자의 말을 맹신하지 말고 스스로 의미 부여하는 습관을 갖자는 것이죠. 겉만 반지르르한 텅 빈 인형보다 알맹이가 알찬 사람이 나으니까요. 그렇다고 '내 맘대로' 이해하는 것이 무조건 좋다는 의미는 아닙니다.

인간은 기본적으로 주관적인 사고를 바탕으로 편향성을 갖고 있습니다. 시야도 좁고 살아온 경험도 한정적이니까요. 하지만 지켜야 할 선이 있고, 중간중간 수정할 기회도 있습니다. 이것을 놓치고 과도하게 굳어버리면 편협한 신념이 만들어집니다.

프란츠 카프카의 "책은 얼어붙은 바다를 깨는 도끼여야 한다"라는 유명한 말은, 책 읽기로 이 굳은 신념을 유연하게 해야 한다는 의미죠. 내 생각과 조금 다른 책, 나를 불편하게 하는 책, 변화와 성장의 기회를 주는 책, 깨달음을 주는 책으로 스스로 단련하는 것입니다. 이 '책 읽기'를 '미디어 읽기'로 봐도 의미가 연결됩니다. 오히려 미디어 읽기로 신념이 더 단단해진다면 그것은 경계해야 할 부분이죠. 여기서 두 가지가 중요합니다. '어떤 작품을 읽을 것인가?'와 '어떻게 읽을 것인가?'입니다.

미디어 과잉의 시대에 주목받는 개념 중 하나가 작품을 추천해주는 큐레이션입니다. 미술관이나 박물관 전시에서 어떤 작품을 전시할 것인지, 기획하고 설명해주는 큐레이터에서 파생한 말이지요. 이전에는 '아는 사람 추천'이 주를 이루었다면 지금은 전문 큐레이터나 SNS에서 많은 영향력을 끼치는 인플루언서, 빅데이터 기반 알고리즘 추천을 많이 볼 수 있습니다.

추천을 주고받는 것도 미디어 커뮤니케이션의 일종이고, 의미 있는 일이란 것에는 공감합니다. 하지만 독자로서 큐레이션은 언젠가는 떼야 하는 보조 바퀴와 같다고 생각해요. 특히, 요즘 많이 활용되는 빅데이터 기반 큐레이션은 내 취향을 정확하게 집어내므로 오히려 위험한 면이 있습니다. 순간의 만족도는 높을지 모르지만, 취향에 맞는 것만 찾다 보면 경험의 폭이 제한될 수 있습니다. 이를 경계하는 말 중에 '에코 챔버Echo Chamber' 효과와 '필터 버블Filter Bubble' 효과가 있습니다.

에코 챔버는 반향실이란 의미로 소리가 밖으로 나가지 않는 특수재료로 만든 방을 말합니다. 그 안에서 나는 소리는 메아리처럼 다시 울리고 더 크게 들리죠. 결국, 차단된 알고리즘 속에서 자신과 비슷한 목소리만 듣는 폐쇄적인 상황을 비유적으로 표현한 말입니다. 그 안에서는 다른 목소리, 다양한 생각을 접하기가 힘드니 점점 편협해질 수밖에 없죠.

필터 버블은 엘리 프레이저가 《생각 조종자들》에서 언급한 내용으로 특정 알고리즘에 의해 정보가 걸러진 거품 속에 갇히는 현상을 의미합니다. 내가 관심 있는 것만, 나의 성향과 일치하는 콘텐츠만 계속 추천받게 되면서 그 생각 속에 갇히는 것이죠. 대부분의 사람이 나의 생각에 동의하는 것처럼 착각하고, 자기 생각에 취하게 됩니다. 편향된 생각으로 가는 지름길이죠.

관성에 의해서 행동하기는 쉽고 편합니다. 내 생각과 같은 콘텐츠를 추종하고 따르면 마음이 편하죠. 마찰과 갈등이 없으니까요. 하지만 우물 속 고인 물이 되기 쉽습니다.

여기서 주체적인 읽기 태도는 우물 밖을 궁금해하고 나가보려는 시도로 이어집니다. 그래서 우리는 의도적으로 나의 성향과 다른 미디어를 접하고, 다른 사람과 팔로우하며 소통하라고 권하는 것이죠. 이것은 관성에 얽매이지 않는 능동적인 행동이고 얼어붙은 바다처럼 편협한 사고를 깨부수는 주체적인 과정입니다. 그래서 거리를 두고 우물 안과 우물 밖을 비교하는 태도가 중요합니다. 그 주체적인 사고의 중심에는 질문이 있습니다. 기존의 생각과 관습에 계속 의문을 갖는 것이죠.

MEDIA LITERACY 02

질문은 습관이다

질문은 중심을 가져오는 것

스스로 질문하고 대답을 찾아가는 것은 많은 교육자, 인문학자들이 강조하는 사유법입니다. 하지만 막상 실천하는 사람은 많지 않습니다. 질문하는 습관 자체가 없는 경우가 많아요. 있어도 과도한 힘이 든다면 피하게 되죠. 그래서 기본 근육이 필요합니다.

흔히 강의 마지막에 질의 · 응답 시간을 갖습니다. 저도 강의 끝 무렵에 질의 · 응답을 진행하곤 했지요. 처음부터 "저요!"라고 손을 드는 분은 거의 없습니다. 그래서 여러 가지 방법을 시도합니다. 그중 하나는 자문자답입니다. 평소 자주 물어보는 내용을 QnA 식으로 담아 이야기하는 겁니다.

"인생 책 3권을 고른다면?"

"한 달 기준 독서량은?"

이렇게 가벼운 내용을 스스로 묻고 대답하다 보면, '저런 가벼운 것을 물어봐도 되는구나'라는 마음으로 다른 수강생들도 이것저것 추가 질문을 합니다.

또 다른 방법은 익명의 문자 시스템을 활용하는 것입니다. 문자나 포스트잇, 강의 어플 등을 활용하여 질문을 받으면 질문의 양이 확 늘어납니다. 스스로 손을 들고, 다른 사람 앞에서 말해야 하는 부담이 없으니 좀 더 편하게 질문할 수 있죠.

질문할 것이 정말 없어서 안 할 수 있고, 관심이 없어서 안 할 수도 있습니다. 질문거리가 있어도 민망해서 안 할 수 있고, 정말 강의를 잘해서 궁금증이 다 해결되었을 수도 있습니다. '나만 모르는 부분은 아닐까?', '다른 사람은 안 궁금하지 않을까?', '질문 때문에 강의 시간이 초과하면 어쩌지?', '강사님이 기분 나쁘지 않을까?', 이런저런 별별 생각을 다 할 수도 있죠. 이유는 여러 가지이니 질문을 안 한다고 무작정 비난할 수도 없습니다.

그런데 질문하는 것은 주체적 읽기에서 중요한 부분입니다. 질문을 만드는 것은 호기심을 가져보자는 굳은 의지의 발현이니까요. 호기심은 바람직한 배움의 자세입니다. 세상에는 우리가 모르는 것 천지니까요. 호기심을 갖고 질문하고 교류하며 탐구하는 정신은 학습 태도에도 유익합니다.

정 없으면 다 쓴 치약을 쥐어짜는 마음으로 질문거리를 쥐어짜

봅시다. 부끄럽다면 누군가에게 질문하지 않아도 되니 만들어 봅시다. 혼자 질문하고, 혼자 인터넷으로 답을 찾아도 되니까요. 질문한다는 것은 자신을 기준으로 배움의 '목적'을 설정하는 것이고 중심을 1인칭으로 옮기는 행위입니다. 그래서 참여도가 높아져 기억에 오래 남고, 새로운 이야기로 확장이 쉬워집니다.

저는 강의 주제에 따라 시작 전에 궁금한 사항을 먼저 받기도 합니다. 제가 준비한 내용도 있지만, 좀 더 실질적인 도움을 드리고 싶어서죠. 아니면 책 목차를 보고 순서를 바꿔 읽듯이, 강의 목차를 보고 관심도를 투표합니다. 그래서 관심도에 따라 한정된 시간 내 강의 비율을 조정하기도 합니다. 기대에 부응하기 위한 노력이죠.

이렇게 진행한 강의는 준비하는 사람에겐 '맞춤형 강의'이고, 수강생에겐 '나를 위한 강의'가 됩니다. 스스로가 질문했기 때문에 그에 대한 답변을 듣는 것이고 이는 삶의 문제를 해결하는데 직접적인 도움이 됩니다.

미디어 읽기에서도 마찬가지입니다. 질문은 누군가 설정한 의제를 재구성할 힘이고, 누군가의 프레임에서 벗어날 수 있는 원동력이 됩니다. 비판적 사고의 기준이 되고, 창의적으로 생각을 확장할 수 있는 날개가 됩니다.

한 개그맨이 초등학생 아들과 독특한 교환일기를 작성하는 모습이 화제가 된 적이 있습니다. 아빠가 질문을 남기면 아들이 답변한다는 방식이었죠. 개그맨답게 재미있는 질문들이 많았고, 어린아이다운 독특한 대답들도 인상 깊었어요. 《오늘의 퀴즈》라는 책으로도 나왔는데, 몇 가지 살펴보겠습니다.

Q. 태어나서 지금까지 기억 중에 맨 처음 기억은 무엇입니까?

A: 응가 싼 기억

Q. 엄마와 연관이 있는 단어에 모두 O 하시오.

A: 사랑, 아빠, 여자, 따뜻함 등등

Q. 자기가 생각하는 가장 웃긴 단어 하나만 적으시오.

A: 똥

거창한 질문도 아니고 머리를 쥐어짠 진지한 답변도 아닙니다. 하지만 매일 하나씩 이렇게 생각을 교류하는 것은 질문하는 습관을 만드는 데 큰 도움이 됩니다. 처음엔 아빠만 질문했다면, 나중엔 아들이 질문하고 아빠가 답변할 수도 있어요. 질문과 답변도 소통의 일부이니까요. 그러니 부담 갖지 말고 질문하는 습관을 만드는 것이 중요합니다.

전략적으로 질문하기

질문에 대한 거부감을 없앴다면 조금은 전략적으로 질문할 필요가 있습니다. 질문은 사고의 방향성을 정하며 질문에 따라 자극받는 영역이 다르니까요. 여기엔 스스로 묻는 것도 포함됩니다. 질문하고 스스로 답을 고민하며 찾는 과정도 소중합니다. 질문과 함께 답이 몇 개로 나오는지, 답이 어느 부분에서 나오는지, 답이 명확한지 추상적인지를 생각해보면 질문도 정교화되고 생각도 구조화됩니다. 좋은 질문과 나쁜 질문으로 구분하기보다 목적에 적합한 질문인지 생각해보는 것이 중요해요. 여러 가지 질문을 다룰 수 있어야 필요할 때 효과적으로 사용할 수 있습니다.

육하원칙

질문의 중심인 의문사를 잘 활용하면 생각의 카테고리가 명확해집니다. 그래서 각 의문사는 물어보는 분야도 분명하죠. 의문사를 모두 사용하면 특정 사건이나 줄거리를 체계적으로 분석할 때 유용합니다.

〈심청전〉 예시	누가?	누가 물에 뛰어들었나요?
	언제?	심청이는 언제 태어났나요?
	어디에서?	심청이는 어디에 뛰어들었나요?
	무엇을?	심청이는 아버지를 위해 무엇을 했나요?
	어떻게?	심청이는 어떻게 공양미를 구했나요?
	왜?	심청이는 왜 인당수에 뛰어들었나요?

열린 질문과 닫힌 질문

답이 약 1~3개로 정해지면 닫힌 질문(수렴형 질문), 이상으로 다양한 대답이 가능하면 열린 질문(발상형 질문)으로 나눕니다. 닫힌 질문은 생각을 정리해주고, 작품의 내용을 확인하는 데 유용하고, 열린 질문은 가치관 확인이나 창의적인 생각을 펼치는 데 유용합니다.

〈흥부전〉 예시	닫힌 질문	• 놀부의 동생 이름은 무엇인가요? • 흥부는 어떤 동물을 도와주었나요? • 제비는 흥부에게 무엇을 주었나요?
	열린 질문	• 내가 제비라면 흥부에게 무엇을 주었을까요? • 제비처럼 누구에게 도움을 받은 경험이 있나요? • 흥부와 놀부는 이후로 어떻게 지냈을까요?

내적 질문과 외적 질문

텍스트를 기준으로 안과 밖을 나누어 생각합니다. 텍스트에 담긴 내용과 시대적 의미, 독자의 경험과 같은 외부 요소를 분리하여 정리합니다. 텍스트를 기반으로 하는 분석이나, 생각의 출처와 과정을 점검하는 데 유용합니다.

내적 질문	• 제목의 의미를 작품에서 찾아볼까요? • 주제 의식이 담긴 구절을 찾아볼까요? • 핵심 키워드 3개를 작품에서 찾아볼까요?
열린 질문	• 작가는 왜 이 텍스트를 만들었을까요? • 이 텍스트는 사회에 어떤 영향을 주었나요? • 이 텍스트에 대한 사람들의 반응은 어떤가요?

대립형 질문

대립형 질문의 유형은 크게 사실 논제, 가치 논제, 정책 논제로 나눌 수 있습니다. 사실 논제는 명백한 근거를 통해 참/거짓을 가리고, 가치 논제는 옳고 그름, 좋고 나쁨에 대한 가치 판단을 가립니다. 정책 논제는 구체적인 제도, 행동의 변화를 바탕으로 해요. 이를 미디어 토론으로 가져오면 좀더 치밀하게 작품을 분석하고 깊이 있는 사고를 펼치는데 도움이 됩니다.

이야기	• 홍길동의 행동은 정의롭다. / 정의롭지 않다. • 심청이의 행동은 효도다. / 효도가 아니다. • 토끼를 속인 자라의 행동은 정당하다. / 정당하지 않다.
정보/사회	• 이 정보는 사실이다. / 사실이 아니다. • 이러한 현상은 가치 있다. / 가치 없다. • 이러한 정책은 실행할 수 있다. / 가능하지 않다.

주·원·문·해 질문

문학과 같이 서사가 있는 콘텐츠에 유용한 질문 방법입니다. 인물과 사건을 중심으로 텍스트를 분석하여 문제해결력을 기르는데 큰 도움이 됩니다. 주인공을 누구로 선정하느냐에 따라 방향성이 많이 달라지기 때문에 여러 변주도 가능하고 문제 해결의 방법을 창의적으로 재구성할 수도 있습니다.

〈흥부전〉 예시	**주** 인공은 누구인가요?	흥부	놀부
	원 하는 것은 무엇인가요?	가족과 행복하게 사는 것.	돈을 많이 차지하는 것.
	문 제는 무엇인가요?	가난하다.	욕심이 끝이 없다.
	해 결 방법은 무엇인가요?	?	?

제작자의 관점에서 질문하기

우리는 콘텐츠를 소비하는 위치에서 '좋다, 재미있다, 별로다'로 단순하게 생각하기 쉽습니다. 하지만 관점을 바꿔서 '열심히' 만든 제작자의 시선으로 보면 조금 더 복잡합니다. 그 의도를 파악하기 위한 노력 속에 또 다른 가치를 찾을 수도 있죠. 그리고 '만약 내가 만든다면~'으로 나아가 창의적인 사고도 자극할 수 있어 유용합니다.

내용 분석	• 제목을 왜 이렇게 지었을까? • 이 장면을(사진을) 넣은 이유는 무엇일까? • 이 콘텐츠가 전달하고자 하는 메시지는 무엇일까?
가상 제작	• 이 주인공은 어떤 배우가 적합할까? • 이 장면에는 어떤 음악이 잘 어울릴까? • 내가 하고 싶은 이야기는 무엇인가?

▶ 내면화 질문으로 가치관 확립하기

질문의 의미, 목적에 맞는 다양한 질문들에 대해서 알아봤습니다. 이 모든 것을 포함하여 미디어를 읽고 질문하며 얻을 수 있는 가장 소중한 것은 자신의 삶을 성찰하며 가치관을 확립하는 것이라고 생각해요. 일상 속에서 접하는 미디어는 우리 경험의 많은 부분을 형성하고 있고, 이는 우리의 가치관에도 큰 영향을 미칩니다. 이 가치관은 우리가 인생을 살아가는 바탕이 되죠.

기본적으로 우리는 스스로에 대해 알고 싶어 합니다. 그래서 수많은 심리테스트를 하며 자신의 정체성을 확인하기도 해요. 유명한 MBTI나 에니어그램 유형 테스트, 혈액형 테스트부터 가벼운 꼰대 테스트, 연애 성향 테스트 등등 설문 조사를 통해 자신의 성향을 체크하고, 분석된 결과를 기다립니다. 이 설문의 과정이 스스로에 관해 확인하는 과정이라고 할 수 있어요. "이 상황에서 당신은 어떤 선택을 할까요?", "이 상황에서 당신은 어떤 감정을 느낄까요?"와 같은 질문들을 계속 만들어주고, 스스로 그 상황 속에 풍덩 빠져보는 것이에요.

자신에 대해 스스로 평가하는 자가진단 테스트에 대해 불신하는 분들도 많습니다. 실질적인 자아가 아니라 이상적인 자아, 되고 싶은 모습을 그려서 테스트에 임한다거나, 오락가락 일관성 없이 체크하기도 하니까요. 또한, 진짜 그 상황에 맞닥뜨린 순간과 머리로 생각만 하는 것은 차이가 있죠. 복잡한 성향으로 인해서 단순한 보기만으로 전달이 안 될 수도 있어요. 이런저런 문제로 스스로 점검하는 테스트는 심심풀이로만 여겨지기도 합니다.

주변 사람이 보는 나의 모습이 좀 더 객관적일까요? 과거 〈네가 알던 내가 아냐〉라는 예능 프로그램이 있었습니다. 주인공 연예인의 일상생활 영상을 보고 다른 사람들이 중간중간 행동을 예측하는 퀴즈 프로그램이었어요. 그 주인공의 가족을 비롯한 최측근들도 패널로 나오지만, 정답률은 그리 높지 않았습니다. 최측근들은 "내가 아는 ○○는 이 상황에서 이런 행동을 할 거야!"라고 자신 있게 이야기하지만 번번이 예측을 벗어납니다. 같이 오랜 시간을 함께하며 아주 잘 알고 있다고 생각하는 가족들도 포함해서 말이죠. 프로그램 제목 그대로 "네가 알던 내가 아니야!", "다른 사람 같아~" 라는 말이 절로 나옵니다. 그만큼 누군가를 이해한다는 것은 어려운 일이죠.

그럼 심리테스트도, 최측근의 평가도 마땅치 않다면, 어떻게 자신을 이해할 수 있을까요? 가치관을 확인하고 수정하고 확립하는 과정을 어떻게 알 수 있을까요? 저는 내면화 질문을 추천합니다. 누군가에게 분석해달라고 요청하는 것이 아니라, 자신에게 질문하고 상상하고 그려보는 것이죠. 가치관을 주입하는 것이 아니라 확인하는 겁니다.

한 교육 회사와 '생각습관'이라는 프로그램을 준비한 적이 있어요. 한 달간 앱을 통해서 매일 공통 질문 6가지와 개별 질문 1가지를 보내면, 이용자는 그 질문에 간단히 대답합니다. 대답한 내용은 차곡차곡 기록되어 리포트로 볼 수 있고, 매일 성실히 임하면 보상도 주어지는 방식이에요.

공통 질문	• 오늘 하루 중, 나에게 인상 깊었던 순간은 언제인가요? • 지금 나의 감정 상태는 어떤가요? • 오늘 하루 중, 왜라고 물은 일이 있었나요? • 어제와 다른 오늘의 새로운 점 3가지는 무엇인가요? • 미래의 나는 지금의 내 문제를 어떻게 해결했을까요? • 오늘 내가 실천한 생각 한 가지는 무엇인가요?
개별 질문	• 내가 요즘 즐거움을 느끼는 것은 무엇인가요? • 성공과 사랑 중 하나를 고른다면 무엇을 고르겠나요? • 내가 회사를 고르는 기준은 무엇인가요? (연봉, 관계, 복지 등등)

매일 고정된 시간, 스스로에 대해 생각해보는 경험을 반복적으로 제공해 습관을 만드는 것이 목표였습니다. 일기를 쓰듯 질문으로 오늘 하루를 정리해보고 내일의 목표도 세울 수 있어요. 오늘 새로운 것이 없고, '왜'라고 물은 것이 없고, 실천한 것이 없어 대답하지 못했다면, 내일은 유의미한 경험을 만들어 대답하고 싶어질 테니까요. 이렇게 질문은 방향성을 제시하기도 합니다. 마지막에 사정이 생겨 정식 출시되지는 못했지만, 의미 있는 경험이었어요.

가치관을 확인할 수 있는 간단한 질문들이지만, 상황이 구체적이지 않아 몰입이 안 될 수 있어요. 도덕적인 방향으로 선택하는 간편한 방법을 사용할 수도 있죠. 하지만 여기에 미디어를 접목하여 입체적인 상황을 제공하면 무게감이 달라집니다.

많은 작품에서 주인공이 중요한 시험이나 비즈니스 회의를 앞두고 있을 때, 소중한 사람이 위험에 처하곤 합니다. 그럼 주인공은 둘 중 하나를 선택해야 하죠. 힘들게 준비한 성공의 문턱이냐, 사랑의 기쁨을 알려 준 사람이냐. 단순하지만은 않은 순간입니다.

이런 상황 속에 몰입하고 주인공의 선택을 궁금해하는 것을 넘어, '나라면 어떤 선택을 할까?'라고 생각하는 것이 내면화 질문입니다. 작품을 읽고 나서 나를 향한 질문, 나를 알아가는 질문 하나씩을 던집니다. 그리고 스스로 대답하는 겁니다. 작품에 대해서 알았으니, 이제 나에게 자연스럽게 적용해 보는 것이죠. 정답은 없습니다. 스스로 고민하고 선택하는 과정이 소중하니까요. 어떤 작품에서든 이런 질문을 만들 수 있습니다.

펜데믹 시기로 힘든 상황에서 많은 사람이 찾은 책 중 하나가 알베르 카뮈의 《페스트》입니다. 페스트라는 전염병 속에서 살아가는 주인공들의 삶에 많은 사람이 공감하며 위로를 얻기도 했습니다.

소설은 자신의 이익을 좇는 사람, 종교적 신념으로 고개를 돌리는 사람, 자신의 일상을 살아가는 사람, 영웅적으로 사람들을 선동하는 사람 등 다양한 인간 군상을 보여줍니다. 단순히 '불쌍하다, 멋있다, 나쁘다'와 같은 감상을 넘어 여러 인물의 행동 패턴을 바탕으로 '나는 어떤 인물에 가까울까? 나는 전염병의 삶 속에서 어떻게 살아갈까?' 생각해볼 수 있습니다.

펜데믹 시기를 직접 경험하기 전에는 망상이었을지 모르지만, 지금은 가치관을 확립하고 현실을 살아가는 방향성을 제시해주는 질문이죠.

실제로 많은 작품을 만나고, 내면화 질문을 남기다 보면 크게 7가지 원형적인 주제들을 만나곤 합니다. 가족, 사랑, 우정, 정의, 성장, 사회, 생명(인권). 다양한 인물과 사건으로, 수많은 정보와 데이터로 포장되어 있지만 깊숙한 곳에는 이러한 주제들이 자리잡고 있습니다. 그리고 이러한 주제들은 궁극적으로 '어떻게 살 것인가?'라는 질문을 남깁니다. 우리의 미디어 읽기는 궁극적으로 이 질문에 대한 답을 고민하는 과정이라고 생각합니다.

MEDIA LITERACY 03

비판적으로 생각하기

▶ 알고리즘에 조종당하지 않기

넷플릭스에서 제작한 〈소셜 딜레마The Social Dilemma〉란 다큐멘터리가 있습니다. 우리에게 익숙한 구글, 페이스북, 트위터, 인스타그램, 유튜브 등의 회사에서 근무한 사람들의 인터뷰를 바탕으로 소셜 미디어의 역기능에 관해서 이야기합니다. 그 역기능의 중심에 인공지능 기반 알고리즘이 있어요.

과거에는 인터넷에 특정 키워드를 검색하면 모두 똑같은 검색 결과를 보았습니다. 하지만 요즘 미디어는 사용자의 이용 환경에 따라 다른 검색 결과를 보여줍니다. '맞춤형 결과'의 기준은 이용자의 사용 데이터를 모아 추측하고 판단한 것이에요. 우리의 경험 데이터가 검색 결과에도 큰 영향을 미치게 된 것이죠. 이렇게 말로만 들으면 정말 편리해진 세상입니다. 하지만 역으로 알고리즘이 우리의 생각과 판단을 좌지우지할 수도 있는 위치라면 어떨까요? 그리고 그로 인한 이익을 다른 누군가가 얻고 있다면?

이 다큐에선 알고리즘으로 인해 많은 사람이 불필요한 광고에 노출되고, 플랫폼 회사가 광고 수익을 가져간다고 경고합니다. 우리의 소중한 인생이 다른 회사의 이익을 위해 소비하고 있다고 말이죠. 그것 외에도 알고리즘 설계 자체가 심리학을 바탕으로 하여 인간의 행동을 유도하고 있다고 해요. 우리가 SNS에서 손을 뗄 수 없게 체류 시간을 늘리는 것이 1차 목표죠.

지금의 사람들에게 알고리즘 기반 큐레이션 서비스는 익숙합니다. 유튜브에서는 이런 댓글을 자주 볼 수 있어요. "오늘도 알 수 없는 유튜브 알고리즘이 날 이곳으로 불렀다.", "유튜브 알고리즘, 고마워." "유튜브 알고리즘 속에서 4시간째…." 등등. 익숙함을 넘어 즐기고 있는 모습입니다. 광고 또한 맞춤형으로 진행됩니다. 내가 신발을 검색하면, 어느 순간 신발 광고만 계속 보이죠. 처음엔 신기하고 감사했지만, 신발을 산 이후에도 반복되면 짜증 나기도 합니다. 우리의 정보가 수시로 반영된 결과예요.

이런 알고리즘에서 벗어나는 방법은 추천받지 않고, 이용하지 않는 것입니다. 정보도 제공하지 않을 수 있죠. 하지만 일상생활에서 미디어를 이용하면서 알고리즘 추천 서비스를 피하기는 힘든 일입니다. 그래서 그나마 주체적으로 알고리즘을 활용할 수 있는 방법을 나누어 보고자 해요.

가장 기본적인 방법은 정리하기 입니다. 우리의 SNS 계정에 올라오는 피드, 유튜브에 추천되는 게시물 등을 직접 재구성합니다. 저는 책장에 비유하곤 해요. 내가 꽂아두고 싶은 책을 서재에 꽂아두듯이, 플랫폼 메인에 내가 원하는 콘텐츠들로 구성하는 것입니다. 유튜브로 예를 들면 게시물 이름 옆에 옵션을 클릭하면 '관심 없음', '추천하지 않음'이 있어요. 다른 플랫폼에도 '숨기기' 기능이 있어서 내가 보고 싶지 않은 게시물에 대한 추천을 차단할 수 있습니다. 조금 귀찮을 수 있지만 이렇게 하나하나 정리해가면 좀 더 뚜렷한 의사전달을 하는 셈이 됩니다.

다음 방법은 의도적인 발자취 남기기입니다. 알고리즘의 추천 기반은 빅데이터입니다. 우리가 남긴 검색 정보나 체류 시간, 좋아요, 구독, 남긴 평점 등이 자료화되는 것이에요. 우리가 남긴 정보를 인식하고 우리를 판단합니다. 그러니 "나, 이런 사람이야"라는 인식을 의도적으로 심어주는 거예요. 요즘은 시작도 전에 '좋아요'와 '구독', '알람 설정'을 해달라고 하는데 정말 다음에도 보고 싶은 것에만 하는 겁니다. 그리고 평점을 남길 때, 다음 추천에 대하여 '승인'의 의도를 전달한다고 생각하세요. 인스타그램 같은 경우에는 계속 보고 싶은 키워드(#독서교육 #미디어교육) 자체를 팔로우할 수도 있습니다.

이는 지금 '좋냐, 재미있냐, 마음에 드냐'와는 조금 다릅니다. 지금 재미있지 않아도, 조금 불편한 내용이라고 해도, 스스로 필요하다고 생각하면 좋은 흔적을 남길 수 있어요. 왜냐면 "나 이런 것이 필요한 사람이야." "나는 편협하지 않은 사람이야, 다른 입장의 콘텐츠도 종종 제공해 줘."라는 메시지를 주는 것이니까요. 강요할 수 있는 영역은 아니지만, 앞에서 이야기한 필터 버블과 에코 챔버를 벗어날 수 있는 건강한 태도 중 하나입니다.

마지막으로 부계정을 이용하는 방법입니다. 우리 안에 여러 모습이 있듯이, 계정도 여러 가지 콘셉트로 설정하는 것입니다. 계정별로 '음악 듣기', '책 이야기', '회사 공부' 등의 콘셉트를 나누고 그 콘셉트에 충실하게 이용하는 것이에요. 그럼 명확한 카테고리 내에서 추천을 받기 때문에 일관성 있는 정보들을 얻을 수 있습니다. 이런 방법들을 통해 알고리즘에 조종당하지 않고 조금이나마 주체적인 미디어 생활을 할 수 있습니다.

▶ 비판적 사고란?

앞에서도 주체적인 것과 편협한 것의 차이에 관해 이야기했습니다. 같은 맥락에서 주체적 태도를 오해하면, '내 마음대로, 내 멋대로'로 생각할 수 있습니다. 물론, 다른 사람의 생각에 휘둘리지 않고 스스로 생각하는 태도는 중요하지만, 그렇다고 본인의 생각을 맹신하는 것은 바람직하지 않습니다. 지금까지 스스로 생각하고 표현하는 것에 친근해지는 것이 우선이었다면 이번엔 거리를 두고 점검하는 '비판적 사고'에 대해 자세히 알아보겠습니다.

① 어떤 사태에 처했을 때 감정 또는 편견에 사로잡히거나 권위에 맹종하지 않고 합리적이고 논리적으로 분석·평가·분류하는 사고 과정. 즉 객관적 증거에 비추어 사태를 비교·검토하고 인과관계를 명백히 밝히어 여기서 얻어진 판단에 따라 결론을 맺거나 행동하는 과정을 말한다. - 교육학 용어사전 _서울대학교 교육연구소

② 해석, 분석, 평가, 추론을 산출하는 의도적이고 자기 규제적인 판단인 동시에 그 판단에 대한 근거가 제대로 돼 있는지, 또한 개념적, 방법론적 또는 맥락적 측면들을 제대로 고려하고 있는지에 대한 설명을 산출하는 의도적이고 자기 규제적인 판단. - 미국 철학협회

③ 어떤 신념이나 지식이라고 가정되는 것에 대해 근거와 결론을 조명하여 능동적이고, 지속적이고, 주의 깊게 고찰하는 것. - 교육학자 _존 듀이

여러 정의를 살펴보았습니다. 비판이라면 다른 사람을 지적하는 손가락을 떠올리는 분들이 많지만 저는 거울이 먼저 떠오릅니다. 비판적 사고의 기본은 자신을 점검하는 자기 규제적인 사고 활동이라고 할 수 있어요. 타인의 생각을 그대로 수용하는 것이

아니라, 스스로 여러 가지 과정을 거쳐 점검하고 판단하는 사고 행위이죠. 여기서 타인은 콘텐츠 제작자, 편집자, 유통자, 여론을 조장하는 다른 사용자 모두를 포함합니다.

《미디어 리터러시와 비판적 사고》(교육과학사)에 소개된 캐나다 온타리오주의 미디어 리터러시 수업모델 중 비판적 사고 체크리스트를 바탕으로 비판적 사고의 과정을 살펴보겠습니다.

①사실과 의견 구분하기
②주장이나 정보원의 출처 확인하기
③진술의 정확성 평가하기
④주장이나 진술의 편견 탐지하기
⑤논리적 비일관성 평가하기
⑥주장의 강도 평가하기

①사실과 의견 구분하기

정보전달을 위한 콘텐츠에서는 내용이 사실인지, 의견인지 확인하는 것부터 시작합니다. 대표적으로 누군가를 인터뷰한 내용이 포함된다고 하면, 직접 한 말이 '사실'이고 그에 대한 해석이 '의견'이 됩니다. 이것이 혼동되면 하지도 않은 말을 곡해해서 또 다른 의미를 생성할 수 있어요. 이 의견은 직접적인 말이 아니라 편집을 통해서 드러나기도 합니다. '악마의 편집'이란 말이 생길 정도로 교묘한 편집 기술이 발달했기 때문에 숨겨진 의도를 고민해야 합니다.

'실화를 바탕'으로 한 콘텐츠가 많아지고 있는데, 이 또한 어디까지가 실화인지 구분할 필요가 있어요. 자극적인 재연 프로그램부터 역사 바탕 작품들이 논란의 대상이 되곤 합니다. 사람들에게 실화 바탕이라고 마케팅할 때는 언제고, 왜곡된 내용으로 소송당하면 이건 예술적 각색이라고 발뺌하는 모습도 많이 볼 수 있어요. 결국, 우리 독자들이 경계해야 할 부분입니다.

②주장이나 정보원의 출처 확인하기

소셜 네트워크의 발달과 함께 수많은 사람이 정보를 생산하고 공유하게 되었습니다. 그래서 작자 미상의 구전 소설처럼 근본 없는 정보들이 떠돌아다니는 경우도 많아요. "아는 사람에게 들었다.", "어디서 보았다." 등등의 ~카더라 통신은 우선 출처 확인이 명확하지 않기 때문에 조심해야 합니다. 특히 건강 정보는 더욱 조심해야 합니다. 그래서 코로나19 관련 게시물에는 '보건복지부 홈페이지'에서 직접 정보를 확인할 수 있도록 별도 안내를 붙이기도 했어요.

콘텐츠 안에 부분적이나마 통계, 그래프, 설문 조사, 연구결과 등의 자료가 포함되는 경우에도 출처를 확인하는 습관을 찾아야 합니다. 조사 방식은 어떠했는지, 조사자의 성향이 반영된 것은 아닌지, 믿을만한 결과인지 확인해야 합니다.

③진술의 정확성 평가하기

진술의 정확성은 결국 근거를 확인하는 과정으로 이어지고 이는 출처 확인과도 깊은 관련이 있어요. 팬데믹 초기, "코로나19 바이러스는 더운 곳에서 오래 버티지 못한다."라는 말이 떠돌던 때가 있었습니다. 추운 겨울과 봄이 지나 따뜻한 여름이 되면 일상을 되찾을 거라는 기대와 함께 사람들은 이 말을 퍼뜨렸습니다. 하지만 코로나19 바이러스는 보란 듯이 여름에도 우리를 괴롭혔습니다. "독감 백신이 생명을 빼앗는다"라는 논란이 있었고 많은 전문가가 방송에 나와 백신은 안전하다고 대응하기도 했어요.

이러한 메시지를 받았을 때, 가장 기본적으로 할 수 있는 정확성 평가는 과학적 근거를 확인하는 것입니다. 과학이 만능은 아니지만, 정치적 선동에 휘둘리는 것보다는 믿음직합니다. 특히 건강 문제는 더욱 중요해요. 과학적 근거가 명확하지 않으면 비슷한 사례를 분석하여 관련성을 확인하는 방법도 있습니다.

④주장이나 진술의 편견 탐지하기

누구나 알면서 가장 힘든 것이 '편견 없애기'입니다. 사실 불가능에 가깝다고 할 수 있어요. 살아온 경험이 배경 지식이 되고, 이를 바탕으로 새로운 지식을 습득하는 인지 구조상 우리는 백지처럼 투명할 수 없습니다. 대신 노력하는 것이죠. 편견의 기준, 허용 범위도 시대정신에 따라 달라지니 매번 새롭게 감수성을 단련하는 것이 필요합니다.

섬세한 안테나를 갖고, 다른 사람의 처지에서 생각합니다. 장애인과 비장애인, 남자와 여자, 백인과 흑인, 젊은이와 늙은이, 부자와 빈자. 이렇게 서로 다른 시각으로 읽었을 때, 누군가 불편하지 않을지 생각하고 어떤 의도가 담긴 것은 아닌지 고민합니다. 메시지에 담긴 편견이 내 생각과 같을 수도 있고 다를 수도 있지만, 우선 거리를 두고 그대로 분리합니다. 누구도 편견에서 벗어나 있지 않음을 명심합니다.

⑤논리적 비일관성 평가하기

대화하다 보면 헷갈릴 때가 있습니다. 저 사람이 아까는 A라고 했는데, 지금은 B라고 하면, 궁극적으로 무슨 말을 하고 싶은지 혼란스럽습니다. 이상한 소리라도 일관성이 있으면 의도를 파악하고 반대하면 되는데 말이죠. 대신 이런 논리적인 일관성을 파악하려면 '잘' 들어야 알 수 있어요. 건성으로 끄덕끄덕하면 놓치기 쉬운 부분입니다.

이는 궁극적으로 '무슨 말을 하고 싶은 것인가?'를 파악하는 과정입니다. 매 순간 어떤 주장을 하는지 파악하고, 그 흐름을 비교합니다. 또한, 근거가 주장을 뒷받침하는지, 같은 맥락인지 확인하는 것도 필요해요. 논리적으로 일관되지 않다면 결국 신뢰할 수 없는 콘텐츠가 되니까요.

⑥주장의 강도 평가하기

선생님이 수업 시간에 반복해서 말하는 내용은 중요한 부분이고, 시험에 나올 확률이 높습니다. 말하다가 목소리가 커지면 그

부분에서 본심이 드러나는 경우가 많죠. 강조하고 싶은 욕구가 드러난 것입니다. 이야기 속 인물 중에서도 '주인공'이 가장 자주 나오고, 클라이맥스에 묵직한 대사를 쏟아냅니다.

결국, 중요도 판별의 문제입니다. 여러 텍스트 중에서 제작자가 더 강조하는 부분이 있을 것이고, 덜 강조하는 것이 있을 거예요. 우리는 그 의도를 파악해야 합니다. 반복하기, 맨 처음이나 마지막에 언급하기, 접속사를 활용하기, 직접 강조하기 등 다양한 방법으로 강조할 수 있어요. 진짜 중요한 것이라기보다 제작자가 중요하다 생각하고, 전하고 싶어 하는 것입니다. 그 내용을 파악한 후에 이 사람의 강도 높은 주장에 동의할지, 동의하지 않을지 거리를 두고 판단해야 합니다.

▶ 주관과 객관 분리하기

인간은 모두 주관적입니다. 1인칭의 시각으로 삶을 살아갑니다. 상황에 따라 객관적인 태도를 보이려고 노력할 뿐이죠. 주관적인 태도가 나쁘고 객관적인 태도가 좋다고 말하는 분들도 있지만, 이것은 필요에 따라 다릅니다. 자신만의 독특한 관점과 개성을 존중하는 시대니까요.

주관적: 자기의 견해나 관점을 기초로 하는 것
객관적: 자기와의 관계에서 벗어나 제삼자의 관점에서 사물을 보거나 생각하는 것

그런 의미에서 저는 '주관과 객관의 분리'를 자주 이야기합니다. 두 가지 태도를 모두 견지하고 상황과 목적에 맞게 꺼내서 사용할 수 있도록 하는 것이죠. 하나의 관점에 매몰되지 않고 메타인지(생각에 대한 생각)를 활용해 과정을 조절하는 것입니다. 딱딱해 보일 수 있으니 예를 들어 이야기해보겠습니다.

과거 KBS 「1 vs 100」이란 퀴즈 프로그램에 나간 적이 있습니다. 연예인과 같은 1명과 일반인 100명이 함께 퀴즈의 문제를 맞히는 프로그램이었는데, 온라인 예심을 보고 100명 중 1명으로 나가게 되었습니다. 1/100이기 때문에 부담이 적다는 것이 큰 장점이었죠. 병풍처럼 깔린 100명은 잘 보이지 않았고, 저는 57번으로 가운데쯤 어중간하게 있었습니다. 옷도 흔하디흔한 하얀 셔츠를 입고 있었죠.

그래도 TV에 나왔을 때, 엄마를 비롯한 지인들은 100명 중의 1명인 저를 알아보았습니다. 문제를 많이 맞혀 개인 인터뷰를 한 것도 아니고, 하얀 셔츠를 입어 구분하기도 쉽지 않은 상황이었는데, 잘 찾아내어 사진도 찍어두곤 했습니다.

여기서 '주관성'이 발휘되는 것이죠. 100명 중 지인으로 '인상 깊은 인물'이 되어 의미 있게 다가온 것입니다. 우리도 졸업사진

이나 소풍 사진 중에서 놀랍도록 신기하게 아는 사람을 찾아내곤 하죠. 사람이 많은 번화가나 공항에서도 마찬가지입니다. 수많은 사람 중에 그 사람이 잘 보입니다. 그것은 객관적으로 멋있거나 화려해서, 눈에 뜨여서가 아니라 주관적 인식의 결과물입니다. 내가 아는 사람, 나한테 의미 있는 존재이기 때문이죠.

그 후에 KBS 「도올아인 오방간다」라는 프로그램에 방청하러 간 적이 있습니다. 도올 김용옥 선생님과 유아인 배우가 우리나라 근현대사 100년을 재조명하며 동양철학을 바탕으로 이야기를 나누는 프로그램이었습니다. 거기서도 수많은 사람 중 한 명으로 앉아 있었는데, 우연히 마이크를 잡고 이야기를 할 기회가 생겼습니다. 그래서 유아인 배우의 질문에 대답하며 TV 화면에 함께 잡히기도 했어요. 이때 엄마를 비롯한 지인들의 또 다른 주관성이 발동했습니다. '밀리지 않는다, 배우해도 되겠다.'라며 지극히 자기중심적인 관점으로 세상을 바라본 것이죠.

눈앞에서 본 저는 객관적(?) 진실을 알고 있었습니다. 해당 배우는 저보다 얼굴이 작고, 팔다리도 길고 황금 비율에 배우 포스가 물씬 풍기는 진정 연예인이었습니다. 하지만 주관성에 묻힌 지인들은 객관성을 외면하며 보고 싶은 것에 집중했습니다. 외부 사람들에게는 인정받을 수 없는 신념을 계속 유지하는 것, 심지어 강요하는 것은 큰 갈등을 불러일으킬 수 있습니다.

조율이 필요합니다. '다른 사람의 처지에서 보았을 때는 어땠을까?' 엄마의 인식이 모두의 인식과 같았다면, 객관적인 인식이었다면 저에게 수많은 명함이 날라오고, 인터넷에서 화제의 인물이 되었을 겁니다. 하지만 그런 일은 없었죠. 이것이 주관과 객관의 차이입니다.

미디어를 읽는 과정에서도 마찬가지입니다. 내가 주관적으로 느끼는 것과 다른 사람들이 공통으로 느낄만한 의미, 텍스트가 객관적으로 이야기하는 것을 분리하여 생각하는 것이 중요합니다. 문제로 따지면 출제자의 의도, 대화로 따지면 말하는 사람의 의도와 같은 것이죠. 대부분 사람이 그 의도를 파악하지 못했다면 전달자의 부주의이고 문제 오류일 것입니다. 하지만 모두가 비슷하게 이해했는데, 나만 다르게 이야기한다면 인식의 차이인 것이죠. 나의 인식을 대다수에게 맞추라는 의미가 아니라 둘을 분리해보자는 겁니다.

전에 평생학습센터에서 〈흥부전〉으로 독서 토론을 한 적이 있었습니다. 그때 한 주부의 감상평은 "흥부 부인이 너무 불쌍하다"라는 것이었습니다. 굉장히 신선하고 흥미로운 감상이었죠. 착하지만 무능력한 가장으로서의 흥부 모습이 못마땅한 것이었습니다. 이렇게 개인의 삶이 녹아든 감상은 참 인상적이었고, 자신 있게 이야기해준 것이 참 고마웠습니다.

또 학생들과의 독서 토론 속에서는 "제비가 불쌍하다"라는 이야기도 많이 들립니다. 어찌 되었든 두 번이나 다리가 부러진 것이고, 그중 하나는 고의로 일어난 동물 학대니까요. 작은 동물들도 보호해야 한다는 내용이 교과서에도 실린 마당에, 학생들의 인식은 공감이 갑니다.

하지만 누군가는 어리둥절할 수 있어요. 흥부 부인은 이야기 속에서 비중이 거의 없고, '흥부와 놀부'의 갈등에서 동떨어져 있으니까요. 제비 또한 중요한 요소이긴 하지만 사건의 도구로 소비될 뿐 직접적인 목소리를 내지는 않습니다.

주인공 흥부와 놀부에 집중한다고 하더라도, "놀부의 심정을 이해한다."라는 이야기가 나올 수 있습니다. 형으로서, 가장의 관점에서, 자본주의 속에서 생존하기 위해서…. 여러 이유로 (과하긴 하지만) 그의 생존 욕구를 '악'으로 치부할 수 없다는 것이죠. 흥미로운 해석입니다.

이러한 각자의 주관적인 감상을 존중하면서, 작품의 메시지가 주는 객관적이고 일반적인 메시지인 '권선징악'도 함께 이해하도록 노력하는 것입니다. 착한 흥부가 복을 받고 나쁜 짓을 한 놀부가 벌을 받는다는 중심 내용을 파악하는 것입니다. 이 메시지가 마음에 들지 않더라도 분리해서 새겨둡니다. 스스로 콘텐츠를 이해할 때도, 다른 사람의 생각을 들을 때도 모두 적용되는 이야기입니다.

일상 속 대화에서도 마찬가지입니다. "밥은 먹었니?"라고 물었을 때, 누군가는 일상의 대화처럼 가볍게 대화할 것이고, 누군가는 안부를 묻고 걱정해주는 사람에게 고마워할 것이고, 누군가는 밥도 잘 못 챙겨 먹는 자신을 무시한다고 생각할 수 있습니다. 상황과 맥락, 기존의 관계에 따라 다르게 해석할 수 있는 '주관적' 영역이 분명히 있습니다. 하지만 그것을 덜어내고 다른 사람이 이 말을 들었을 때 어떻게 반응할지 생각해보며 '객관적' 영역을 구분하여 챙기는 것도 필요합니다. 이렇게 분리한 후 거리를 두고 판단하면 됩니다. 그럼 오해가 줄어들 거예요.

주관과 객관을 분리하는 인식의 과정은 나의 주체적인 생각을 살리면서, 거기에 갇히지 않을 수 있는 방법입니다. 유연한 생각과 함께 다른 사람과의 소통도 원활해집니다. 무엇이든 과유불급입니다. 한쪽에 우위를 두지 않고, 주관과 객관의 균형 속에서 조화롭게 생각하는 것이 건강한 미디어 생활로도 이어지리라 믿습니다.

[TIP] 내면화 질문 적용법

▶ 《흥부전》

내가 놀부라면, 동생과 공평하게 재산을 나누었을까?

나는 제비와 같이 말 못 하는 동물을 함부로 대한 적이 없었는가?

▶ 《홍길동전》

나는 가출하고 싶었던 적이 있는가?

내가 새로운 세상을 만든다면 어떤 세상을 만들고 싶은가?

▶ 《심청전》

나는 부모님을 위해 얼마나 희생할 수 있는가?

나는 기적을 믿는가? 기적을 경험한 적이 있는가?

▶ 《춘향전》

나는 끝까지 지키고 싶은 사랑을 한 적이 있는가?

나는 권력자의 부당한 요구에 어떻게 대응할까?

▶ 《동물농장》 조지 오웰

나는 어떤 동물에 가까운가?

나는 어떻게 불합리한 권력을 극복할 수 있을까?

▶ 《페스트》 알베르 까뮈

나는 어떤 인물이 가장 영웅적이라고 생각하는가?

나는 펜데믹 시기에 어떻게 행동할까?

▶ 《페인트》 이희영

내가 부모 면접을 본다면 어떤 분을 뽑을까?

내가 부모/자식 면접을 본다면 몇 점을 받을까?

▶ 《자존감 수업》 윤홍균

나의 감정적 급소는 어디인가?

나의 자존감을 건강하게 유지하는 방법은 무엇인가?

▶ 《정의란 무엇인가》 마이클 샌델

나는 그런 상황에서 어떤 선택을 했을까?

내가 생각하는 정의란 무엇인가?

▶ 《소울》 피트 닥터

내가 만나고 싶은 멘토는 누구인가?

내 일상 속 불꽃은 무엇인가?

▶ 《주토피아》 바이론 하워드, 리치 무어

내가 바라는 이상 사회는 어떤 모습인가?

내가 가진 뿌리 깊은 편견은 무엇인가?

▶ 《지상의 별처럼》 아미르 칸, 아몰 굽테

내가 부족한 분야/뛰어난 분야는 무엇인가?

나를 이끌어준 좋은 선생님은 누구인가?

▶ 《데이빗》 d몬

나는 데이빗을 인간처럼 존중했을까?

내가 생각하는 인간의 기준은 무엇인가?

▶ 《스토브리그》 정동윤

나는 공동체에서 어떤 모습을 하고 있는가?

내가 생각하는 좋은 리더는 무엇인가?

MEDIA LITERACY

제 3 장

결에 따른 미디어 읽기

MEDIA LITERACY 01

살아 움직이는 미디어 트렌드

▶ 문자와 영상은 경쟁 관계가 아니다

'결이 다르다'라는 말을 좋아합니다. 카펫이나 모피의 털을 쓱 쓰다듬으면 방향에 따라 새로운 결이 나타납니다. 그러다가 그 카펫이 가진 고유의 결과 딱 맞는 방향을 찾으면, 털이 곱고 안정적으로 누우면서 가장 부드러운 느낌을 맛볼 수 있습니다. 하지만 다른 카펫은 또 결이 다릅니다. 그만의 결에 맞추어 쓸어줄 필요가 있습니다.

대학교 때 〈위닝 일레븐〉이라는 축구 게임을 좋아해서 손가락에 물집이 잡힐 정도로 즐겼습니다. 그때 버전은 어떤 선수를 어느 곳에 놓아도 능력치가 변하지 않았기에, 능력치가 좋은 선수는 포지션에 상관없이 여기저기 배치를 했었어요. 그러나 다음

업그레이드된 버전부터는, 선수들이 포지션에 따라 능력치가 변하도록 수정되었고 그 이전의 전략(?)은 무용지물이 되었습니다.

그때는 반발하였으나, 생각해보면 좀 더 사실적으로 변했을 뿐이에요. 뛰어난 공격수가 똑같이 뛰어난 수비수가 되기는 굉장히 힘드니까요. 각각의 위치가 다르고 필요한 능력도 다릅니다. 그래서 선수가 가장 빛날 수 있는 자리를 찾아 배치하는 것이 감독의 역할이기도 합니다. 이렇듯 다양한 미디어도 능력치의 문제가 아니라 서로 다른 '결'의 문제로 접근해야 합니다.

"소설의 힘은 언어이고, 언어의 힘은 상상력이다. 우리는 소설이 묘사하고 설명하는 것들을 상상한다. 그리고 그 상상이 사고와 감정을 움직인다. 그 상상력은 주관적이다. 반면 영화의 힘은 이미지이고, 그 이미지는 시각적이다. 영상 언어는 소설에서의 글의 추상을 영상으로 구체화, 감각화해야 한다."

이대현의 《소설 속 영화, 영화 속 소설》에서 인용한 말입니다. 소설과 영화는 같은 미디어의 범주에 들어가지만 서로 다른 언어를 사용합니다. 그래서 인식의 과정을 다르게 생각할 필요가 있습니다. 예를 들어볼게요.

그녀의 아름다움은 바로 그녀가 언제나 치장을 초월한다는 데 있었다는 것, 치장의 흔적이 전혀 드러나지 않는 데 있었다는 것을 이해했다. (…) 돋보이는 것은 오직 소박하고 자연스럽고 우아하며 동시에 쾌활하고 생기 넘치는 그녀 자신뿐이었다. - 톨스토이 《안나 카레니나》에서

소설《안나 카레니나》에 묘사된 주인공의 모습입니다. 어떤 모습이 떠오르나요? 묘사를 기반으로 상상력을 더해서 하나의 인물을 머릿속에 떠올릴 것입니다. 글을 읽으며 이미지화하는 것은 좋은 독서 방법의 하나지요.

아래 이미지는 2012년 영화 〈안나 카레니나〉에서 안나 카레니나를 연기한 배우 키이라 나이틀리의 모습입니다. 묘사된 글을 보고 각자 상상했던 내용과 차이가 있을 것입니다. "내가 생각했던 모습이 아닌데…."라고 부인할 수도 있고 "그럭저럭 잘 어울리네, 비슷해."라고 긍정할 수 있고, "정말 딱이다! 소설에서 튀어나온 것 같아!"라고 반길 수 있습니다.

강의 때 자주 물어보는 질문이 있습니다. "원작 소설과 그 소설을 바탕으로 한 영화가 있을 때, 어느 것을 먼저 접하겠나요?" 이 질문에 많은 분이 책을 먼저 읽

겠다고 합니다. 영화가 원작 소설을 담지 못한다고 고개를 절레절레 흔드는 경우도 많아요. 나의 상상력과 기대에 부응하지 못하면 배신감을 느끼기도 합니다. 실제로 리뷰와 별점을 보았을 때, 영화로만 보면 그럭저럭 괜찮은 작품인데, 원작보다 못하다는 평과 함께 낮은 점수를 주기도 해요.

내면의 깊은 서사를 두꺼운 책으로 풀어내는 것, 한정된 시간 안에 시각적인 영상으로 풀어내는 것은 차이가 있습니다. 그런 의미에서 각색은 불가피하고, 많은 부분을 덜어내야 합니다. 이야기의 선택과 집중을 위해서 어쩔 수 없는 과정이죠. 나아가 상상력을 시각적으로 구현하려면 많은 한계에 부딪힙니다. 요즘은 촬영 기술과 컴퓨터 그래픽이 발달해서 무엇이든 멋있게 만들 수 있지만, 다 비용이 듭니다. 제작비의 한계도 있죠. 이런 여러 가지 제약에 다 담지 못하는 것은 미디어 각각의 차이로 이해할 부분입니다.

이 점을 생각해서 영화를 먼저 읽고 나중에 책을 접하겠다고 하는 분들도 있습니다. 책에 더 방대한 내용이 담겨 있을 테니 '심화·확장'의 개념으로 나중에 읽는 것이죠. 원작의 개념을 존중하기보다는 두 작품을 모두 즐기는 효과적인 방법으로 생각해낸 것입니다. 물론 영화를 먼저 보면 그 이미지가 남아 상상이 제한되는 단점이 있어요. '안 본 눈 삽니다'라는 말이 나오지만, 이미 본 것은 어쩔 수 없습니다.

순전히 영화 애호가로서 영화를 먼저 즐기고 싶다는 대답도 있었어요. 책에서는 느낄 수 없는 매력이 영화에 가득하니까요. 대표적으로 음악, 시각적인 아름다움, 배우들의 목소리와 연기는 그 자체로도 가치 있는 요소입니다. 이것을 접하고 원작 책을 읽으면 그 장면과 음악, 목소리가 겹치기도 합니다.

가장 피하고 싶은 대답 중 하나는, 접근성이 높은 영화를 먼저 읽고 괜찮으면 책도 이어서 읽는다는 것이었어요. 영화가 책으로 이어지는 연결고리를 차단할 수 있다는 것은 안타까운 일입니다. 물론 대부분 책은 '영화화' 소식과 함께 다시 주목을 받지만요. 역으로 원작이 재미있으면 "영화화 해주세요"라는 말이 절로 나오고, 그렇지 않으면 기대도 하지 않으니 마찬가지일 수도 있습니다.

과거 문자 중심의 미디어 시장은 지금 영상 중심으로 전환되고 있습니다. 문자는 추상적인 기호로서 우리에게 많은 것을 요구합니다. 능동적으로 개입하고, 상상해야 즐길 수 있다고 다그칩니다. 그러다 보니 우리는 생각의 근육을 단련할 기회를 얻지만, 그 과정에서 피곤함을 느낄 때가 많습니다.

영상은 이에 비해 직관적으로 인식할 수 있어 편하게 감상할 수 있습니다. 멀티미디어로 다양한 자극을 친절하게 제공하여 흥미를 유발하고 디지털 시대에 뛰어난 확장성을 갖고 있어요. 하지만 너무 가볍게 소비하는 문화를 경계하는 목소리도 큽니다.

교보문고에서는 이런 문구를 볼 수 있습니다.

"사람은 책을 만들고, 책은 사람을 만든다."

좋아하는 말인데요. 진중권 교수는《이미지 인문학》에서 "과거에는 책이 사람을 형성했다면, 오늘날 인간의 의식은 영상으로 빚어진다"라고 말하기도 했습니다. 높은 접근성을 바탕으로 문자에서 영상으로 트렌드가 옮겨가고 있는 것은 사실이지만 둘의 관계를 경쟁 관계로 볼 필요는 없습니다. 미디어는 계속 변화해왔고, 그 안에서 각자의 매력을 존중하는 것이 바람직한 태도입니다. 그 변화의 중심에 있는 소셜 미디어를 예로 살펴보겠습니다.

2000년대 초반 블로그가 유행했을 때는 길고 전문적인 글이 인기가 많았어요. 사람들은 각자의 블로그에 다양한 주제의 글을 썼고, 다른 사람들의 글도 구독했습니다. 블로그 시절에도 이미지가 많은 글이 인기가 있었지만, 이미지는 어디까지나 글을 도와주는 보조 역할이라는 인상이 강했습니다.

2006년 서비스가 시작된 SNS, 트위터는 사람들에게 놀라움을 안겼습니다. 글자 수를 140자 이내로 제한한 것입니다. 새의 지저귐을 뜻하는 twitter는 말 그대로 짤막한 소통을 지향합니다. 길게 쓰고 싶은 사람은 길게 쓰고, 짧게 쓰고 싶은 사람은 짧게 쓰면 되는데 왜 이런 제한을 두었을까 많은 이들이 의아해했지만, 그 짤막함 때문에 트위터는 전폭적인 인기를 끌었습니다.

이후 등장한 페이스북은 글자 수 제한은 없었지만, 글자보다 사진이 더 눈에 쉽게 들어오는 인터페이스를 가졌고 글을 많이 노출하지 않았습니다. 몇 줄 이상은 '더 보기'를 눌러야 볼 수 있지요. 어느 순간 인기 많은 글은 항상 이미지를 바탕으로 하거나, 그림과 글이 적절히 섞인 내용이 차지하게 되었습니다. 카드뉴스의 형태를 띠게 된 것이죠. 자연히 유저들은 '더 보기'를 누르기 전에 매력적인 사진으로 어필하게 되었고, 글과 상관없는 사진이라도 올리기 시작했습니다. 이미지가 발휘하는 강력한 인상의 힘을 빌린 것이지요.

지금은 사진을 중심으로 한 SNS, 인스타그램이 큰 인기를 끌고 있습니다. 이미지를 다양한 필터를 통해서 아름답게 꾸며 공유할 수 있습니다. 기본 글자 수가 한정되어 있지만, 업데이트 때마다 한번에 보여주는 글자의 분량은 서서히 줄고 '더 보기'를 눌러야 합니다.

이와 함께 영상 미디어도 꾸준히 영향력을 키우고 있습니다. 스마트폰의 성능이 향상되면서 무엇이든 바로바로 영상으로 촬영해서 올릴 수 있게 되었고 댓글로 소통할 수 있게 됐습니다. 페이스북 라이브, 인스타그램 동영상 스토리 등도 마찬가지입니다.

영상 미디어로 나아가는 흐름의 대표주자는 유튜브입니다. 유튜브 재생 수와 구독자 수는 그 자체만으로 인기의 척도라고 할 수 있고 영향력도 점점 커집니다. 과거에 일기장에 일기를 썼고, 시간이 지나 온라인에 일상의 기록을 남겼으며, 지금은 동영상으로 일상을 기록하는 브이로그로 변화했습니다.

이러한 흐름 속에서 영상 중심 SNS인 틱톡은 공유 영상의 길이를 15초로 제한하였고, 큰 인기를 누리고 있습니다. 앞에서 트위터가 글자 수를 줄인 것처럼, 영상도 더욱 짧고 강렬해지고 있죠. 다음엔 또 어떤 변화가 올까요?

매체를 넘나드는 OSMU와 트랜스 미디어

요즘 미디어에서는 재미있는 현상이 보입니다. 바로 '다중적 자아Multi-Persona'라고 할 수 있는데요. 우리는 모두 A라는 존재를 알고 있습니다. A라는 존재가 갑자기 변신하고 B라고 이야기하면 모두가 어떻게 반응할까요? 이솝우화 속 많은 동물이 이러한 변신을 꿈꾸지만, 모두 야유와 비난으로 끝납니다.

그러나 지금 예능에선 이들의 능청스러운 거짓말(?)을 그냥 믿어주고 인정해줍니다. 대신 이들은 새로운 캐릭터 속에 새로운 자아를 얻게 됩니다. 오히려 본래 캐릭터보다 큰 인기를 얻기도 합니다. 소셜 미디어에서도 다양한 부계정을 통해 여러 가지 모습을 동시에 드러냅니다. 심지어 '애완동물', '만화 캐릭터' 등이 자신의 개인 계정을 갖고 있기도 하죠.

A를 원작이라고 하면 또 다른 모습인 B의 가치 또한 새롭게 인

정해주는 것이죠. B는 A의 아류작이 아니라, B만의 세계를 따로 만들어 나갑니다. 이것을 미디어 생태계로 가져와 OSMU에 대해 알아보겠습니다.

원 소스 멀티유즈One-Source Multi-Use는 하나의 소스, 즉 하나의 원형 콘텐츠를 활용해 다양한 장르로 변용한다는 의미입니다. 매체 전환이라고도 하며, 현재는 굉장히 친숙한 개념이에요.

가장 오래된 미디어인 책을 바탕으로 영화가 만들어지는 경우가 많이 있었고, 최근에는 웹툰을 바탕으로 한 게임, 영화, 드라마가 인기입니다. 웹 소설이 웹툰이나 드라마로 전환되기도 하고, 웹툰과 음악이 콜라보한 결과물이 음악 차트에서 큰 인기를 누리기도 합니다. 이렇게 출판, 영화, 게임, 음악, 만화, 애니메이션 등등이 선·후 상관없이 서로 관련되어 있습니다.

원작을 새로운 미디어로 전환하기 위해서는 새로운 미디어에 맞게 재생산하는 각색의 과정이 필요합니다. 그리고 방향성에 따라 원작에 충실한 각색과 감독의 창의적인 재해석이 가미된 각색으로 구분할 수 있어요. 원작에 충실한 영화는 나의 상상력을 구현해주는 것에 만족감을, 새로운 변주는 감독의 또 다른 상상력을 만나는 즐거움을 줄 수 있어요. 어느 한 것이 옳은 선택이 아니라, 결에 따른 차이입니다.

샬롯 브론테의 〈제인 에어〉는 20번 넘게 각색되어 영화와 TV 시리즈로 제작되었고 피츠 제럴드의 〈위대한 개츠비〉도 3번 이상 각색되어 영화화되었습니다. 이렇게 한 작품을 여러번 각색하는 이유는 무엇일까요? 배우도 다르고, 음악도 다르고, 촬영 기술도 다르고, 감독의 시선도 다르기 때문이에요. 감독의 시선은 시대정신과도 맞닿아있죠. 그때는 당연했던 내용이 지금은 불합리한 내용이 될 수 있고, 그때는 어색했던 것이 지금은 자연스러운 일이 될 수도 있습니다.

그렇게 다른 미디어로 전환되면서 원작보다 유명해진 작품들도 많이 있어요. 〈벤허〉, 〈대부〉, 〈쇼생크 탈출〉 등과 같은 영화들은 원작 소설보다 더 큰 인기를 얻었죠. 원작 책이 영화화되면 영화 홍보와 함께 책도 다시 주목받게 됩니다. 출판사에서는 표지도 영화 포스터를 바탕으로 수정하며 다양한 이벤트를 하고 판매를 촉진합니다. 이런 현상을 스크린셀러라고 부르기도 해요.

요즘은 웹툰을 기반으로 한 영화나 드라마가 자주 보입니다. 마찬가지로 웹툰이 영화나 드라마화되면, 연재 종료된 웹툰도 다시 볼 수 있게 유도하며 홍보 효과를 촉진합니다. TV 외에도 웹드라마나 넷플릭스 드라마 같은 식으로 채널이 다각화되어 OSMU가 더욱 활발해지고 있습니다.

과거에는 내용을 다 알고 있는데 뭐하러 또 보느냐는 시각도 있었고, 오히려 원작의 가치를 훼손한다며 매체 전환을 반대하는 사람도 있었어요. 하지만 지금의 소비자들은 좋아하는 것을 반복적으로 즐기고 다양한 방식으로 팬심을 더해가는 것에 익숙합니다. 오히려 좋아하는 작품에 '영화로 만들어주세요, 드라마로 만들어주세요.'와 같은 댓글을 열심히 달고, 제작발표가 되기도 전에 가상캐스팅을 합니다. 작품의 주인공을 어떤 배우가 연기하면 좋을지 활발히 의견을 나누며 그 순간을 즐깁니다.

초기에는 OSMU가 예술적 욕망으로 이루어지는 경우가 많았어요. 소설을 읽고 영화로 만들고 싶은 욕망, 나의 상상을 구체화해보고 싶은 욕망 등으로 인해 많은 이야기가 꾸준히 영화로 만들어졌습니다. 대중에게 알려지지 않은 작품에서 아이디어를 얻어 만들어진 작품도 많습니다.

하지만 요즘은 상업적인 이유로, 이미 유명한 작품의 덕을 보기 위해 OSMU를 활용하는 예가 많아졌습니다. 물론 그것을 나쁘다고 할 수는 없습니다. 제작비만 해도 어마어마하게 들어가기 때문에 흥행은 중요한 요소입니다. 하지만 자본의 논리에만 따르는 것은 경계할 필요가 있습니다.

트랜스 미디어Trans-media

트랜스trans는 '넘나드는, 횡단, 가로지르는'이라는 뜻입니다. 즉, 미디어 간의 경계를 허물며 오간다는 의미이지요. OSMU가 미디어 전환의 기본적인 의미라면 트랜스 미디어는 더욱 확장성을 갖습니다.

트랜스 미디어의 조건은 크게 3가지입니다. 원작자만이 아니라 많은 사람이 미디어의 소비자이자 생산자로 활동하며 지속적인 재생산을 하고 공유합니다. 또한, 중심과 주변의 관계를 벗어난 열린 구조로 3가지 이상의 변형된 미디어로 나타납니다. 마지막으로는 이렇게 변형된 다양한 미디어들이 모두 합쳐 큰 세계관을 구축합니다.

세계관 확장 방식으로는 크게 프리퀼(prequel, 본편 이전 이야기), 시퀼(Sequel, 본편과 이어지는 이야기), 스핀오프(spin-off, 본편의 주인공 외 등장인물이 주역이 되어 펼치는 이야기) 등이 있습니다. A1이라는 작품이 큰 인기를 얻고, 이어서 A1의 프리퀼 A0가 나오고, A1의 시퀼 A2가 나오며 이야기가 종적으로 넓어집니다. 거기다 A0에 나오는 다른 인물들을 주인공으로 독립적인 이야기 AB, AC, AD가 펼쳐지며 이야기가 횡적으로 넓어집니다. 이렇게 A라는 세계관이 형성되며 지속해서 확장됩니다.

처음부터 트랜스 미디어로 기획한 콘텐츠도 있지만, OSMU를 거쳐서 서서히 확장해나가는 예도 있습니다. 명확히 구분된 정의가 있다기보다 새로운 현상을 설명하기 위해 트랜스 미디어라는 용어가 등장했다고 할 수 있어요. 대표적인 예는 마블 스튜디오에서 제작하는 슈퍼 영웅 작품들입니다.

마블 시네마틱 유니버스Marvel Cinematic Universe는 마블 스튜디오가 제작한 모든 콘텐츠를 아우르는 세계관인데, 꾸준히 확장하며 많은 팬을 확보하고 있습니다. 〈아이언맨〉, 〈토르〉, 〈헐크〉 등의 개별적인 영웅들 이야기와 〈어벤져스〉 시리즈의 단체전 이야기를 오가며 세계관을 형성합니다.

이 세계관 자체가 팬덤을 형성하고 게임, 옷, 장난감 등 수많은 파생 상품들까지 인기를 얻으며 마블 유니버스는 더욱 견고해집니다. 최근 디즈니도 스핀오프를 바탕으로 세계관을 형성하는 과정을 보여주고 있습니다.

〈디즈니의 악당들〉 소설 시리즈는 〈백설 공주와 일곱 난쟁이〉 속 새엄마, 〈미녀와 야수〉 속 야수, 〈인어공주〉 속 우르술라, 〈잠자는 숲속의 공주〉 속 마녀 말레피센트 등 악당들이 주인공입니다. 수명이 긴 마녀들을 이용하여 이야기가 모두 연결되도록 구성한 것이 흥미롭습니다. 서로 다른 작품에서 악당들이 카메오(?)처럼 등장하기도 해요. 앞으로 어떻게 세계관을 만들고 확장해나갈지 기대됩니다.

가수 방탄소년단도 방탄 유니버스라고 불리는 세계관을 만들어가고 있습니다. 그들의 음악과 뮤직비디오를 바탕으로, 그들이 만들어낸 수많은 콘텐츠가 쌓여 성장 서사를 써 내려가고 있어요. 그 내용을 바탕으로 화양연화 Pt. 0 〈SAVE ME〉 라는 웹툰이 네이버에서 인기리에 연재되기도 했습니다. 아쉬움을 담은 반응도 많았지만, 의미 있는 도전이라고 생각해요. 앞으로 다양한 형태로 그들의 이야기가 선보일 것으로 기대합니다.

이런 트랜스 미디어 콘텐츠가 큰 인기를 얻으면서, 처음 기획 단계부터 세계관을 형성하고 제작하는 작품도 생기고 있습니다. 하나의 시나리오로 웹툰과 영화를 동시에 제작하며 웹툰에서 세계관 스토리를 길게 풀어나가고, 영화에서 압축적으로 보여주는 식이죠. 웹툰 내에서도 처음부터 여러 주인공이 서로 연결되게끔 기획하여 전체적으로 하나의 세계관을 형성하도록 구성합니다. 한 작품의 주인공이 다른 작품에서 조연으로 나온다거나, 경쟁자로 나오는 등, 세계관을 다양하게 오가며 이야기를 전개합니다. 팬들은 세계관을 이해하기 위해 그 작품들을 모두 접하며 팬심이 두터워집니다.

조금 다른 경우지만 널리 알려진 신화나 고전소설이 다른 작가의 재해석을 통해서 완전히 새로운 이야기로 탄생하는 모습도 종종 볼 수 있습니다. 《심청전》의 주인공은 심청이입니다. 심 봉사를 비롯하여 중과 뺑덕어멈 등이 조연으로 등장하지요.

모두 심청의 효를 돋보이게 하는 도구적 존재들입니다. 하지만 누군가는 심 봉사의 시각에서 이야기를 전개하며 《청아, 청아 눈을 떠라》라는 소설을 썼고, 어떤 이는 단역인 뺑덕어멈의 존재에 주목해 〈마담 뺑덕〉이란 영화와 소설을 만들었습니다. 또 다른 누군가는 등장하지도 않은 뺑덕어멈의 아들 뺑덕에게 주목하여 소설 《뺑덕》, 《뺑덕의 눈물》 등을 발표했지요.

이러한 트랜스 미디어를 통한 재생산과 세계관 확장은 원작을 더 풍요롭고 다채롭게 이해할 수 있는 여지를 만들어줍니다. 이 이야기들을 잘 연결한다면 또 다른 세계관이 형성될 수도 있겠지요. 《흥부전》의 제비가 《심청전》에서 심청이가 키우던 것이었고, 나중에 《춘향전》에서 옥중 춘향이에게 위안을 주는 등…. 흥미롭겠죠.

크리슈머와 프로슈머

다양한 창조의 길은 미디어를 넘어 하나의 소비 트렌드로 자리 잡았습니다. 재미있는 예로 한 예능 방송에서 소개된 '짜파게티 + 너구리라면'의 조합 '짜파구리'는 두 가지의 라면을 섞어 먹는 것으로 유행했지요.

단순하면서도 획기적인 조합에 맛까지 있어 열풍이 시작됐고, 이 유행을 등에 업고 회사에서는 '짜파구리'라는 신상품을 내놓기도 했어요. 사람들의 창조적 관심이 새로운 작품에 영향을 미친 것이죠. 그러다 영화 〈기생충〉에서 짜파구리와 한우가 조화를 이룬 음식이 나오면서 세계적인 화제가 되었습니다.

이후 많은 패러디와 함께, 패키지 상품으로 판매되거나 레스토랑 메뉴로 나오기도 했어요. 사람들의 창의성이 만든 음식에 감독의 상상력이 더해져 또 다른 상품을 탄생시킨 장면이죠.

SNS에서는, '짤'이라고 하는 이미지들이, 단순 패러디를 넘어 하나의 문화가 되어가고 있습니다. 방송에서 본 대사나 장면을 나름의 편집 툴로 재창조하고 새로운 상황과 맥락에 활용하는 것입니다.

이는 또 다른 담론을 생성하고 인터넷을 통해 퍼지면서 인기의 척도가 되기도 합니다. 그래서 각 플랫폼은 짤을 쉽게 제작할 수 있는 캡처·편집 도구와 공유 서비스를 제공하기도 해요. 이러한 경향을 이어받아 참여형 콘텐츠가 활발히 생산되고 있습니다. 이런 소비자들을 프로슈머, 크리슈머라고 부릅니다.

프로슈머는 생산자producer와 소비자consumer를 결합한 말로, 제품의 생산 단계부터 판매까지 소비자의 권리를 적극적으로 행사하는 소비자를 말합니다. 회사에서 A란 제품을 만들었을 때, 소비자는 그 제품을 A로만 소비하지 않습니다. 적극적이고 창조적인 소비자들이 제품을 AB, AC 등으로 색다르게 소비하고 이것이 화제가 되어 자연스럽게 A가 인기를 얻는 것이죠.

이를 마케팅에 이용하며 참여단을 운영하는 사업체도 있습니다. 소비자가 단순한 수용을 넘어 뚜렷한 의사 표출을 통해 자연스럽게 제품이나 작품에 개입하고 영향을 미치는 것입니다. 나아가 이런 즉각적인 반응을 반영해 또 다른 콘셉트의 결과물을 제작할 수도 있습니다.

크리슈머는 창조creative라는 의미와 소비자consumer가 결합한 말로 기존의 제품을 자신에 맞게 창조하는 소비자를 말합니다. 사용설명서를 그대로 따라 하는 것을 넘어 나름의 tip을 얹어 나에게 맞게 재창조하며 또 다른 창작물을 만드는 것입니다.

이제 소비자는 '아는 것'에 그치지 않습니다. 내가 줄거리를 이미 알고 있다고 끝이 아니라, 어떻게 변용하고 새롭게 생성할 수 있을지를 생각하며 적극적으로 봅니다. 독자들은 인터넷 활동 등을 통해서 기존 작품의 세계관과 등장인물로 새로운 이야기를 만들어보기도 하고, 자신만의 그림체로 인물들을 다시 그려보기도 합니다.

지금은 쉽게 제작할 수 있는 기술과 시스템이 갖추어져 있어서 아이디어를 바탕으로 다양한 재생산이 가능합니다. 그러한 활동으로 경제적 이익을 얻지 못하더라도 하나의 문화를 만들면 이미 창조적인 생산자입니다.

이러한 경향은 오디션 프로그램으로도 이어집니다. 시청자의 참여를 극대화한 포맷으로 인기를 얻었는데요. 내가 지지하는 연습생이 데뷔하는 순간까지, 적극적으로 응원하고 투표하며 참여합니다. 그렇게 그룹 멤버를 구성하고, 팀명과 주제곡, 콘셉트까지 함께 정하며, '우리가 만들었다'는 참여감을 갖게 합니다. 그러한 열정과 믿음을 '투표 조작 사건'으로 퇴색시켜 논란이 되었지만, 이 또한 프로슈머의 맥락으로 읽을 수 있습니다.

▶ 무너지는 현실과 미디어의 경계

인간은 사회적 동물이라고 합니다. 사회 속에서 살아 숨 쉬는 것을 전제로 하는 말이에요. 하지만 이 사회가 하나가 아니라면 어떨까요? '다중우주론' 같은 거창한 이야기가 아닙니다. 인터넷 문화에 익숙한 많은 사람이 지금도 또 다른 사회를 살아가고 있고, 앞으로는 문화 테크놀로지를 바탕으로 하여 다양한 현실을 구성할 것입니다.

영화 〈매트릭스〉에서는 주인공 네오에게 두 가지 알약이 제공됩니다. 빨간 약은 진짜 현실, 파란 약은 가상현실을 뜻해요. 당신은 어느 것을 택할 것인가요? 이런 일은 영화에서만 일어나는 것으로 생각했을지 모릅니다. 하지만 우리는 이미 2D, 3D, 4D를 넘어 더 다양한 세상을 만나고 있어요.

사람들의 인간적인 접촉을 막는 비대면 사회에 이런 디지털 기술은 더욱 급속도로 발전하고 있습니다. 디지털 세상에서는 전염병이 옮지 않으니까 오히려 안전하게 즐길 수 있습니다. 일상을 빼앗긴 우리에게 대안으로 떠오르고 있어요. 간단히 증강현실, 가상현실, 홀로그램, 메타버스에 대해 살펴보겠습니다.

가상현실virtual reality

컴퓨터 프로그램으로 환경이나 상황을 구현하여, 만들어진 환경과 사용자가 마치 실제처럼 상호작용을 할 수 있도록 하는 기술입니다. 가상현실 전용 디바이스를 착용하고 주변을 둘러보면, 나는 새로운 세상에 놓인 것 같은 기분이 듭니다.

가상현실 롤러코스터, 가상현실 게임과 같이 놀이 콘텐츠로 주변에서 많이 볼 수 있는데, 실제와 같은 짜릿함으로 인기를 누리고 있습니다. 비행기 조종 훈련, 의료 수술 연습, 소방 재난 훈련, 건축 안전 교육과 같이 실제 현실에서 위험 부담이 있는 훈련을 진행하기에 유용합니다. 교육 박람회에 가면 실제 체험 효과를 살릴 수 있는 가상현실 박물관, 그림책 탐험 등 가상현실 기술이 결합한 교육 콘텐츠도 만날 수 있어요.

증강현실augmented reality

사용자의 시야에 비친 현실 세계에 가상의 물체나 정보를 덧씌워 보여주는 기술입니다. 가상현실이 모두 만들어진 배경이라면, 증강현실은 실제 현실을 배경으로 한다는 차이가 있어요. 전용 헤드셋 없이 IT기기(스마트폰, 태플릿 PC 등)만으로 현실 세계와 연관된 부가 정보를 실시간으로 제공해줄 수 있어 활용 범위가 넓습니다.

증강현실 애플리케이션을 통해 길거리나 사물을 비추면 관련된 정보들이 겹쳐서 보이는 식이에요. 만화나 영화에서 특정 안경을 쓰면 수많은 정보가 보이고, 벗으면 사라지는 것과 같은 느낌입니다. 마찬가지로 디지털 교과서의 카메라를 증강현실 공룡 카드에 대면, 공룡이 화면 속에서 입체적으로 움직이는 식이죠. 그림책 팝업북의 디지털 버전이라고 상상하면 쉽습니다.

홀로그램hologram

화면 밖에 입체 영상을 구현하는 기술입니다. 그리스어로 홀로holo란 전체, 그램gram은 '메시지' 또는 '정보'란 뜻으로 '완전한 사진'이란 의미입니다. 기존의 3D 영상은 아무리 생생하다 해도 카메라에 찍힌 한쪽 방향밖에 보지 못했지만, 홀로그램은 대상의 3차원 입체 영상을 재생합니다. 어떠한 장비 없이 모든 각도에서 대상의 모습을 볼 수 있죠.

지금은 볼 수 없는 가수들을 홀로그램으로 만들어 연 콘서트가 화제가 되기도 했어요. 영상과는 다른 입체적인 모습이 실제 사람 같았어요. 살아 돌아와 공연하는 분위기였습니다. 비대면 사회에 화상 회의나 행사 진행을 홀로그램으로 하여, 먼 거리에서도 실제 만남처럼 친밀하게 행사를 진행할 수 있었어요.

메타버스Metaverse

현실 세계를 의미하는 유니버스Universe와 가공, 추상을 의미하는 '메타Meta'의 합성어로 3차원 가상 세계를 말합니다. 넓은 의미에서 가상 현실, 디지털 세상을 모두 포함하기도 하지만, 여기서는 좁은 의미로 아바타를 활용한 세계관 탐험을 다루겠습니다.

영화 〈매트릭스〉처럼 현실과 다른 가상 세계를 활보하는 또 다른 존재가 있고, 그렇게 두 세계를 넘나들 수 있어요. 우리가 살아 숨 쉬는 지구 외에 디지털 지구가 하나 더 있다고 생각하는 것이죠. 현실의 스타가 메타버스에서 팬 사인회, 콘서트를 진행하고 사람들은 자신의 아바타로 참여하고 경험합니다. 선거 운동을 하는 정치인도 있어 화제가 됐어요. 롤플레잉 게임과 비슷한 모습인데, 좀 더 현실과 연결된 세계라고 할 수 있어요. 앞으로는 메타버스에서 구매한 상품이 현실로 배송 온다거나, 아바타가 대신 공공기관 업무를 보고, 회의에 참여하고 학교에 가는 식으로 발전할 수도 있습니다. 흥미롭죠?

MEDIA LITERACY 02

따로 또 같이, 미디어 분석하기

▶ 전통의 강자, 책

책은 가장 오래된 미디어 중 하나입니다. 그만큼 권위가 있고, 다양한 내용을 다루고 있습니다. 원래 책이란 책의 형태, 즉 종이를 묶어 내용을 담은 것을 가리키는 말이었습니다. 글 위주로 된 서적은 물론 그림책, 화첩, 팝업북 등 다양한 콘텐츠를 포함했어요.

그런데 전자책, 오디오북 등이 등장하면서 책의 정의는 조금 달라졌습니다. 이제는 굳이 종이에 인쇄되지 않더라도, 완결성 있는 체제를 갖추어 글과 그림으로 지식과 아이디어를 전달하는 콘텐츠는 책이라고 부를 수 있습니다. 여기서는 글을 중심으로 하여 저자의 지식과 생각을 전달하는 미디어를 책으로 정의하겠습니다.

책을 나누는 카테고리는 다양합니다. 크게 보면 소설, 시, 희곡, 에세이 등의 문학과 그 외 지식과 정보를 다루는 인문, 교양, 실용 분야, 그리고 전문서와 학습서 등으로 분류할 수 있습니다. 여기서 간단히 소설과 비소설로 나누어 알아보겠습니다.

소설은 이야기를 담아냅니다. 이야기는 사람의 마음을 끌어들이는 매력을 갖고 있죠. 소설의 3요소로 문체, 구성, 주제를 이야기합니다. 그리고 구성의 3요소로 인물, 사건, 배경을 포함해요. 조금 딱딱해 보이지만 이러한 기준을 바탕으로 한 분석에 따라 여러 장르로 구분되곤 합니다. 소설가는 특정 배경 속에서 살아가는 인물들이, 어떤 사건을 겪고 변화하는 구성을 통해 이야기의 주제를 전달합니다. 이것을 어떤 문체로 표현하는지도 중요하죠.

이런 이야기의 구조는 다른 미디어에서도 많이 활용되기 때문에, '소설의 맛은 문체'라고 하는 사람들도 있어요. 문체의 매력을 잘 모르는 분들도 번역본을 읽을 때, 그 차이를 실감하곤 합니다. 세계명작과 같이 출판사마다 여러 번역본이 나온 작품은 '첫 문장' 비교도 많이 하지요. 같은 이야기를 읽어도 어떤 글은 술술 읽히고 아름다운 문장에 밑줄도 긋고 싶다면, 다른 글은 읽어도 자꾸 툭툭 끊기고, 장면이 머리에 안 그려지곤 합니다. 직역과 의역을 넘어 같은 내용도 이렇게 다르게 와 닿는다는 것을 새삼 느껴요.

어떤 분들은 어차피 '가짜'인데 왜 소설을 읽느냐고 묻기도 합니다. 허구를 바탕으로 한 경우가 많아서 틀린 말은 아니지만, '사실'과 '진실'은 다르다는 말이 함께 떠오릅니다. 진짜 일어났던 일을 보여주는 것이 전부가 아니라는 말이죠.

소설가 밀란 쿤데라는 《커튼》에서 "소설은 커튼 안 삶의 진실을 보여준다"라고 했습니다. 소설은 우리가 경험하지 못하는 많은 것들을 보여주고 들려줍니다. 그리고 삶의 진실에 우리를 한 발짝 더 다가가게 해줍니다. 더 가까이 다가가기 위해선 소설 속에 푹 빠질 수 있는 감정이입, 공감 능력이 중요한 것이고요.

소설을 읽는 이유는 여러 가지가 있습니다. 그 중에서 우리가 경험해보지 못한 세계를, 한 인물을 통해서 살아보는 것이 가장 매력적이라고 생각해요. 한 번뿐인 인생에서, 여러 인생을 살아본다는 것은 흔하지 않은 경험이니까요. 그렇게 얻은 경험은 스스로 성찰할 기회도 제공해줍니다. 누군가 일방적으로 주입한 메시지가 아니라, 간접적이나마 스스로 경험한 이야기 속 메시지는 더욱 깊이 새겨질 테니까요.

소설 못지않게 대중에게 많이 읽히는 책이 에세이입니다.

에세이는 수필, 서간집, 기행문, 자서전 등 다양한 장르를 포괄하는 개념입니다. 주로 저자의 경험과 생각을 공유하는 데에 목적을 둡니다. 그 안에서 지식을 공유할 수도 있고, 심리적인 안정감을 줄 수도 있습니다.

에세이는 자유 형식의 글로 다루는 소재도 광범위하고, 자기 고백적인 성격을 갖고 있어요. 그래서 저자의 생각이 직설적으로 들어가는 특징이 있습니다. 그렇다 보니 장르의 경계가 모호한 경우도 많습니다. '인문 에세이', '역사 에세이', '철학 에세이'와 같이 지식 정보를 부담 없이 전달하는 의미로도 많이 활용되죠. 그만큼 독자가 쉽게 접할 수 있는 장르입니다.

요즘은 다양한 캐릭터를 내세운 힐링 에세이들이 큰 인기를 얻고 있습니다. 귀여운 캐릭터가 건네는 따뜻한 위로는 힘든 시기를 이겨 낼 수 있는 원동력이 되기도 해요. 유연한 장르로서 앞으로 또 어떤 작품을 보여줄지 기대됩니다.

문학적인 글 외에는 크게 설명하는 글과 주장하는 글로 나눕니다. 어떤 정보를 전달하거나 주장을 통해 설득하고자 하는 글이죠. 그래서 객관적인 정보나 타당한 근거를 바탕으로 탄탄하게 이야기를 구성하려 노력해요. 쓰는 사람이나 읽는 사람이 뚜렷한 목적이 있는 경우가 많습니다. 공부하거나, 교양을 쌓거나, 지적 욕망을 채우는 것이죠.

정확한 정보를 위해 노력하지만 한계가 있습니다. 최신 연구에 따라 기존 상식이 뒤집히기도 하고, 같은 사실도 학계별로 다르게 해석하기도 해요. 그런데도 '허구'를 전제로 하는 문학과의 차이점은 사실에 가까운 정보를 전하려고 하는 노력, 객관적 정보를 바탕으로 설득하려고 하는 그 과정입니다.

아직은 가장 오랜 기간, 많은 정보를 쌓아온 것이 책입니다. 그래서 많은 사람은 자료를 찾기 위해 도서관에 가고, 책을 통해 인터넷 검색으로 충분하지 않은 자료를 확인합니다. 인터넷에 있는 단편적인 정보를 넘어, 책은 구조화된 지식의 총체로서 완결성을 갖고 있습니다. 그래서 디지털 시대에도 국가적으로 독서 활성화에 힘을 기울이며 교육을 하는 것이죠.

가장 오래된 미디어인 책도 꾸준히 변화를 모색하고 있습니다. 누구나 부담 없이 출판할 수 있는 독립출판 시장의 형성은 자유로운 주제를 통해 마니아층을 형성하며 새로운 가능성을 보여주고 있습니다.

출판을 전제로 하지 않은 웹 소설은 새로운 장르를 보여주며, 꾸준히 독자층을 확보하고 있습니다. 모바일 생태계에 익숙한 젊은 독자들에게 많은 사랑을 받고 있어요. 디지털 기기와 만난 전자책을 시작으로 무제한 스트리밍 서비스도 활발하게 진행하고 있습니다. 월정액제로 노래를 무제한 들을 수 있는 것처럼, 책도 그런 시스템을 갖추게 되었습니다. 디지털과 접목하여 과거에는 생각지도 못한 방식으로 책을 소비하는 시스템이 생기고 있어요.

그 안에서 다양한 시도를 하고 있죠. 연예인이나 전문 성우가 녹음한 오디오북, 책의 내용을 채팅으로 재구성한 콘텐츠, 북튜버들을 활용한 책 소개, 온/오프라인 북클럽 등. 책이란 콘텐츠를 넘어 경험과 취향을 팔기 위해 새로운 시도를 다양하게 하고 있습니다. 책이 너무 가볍게 소비되는 것에 대한 우려도 있지만, 급변하는 미디어 시장에서 의미 있는 변화라 생각합니다.

책 읽기 Tip

① 소리 내어 읽으며 문자의 맛을 즐깁니다.

② 나만의 상상을 펼치고 이미지화합니다.

③ 목적과 장르에 맞는 읽기 속도와 방법을 정합니다.

▶ 상업성과 예술성의 조화, 영화

사전적 정의를 살펴보면, 영화는 일정한 의미가 있고 움직이는 대상을 촬영하여 영사기로 영사막에 재현하는 종합 예술입니다. 영사기와 영사막이 낯선 단어일 수 있지만, 영화관을 전제로 발달한 과정을 보여줍니다. 영화는 현재 세상에서 가장 영향력이 큰 미디어 중 하나입니다. 문화생활의 일부로 단단히 자리 잡았고, 자체적으로 커다란 수익도 얻고 있어요.

보통 대중영화는 1시간 반~2시간 반 사이의 상영 시간으로 만들어져요. 영화관 상영을 고려한 것인데, 그 범주를 벗어나 15분 이하로 구성되는 단편영화나 4시간 이상 상영되는 긴 영화도 있습니다. 영화관 외 상영 구조가 다변화되면서 색다른 시도도 늘어나는 추세입니다.

그런데 다른 미디어에 비해 영화는 시간적인 제약이 큽니다. 책을 원작으로 영화를 만들 때 절실히 느끼는 부분이죠. 책의 그 방대한 서사를 다 담지 못하고, 많은 부분 편집해야 하니까요. 같은 영상 매체인 드라마와 비교해도, 연재 방식을 구현하기 쉽지 않습니다. 시리즈물을 만들긴 하지만, 분량에 한계는 분명하죠. 그래서 영화관 상영용과 별개로 편집 전 더 많은 이야기가 담긴 DVD를 따로 공개하기도 해요.

이러한 제약 속에서 인물과 배경, 서사를 압축적으로 전달하기 위해 많은 연출 기법들이 발달했습니다. 꼭 모든 내용을 다 풀어내지 않아도, 관람객들이 느끼게 하면 되니까요. 대사와 상황 설명으로 전달하는 스토리 외에도 영상 편집, 카메라 연출, 컴퓨터 그래픽, 미술, 음악 등을 통해 많은 내용을 담습니다. 다른 영상 미디어에도 포함되는 내용이죠. 이런 요소들을 읽어내는 것 역시 중요한 미디어 리터러시입니다.

책에 작가의 문체가 있듯, 영화에는 감독의 영상 필체가 있습니다. 작가를 보고 책을 고르듯, 영화는 감독의 스타일이 담깁니다. 그러한 성향이 분명한 감독들을 '작가주의 감독'이라고 칭하기도 합니다. 영화 속에 그 작가의 사상과 가치관이 독특한 연출 스타일로 담겼다는 것이죠. 우리나라는 봉준호, 박찬욱, 홍상수 감독을 대표적으로 꼽습니다.

한 감독이 시나리오와 연출을 모두 함께 작업하기도 하고, 시나리오 작가를 따로 두고 연출에 집중하는 감독도 있습니다. 감독의 영향력이 크긴 하지만, 기본적으로 영화는 수많은 사람의 피와 땀, 제작비가 투입된 미디어입니다. 그래서 촬영 손실을 줄이기 위해 굉장히 섬세한 작업을 필요로 하죠.

수많은 제약 속에 선발된 것들이 영화의 한 장면으로 담긴다고 생각해요. 조명부터, 물건의 배치, 카메라 각도, 배우들의 움직임과 대사 하나하나가 계획된 것입니다. 그렇지 않더라도, 날카로운 편집의 칼날을 피해간 것이에요. 의미 없는 장면들은 없다는 마음으로 접하면 많은 것이 보입니다.

이동진 영화평론가는 OCN 〈어쩌다 어른〉 강연에서 영화의 첫 장면과 마지막 장면을 눈여겨보라고 이야기합니다. 아주 짧은 순간이지만 작품의 많은 부분을 설명하며, 나아가 주제 의식을 담는 경우도 많으니까요. 이는 소설의 첫 문장과 마지막 문장을 집중해서 보는 것과 비슷해요. 그 외에도 반복되는 상징, 대사, 이미지 등도 찾아보면 풍요로운 감상이 가능합니다.

카메라의 렌즈라는 프레임은 한정된 시야를 담아내기 때문에 의도적으로 다양한 효과를 낼 수 있습니다. 관객이 대상을 바라보는 시점이기 때문에, 각도에 따라 다른 느낌을 줄 수 있어요. 예로 들면, 부감high angle과 앙각low angle이 있습니다. 부감은 피사체를 위에서 내려다본 시점으로 찍는 것이에요. 넓은 시야로 전체적인 상황을 보여주는 데 주로 사용하며, 관객을 관찰자적 위치로 옮겨놓기도 합니다. 반대로 앙각은 아래에서 위를 올려다보는 시점으로 찍는 것이에요. 피사체가 웅장하게 보이며 관객이 압도당하는 기분을 전해줍니다.

또 연출 기법 중에는 '오버 더 숄더 쇼트'라고 해서 카메라의 바로 앞에서 등지고 있는 다른 인물의 머리와 어깨를 포함하여 화면에 잡는 방식도 있는데요. 답답하게 왜 이렇게 보여주나 하는 생각도 들지만, 이런 화면을 통해 시청자는 두 인물의 관계성을 느끼게 되는 식이죠. 굉장히 섬세한 작업입니다.

장면 연출 기법으로 대표적인 것은 미장센mise en scene입니다. '장면 속에 무엇인가를 놓는다'라는 의미인데요. 장면 속 소품 하나, 배우의 위치, 조명 등 모든 것을 다 감독이 구성한 작품으로 보는 것입니다. 우리가 정성스럽게 사진을 찍을 때, 주변 배경을 생각하고 소품을 준비하고, 콘셉트를 잡는 것과 같죠.

감독이 직접 의도했을 수도 있고, 무의식이 반영되었을 수도 있고, 우연적 요소가 개입했을 수도 있습니다. 하지만 편집이란 좁은 터널을 뚫고 살아남은 장면은 독자에게 해석의 재미를 안겨주는 요소입니다. 과도한 의미 부여가 있을 수 있지만, 대충 흘려보내는 것보다는 낫습니다. 작품을 꼼꼼하게 살펴보며, 작품을 이해하는 생각의 근육도 단련할 수 있어요.

미장센이 하나의 쇼트에 담긴 의미를 이야기했다면, 연속성을 통해 의미를 담는 몽타주가 있습니다. 몽타주Montage라는 말을 들으면 범인의 얼굴이 먼저 떠오르기도 하는데요. 몽타주는 프랑스어 'montor모으다, 조합하다'에서 온 말로 이것저것을 오리고 붙이며 재구성하여 창조적인 의미를 만드는 것을 말합니다. 더 익숙한 편집editing과 함께 사용합니다. 장면 자체를 수정하기보다 나열의 순서를 통해서 의미를 전달해요.

예를 들어 한 소녀의 기뻐하는 얼굴을 보여준 다음 책을 보여주면, 우리는 '책을 좋아하나 보구나!'라는 의미를 만들어냅니다. 하지만 빵을 보여주면 '빵이 먹고 싶구나. 배고팠나 보다.'라는 또 다른 의미가 생성되죠. 마찬가지로 부모님의 모습을 보여주면 '부모님이 반갑나 보다, 화목한 가족이구나'라는 의미를 떠올릴 것입니다. 소녀의 얼굴은 변하지 않았지만, 그 이후에 어떤 장면과 결합하느냐에 따라 의미가 새롭게 만들어집니다. 이런 몽타주 기법을 통해서 영화는 다양한 메시지를 흥미롭게 전달해요.

다른 미디어에서 느낄 수 없는 영화의 매력 중 하나는 청각적인 효과입니다. 영화관이란 특수한 환경이 그 효과를 더욱 가중하고, 그것을 전제로 제작되기도 하죠. 이제는 다른 영상 미디어들도 청각적 효과에 많은 투자를 합니다.

상황에 적합한 효과음부터 작품의 분위기를 형성하고 메시지를 전하는 배경음악까지, 작품에서 음향효과가 주는 영향력은 점점 커지고 있습니다. 시간이 지나 영화가 잊혀도, 영화 속 음악은 더욱 오래 사람들의 머릿속에 남아 있기도 하지요.

오랜 역사를 지닌 영화도 지속해서 변화하고 있습니다. 기존 2D 중심에서 다양한 기술을 접목한 3D, 4D, IMAX 등의 영화들이 꾸준히 제작되고 있어요. 많은 자본 투입과 함께 컴퓨터그래픽은 점점 더 정교해지며 영상 기술 발달을 선명하게 보여줍니다.

어두운 곳에서 숨죽이며 영화를 관람하던 문화도 변하고 있어요. 영화관에서 함께 노래를 부를 수 있는 싱어롱을 비롯해 다양한 콘셉트의 상영관이 선보이고 있고, 영화관이 아닌 다른 곳에서도 영화 상영이 가능한 환경이 조성되고 있어요.

넷플릭스로 대표되는 OTT(Over The Top, 인터넷을 통하여 미디어 콘텐츠를 제공하는 서비스) 사이트는 미디어 생태계의 지각변동을 불러일으키고 있습니다. 다양한 기존 콘텐츠를 추천하는 서비스를 넘어 콘텐츠를 자체 제작하기도 합니다. 영화를 비롯한 다양한 작품을 제작하여 독점 상영하죠.

혹자는 영화관에서만 느낄 수 있는 감동을 이야기하지만, 펜데믹 시기로 인해 사람들이 모이기 힘들어지면서 이런 변화는 점점 더 빨라지고 있습니다. 영화관 상영을 전제로 하지 않는 작품들이 많아지고 있다는 것은 생각보다 큰 변화입니다. 극장 상영은 다른 영상 미디어와의 큰 차이점 중 하나였으니까요. 결국, 산업

생태계가 통째로 흔들릴 수 있는 변화입니다. 앞에서 정의한 영화의 사전적 정의부터 수정되어야겠죠. 극장과 팝콘이 함께 했던 영화의 이미지는 또 어떻게 변화할지 기대됩니다.

영화 읽기 Tip

① 감독의 연출 기법, 영상미를 즐깁니다.

② 배우들의 연기, 대사를 음미합니다.

③ 상황에 맞는 음향효과와 배경음악에 귀 기울입니다.

▶ 진짜와 가짜 논란, 뉴스

다른 미디어들이 취미나 여가, 문화생활의 하나로 여겨진 것에 비해 뉴스는 사회적인 의미를 강하게 띱니다. 넓은 의미로 공공의 관심사에 관한 새로운 소식과 정보를 의미하지만, 언론과 저널리즘이란 말로 더 구체화하기도 해요. 언론은 미디어를 통하여 어떤 사실을 밝혀 알리거나 어떤 문제에 대하여 여론을 형성하는 활동(한국민족문화대백과)을 뜻합니다.

저널리즘은 신문과 잡지를 통하여 대중에게 시사적인 정보와 의견을 제공하는 활동(두산백과)을 의미합니다. 공통적 의미로 '여러 사람'에게 '어떤 정보와 의견'을 '알리거나 전달'하며 그 결과로 여론이 형성되는 미디어입니다.

우리에게 가장 익숙한 뉴스의 이미지는 아나운서가 소식을 전하는 방송 보도나 신문 기사 등입니다. 정기 간행물로서 종이 신문이나 잡지의 이미지가 전통적으로 이어져 왔지만, 지금은 그 규모가 줄고 디지털 뉴스로 대체되었습니다. 기사들도 종이 신문의 지면을 탈피하여 인터넷으로 배포되고, 많은 사람이 인터넷으로 접합니다.

그런데도 일상 속 수많은 사건 중에서 일부만이 우리에게 뉴스로 전해집니다. 수많은 정보 중에 어떤 것이 가치 있는 뉴스가 될까요? 언론학자마다 조금씩 다르지만, 여기서는 전통적인 뉴스 기사의 기준 7가지(시의성, 영향성, 근접성, 저명성, 신기성, 갈등성, 흥미성)를 알아보겠습니다.

시의성은 당시의 상황이나 사정과 딱 들어맞는 성질을 의미합니다. 최근에 발생한 사건, 지금 일상과 관련된 사건이 뉴스 가치가 높다고 할 수 있어요. '최신 뉴스', '속보'라는 타이틀로 빠르게 다루려고 노력하는 이유입니다.

영향성은 많은 사람에게 영향을 미칠수록 뉴스 가치가 높다는 의미입니다. 한 지역 아파트의 작은 화재 사건보다 대형 산불이나 국가적 자연재해와 같이 영향력이 큰 사건을 더 우선시합니다.

근접성은 뉴스 기사가 독자에게 지리적·심리적인 거리감이 적을수록 뉴스 가치가 높다는 것입니다. 해외 사건은 세계적인 사건으로 영향력이 클 수 있지만, 독자의 거리감에 비추어보면 국내 사건, 관련된 사건이 더욱 의미 있게 다가옵니다.

저명성은 유명 인사와 관련된 사건이 뉴스 가치가 높다는 것입니다. 수많은 사람과 관련된 사건 중에서도 많이 알려진 연예인이나 운동선수, 정치인 관련 사건이 우선 보도되는 것을 자주 볼 수 있습니다.

신기성은 이상하고 신기한 사건이 뉴스 가치가 높다는 것입니다. 개가 사람을 무는 것은 뉴스가 안 돼도, 사람이 개를 물면 뉴스가 된다는 농담 섞인 말도 있어요. 낯선 상황, 새로운 소식에 관심이 가니까요.

갈등성은 평화 상태보다 갈등상태가 뉴스 가치가 높다는 것입니다. 세상에 좋은 일이 일어나지 않는 것이 아니라, 갈등상태가 더 주목받을 뿐입니다. 대중에게 갈등에 대비할 수 있는 정보를 전달하는 효과도 있습니다.

흥미성은 콘텐츠 자체의 흥미를 불러일으킬 수 있는 매력적인 내용이 필요하다는 것인데요. 사실을 기반으로 해야 하지만, 사람들의 관심을 외면할 수는 없죠. 문화계, 연예계 뉴스가 대중적인 인기도가 높은 것도 같은 맥락입니다.

지금은 디지털 뉴스로 많은 부분이 대체되면서 사람들의 빅데이터를 기반으로 한 맞춤형 뉴스 큐레이션 서비스도 많이 이루어집니다. 관심 있는 영역을 미리 설정하고, 연령대와 지역을 설정하면 그것을 바탕으로 뉴스 기사가 선택되기도 합니다. 특정 언론사나 기자를 구독하여 관련된 기사를 우선 받아볼 수도 있어요.

기존 언론사의 주 수입원이 지문에 실리는 기업의 광고였다면 디지털 뉴스에선 클릭 수를 바탕으로 한 광고료인 경우가 많아요. 인터넷 신문 곳곳에 숨어 있는 배너 광고, 클릭 유도 광고 등이죠. 그래서 많은 사람이 이 기사를 클릭하도록 자극적인 기사와 내용을 주로 생산하기도 합니다.

사건에 대한 심층적인 이해보다는 노출과 클릭 수가 중요하기 때문에 유사한 기사를 반복적으로 제공하거나 내용과 상관없는 인기 키워드를 넣은 제목으로 소비자를 속이는 왜곡News abusing이 대표적인 문제입니다. 수많은 인터넷 언론사들이 대중에게 공익의 정보를 전달하기보다, 광고 수입을 최우선시하는 하나의 기업으로 전락하기도 했어요.

기존 언론사들 외에 개인 SNS와 유튜브를 통해 생산되는 뉴스도 늘어나고 있습니다. 개인적으로 취재하거나, 기존 뉴스에 논평을 더하는 식으로 많이 이루어지는데요. 이러한 대안 언론의 확산은 기성 언론에 대한 불신 때문이란 지적도 있습니다. 대표적으로 '유튜브 저널리즘'이라 불릴 정도로 유튜브에서 활동하는 방송인들의 영향력이 커지고 있어요.

누구나 뉴스를 만들 수 있다는 것은, 아무나 뉴스를 만들 수 있다는 의미가 됩니다. 점점 더 단편적이고 자극적인 뉴스들이 범람하고, 그로 인한 가짜뉴스 문제도 심각해지고 있어요. 출처를 제대로 알 수 없고, 사실 여부도 확인하기 힘들고, 사회 갈등만 부추기는 혐오 뉴스는 큰 사회적 문제가 됩니다.

가짜뉴스Fake News는 좁은 의미에서 뉴스의 형태를 띠고 있지만, 온갖 허위 정보를 포함하고 있습니다. 과거에도 거짓말, 유언비어 등은 존재했지만 모두가 연결된 온라인 생태계에서 그 영향력은 더욱 커지고 있고 피해도 상당합니다. 최근 인공지능 기술을 이용한 딥 페이크Deep Fake 합성물이 또 사회적 문제가 되고 있어요. 스케일이 달라진 것이죠.

일상 속 미디어 생활에 익숙한 우리는 습관적으로 경계하는 자세를 가져야 합니다. 가짜뉴스 예방 수칙을 함께 알아보겠습니다.

첫째, 해당 정보에 대한 출처를 확인합니다. SNS를 떠도는 근본 없는 정보들부터, 낯선 이름의 인터넷 신문사들은 우선 판단 보류합니다. 해당 기자의 다른 기사들을 살펴보는 것도 좋습니다. 대형 언론사라고 해도 그 성향과 의도를 생각합니다.

둘째, 다른 뉴스를 교차 검증합니다. 인터넷에 해당 정보를 검색하고, 같은 내용이 다른 언론사에도 반복되어 나오는지 확인합니다. 다른 곳에서 다루지 않거나, 다르게 보도한다면 의심해봐야 합니다.

셋째, 기사의 댓글들을 확인합니다. 거짓 선동을 일삼는 댓글들도 많지만 다른 사람들의 반응을 살펴볼 수 있는 통로이기도 해요. 기사의 내용을 입체적으로 바라볼 수 있는 좋은 댓글들이 있어 판단에 도움을 주기도 합니다.

넷째, 공유하거나 전할 때 주의합니다. 클릭 몇 번으로 누군가에게 뉴스를 공유하는 것이 가능한 세상입니다. 하지만 나의 경솔한 공유나 댓글이 가짜뉴스를 유포하는 행위가 될 수 있다는 점을 항상 명심해야 합니다. 또 다른 사람을 현혹할 수 있죠.

사실 개인이 가짜뉴스를 모두 점검하는 데에는 많은 어려움이 있습니다. 전문적인 부분, 명확하지 않은 부분들도 많기 때문이죠. 그래서 팩트체크 사이트를 개설하거나, 많은 언론사에서 팩트체크 코너를 기획하여 사실 여부를 점검하기도 합니다.

팩트체크 사이트 중 하나로 서울대학교 언론정보연구소에서 만든 SNU FactCheck가 있습니다. 자체 검증이 아니라 30개 언론사의 협업으로 팩트체크가 이루어집니다. 한 언론사나 시민의 제보로 팩트체크가 필요한 검증 내용을 업로드하면, 언론사들이 해당 이슈를 검증한 내용과 판정 결과를 추가하는 방식이에요.

흥미로운 것은 판정 결과가 단순 O, X가 아니라 ①전혀 사실 아님 ②대체로 사실 아님 ③절반의 사실 ④대체로 사실 ⑤사실이라고 구분하여 5단계로 구성되어 있다는 것입니다. 굉장히 섬세한 작업이죠.

거기다 두 개 이상의 언론사가 검증에 참여하는데, 판정 결과에 3단계 이상 차이가 발생하면 '논쟁 중'으로 표시되고 판단을 유보하게 됩니다. 객관적인 증거를 바탕으로 팩트체크를 하는 과정에서도 해석의 여지가 포함되기 때문에, 다른 결과가 나올 수 있음을 인정한 것이에요. 운용사항에도 "서로 반박하는 팩트체크가 가능하다"라고 명시하고 있습니다.

그래서 우리도 항상 입체적 관점을 유지할 필요가 있습니다. 단순하게 진짜냐 가짜냐를 넘어 이 내용을 통해 '누구에게 이익이 가는가?', '왜 만들어졌는가?', '어떤 의도가 숨겨져 있지는 않은가?' 등등 좀 더 깊이 있게 바라보는 겁니다.

언론학자 데이비드 버킹엄은《미디어 교육 선언》에서 "진실과 거짓 사이에는 더 넓은 회색 지대가 있다"라고 말했습니다. 그래서 단순히 가짜를 찾아내는 것에 그치지 않고 정보원에 존재하는 편향성을 확인하는 것이 중요하다고 해요. 편향성에 대해서는 이후에 자세히 다루겠습니다.

뉴스 읽기 Tip

① 실제 일어난 일인지, 추측성 보도인지 구분합니다.

② 같은 기사의 내용을 다른 곳에서 찾아봅니다.

③ 이 뉴스가 누구에게 이익이 될지 생각합니다.

▶ 쉽고 직관적인 매력, 만화와 웹툰

우리에게 친숙한 만화의 의미를 한자어로 풀어보면 '생각나는 대로, 아무렇게나, 멋대로 그린 그림'입니다. 과거부터 가벼운 미디어의 이미지를 갖고 있었던 것은 사실이죠. 아이들이나 보는 것, 익살스럽고 과장되게 그리는 것이란 의미도 오랜 시간 따라 왔습니다.

과거에는 신문, 잡지, 단행본 등의 인쇄 매체에서 주로 볼 수 있었다면, 현재에는 웹이나 모바일에서 볼 수 있는 웹툰이 활발하게 제작되고 있습니다. 그리고 그 인기는 점점 커지며 만화가, 웹툰 작가의 위상도 높아지고 있습니다.

미디어마다 각자의 표현법을 가지고 있는데, 만화는 그중에서도 기호화된 표현법이 잘 발달해 있습니다. 화장실을 나타내거나 안내판에 사용되는 그림이 대표적인 예라고 할 수 있어요. 만국 공통의 언어라고도 하는 직관적 상징성이 독자의 접근성을 높여 줍니다.

물론 만화만의 장르적 문법도 있습니다. 더 깊은 의미를 담고, 복잡한 해석이 있어야 하는 부분도 있죠. 글로 많이 설명할 수 있는 것도 아니고, 영상으로 쭉 보여줄 수 있는 부분도 아니니까요. 만화적 장르 문법에 익숙하지 않은 사람은 놓치고 지나가는 부분이기도 해요.

영화에서 보여준 영상 필체와 같이 어느 것을 그리고, 어느 것을 그리지 않을 것인가 선택한 결과물이라고 할 수 있습니다. 그 안에 어떤 구도로 그릴 것인가, 어떻게 표현할 것인가에 대한 고민도 반영된 것이죠. 만화의 특징 중 하나는 컷과 컷 사이를 독자의 상상으로 연결해야 한다는 것이에요. 그것을 쭉 연결하면 애니메이션이 되겠지만, 그전에는 독자의 머릿속으로 완성해야 합니다. 스포츠물이나 액션물에서 그런 특징이 돋보이곤 합니다.

지금은 '만화' 하면 '웹툰'이 먼저 떠오르고 '만화가' 하면 '웹툰 작가'를 의미할 정도로 웹툰의 영향력은 굉장합니다. 웹툰은 인터넷을 뜻하는 웹web과 만화를 뜻하는 카툰cartoon이 합쳐진 말이에요. 웹툰 생태계가 제대로 정착한 것은 우리나라가 최초라고 하며 한류 열풍을 불러일으키는 문화콘텐츠 중 하나로 인정받고 있습니다. 단순히 종이책을 스캔하여 인터넷에 올린 것을 시작으로, 지금은 모바일 환경 중심으로 성장하고 있습니다.

과거 신문을 비롯한 정기 간행물에서 만화가 연재되곤 했습니다. 지금도 웹툰은 주 단위 연재 방식으로 대부분 진행됩니다. 애타게 기다리는 마음은 같지만, 그때와의 차이점이 있어요. 바로 댓글을 바탕으로 한 실시간 소통입니다. 완결 때까지 기다렸다가 한 번에 몰아서 감상하는 방법으로는 느낄 수 없는 재미가 있으니까요. 이 댓글 속에서 사람들은 서로 공감하고, 비판하며, 다음 내용을 추론하고 토론합니다.

많은 작가가 인터뷰에서 독자들의 댓글들을 꼼꼼하게 읽어 보고, 의견을 참고한다고 이야기하기도 했어요. 독자들은 자신의 목소리를 적극적으로 내며 작품에 참여하고 팬덤을 형성합니다. 따끔한 목소리와 냉혹한 별점 평가를 하기도 하죠. 저 또한 웹툰을 읽고 아래 댓글 보는 것을 즐깁니다. 단행본으로 제작된 책을 읽는 도중에, 사람들의 반응과 댓글이 궁금해서 다시 웹툰을 찾아본 적도 있어요.

형식 면에서도 기존 만화 문법과 다른 새로운 시도를 많이 하고 있습니다. 기존의 만화는 한 페이지에 여러 컷을 나누고 가로 방향으로 이야기를 전개하였습니다. 복잡한 세계관과 내용을 전달하기 위한 텍스트의 양도 많았어요.

초기 웹툰은 이러한 만화책을 스캔하여 그대로 컴퓨터 화면에 옮기는 방식이었기 때문에 큰 차이가 없었습니다. 접근하는 방식의 차이였죠. 불법 스캔 논란도 많았습니다. 하지만 현재 웹툰은 모바일 환경을 중심으로 제작하여 많은 변화가 있습니다.

10년 이상 연재된, 오래된 웹툰을 보면 그 역사적 변화의 순간을 몸소 느낄 수가 있어요. 모바일 한 화면을 한 커트로 하며 스크롤을 내리는 방향인 세로로 이야기가 전개됩니다. 책은 종이를 오른쪽으로 넘기니 그 방향으로 진행되었지만, 핸드폰 화면은 위아래로 스크롤을 조절하니 사용 패턴에 따른 자연스러운 변화라고 할 수 있죠.

이러한 변화를 통해 컷의 경계를 허문 다양한 시각적 효과도 구현할 수 있게 되었어요. 주인공이 아래로 떨어지는 장면, 미사일이 발사되는 장면에서 페이지의 한계를 벗어난 효과를 통해 독자의 몰입감을 높입니다.

그 외에도 디지털 기술을 바탕으로 배경음악을 담는다거나, 애니메이션과 같이 움직이는 효과, 독자의 반응을 이야기에 반영하는 인터렉티브 효과 등을 추가한 작품들이 선보이고 있어요.

흥미로운 변화 중 하나는 텍스트의 양입니다. 과거보다 텍스트의 양이 현저히 줄었어요. 그리고 한눈에 보일 수 있도록 그 크기가 커졌습니다. 글자가 이미지화된 것이죠. 스마트폰이란 시청 환경이 내용에도 큰 영향을 미친 것입니다.

옛날 웹툰을 스마트폰으로 보려고 하는데 글씨가 너무 작아서 눈이 아팠습니다. 확실히 책으로 접하는 것과 차이가 있었어요. 댓글에서도 그런 요구가 많이 있었고, 그것이 반영되어 지금의 형태가 되었을 것입니다. 이렇게 독자의 반응과 환경에 민감하게 반응하는 웹툰이 앞으로 어떤 모습으로 변화할지 기대됩니다.

초기 웹툰은 작가들의 개인 홈페이지에서 접할 수 있었고, 대형 포털의 무료 콘텐츠로 알려지며 인기를 얻기 시작했습니다. 과거 신문사들이 연재만화나 소설로 구독자를 유혹했던 것처럼, 사이트는 사용자들을 유혹하는 도구로 무료 웹툰을 활용했습니다. 이런 방식으로 이용자의 접속률과 체류 시간을 늘리며 다양한 광고 수익을 올릴 수 있었죠.

이렇게 무료 웹툰은 높은 접근성으로 많은 사람에게 사랑을 받았으나, 창작자에게 돌아오는 수익은 불안정했습니다. 포털 사이트도 몇 개의 인기 작품 외에는 웹툰의 가치를 제대로 정산해주지 않았습니다. 무료 콘텐츠였기 때문에 수익의 근거가 명확하지 않았으니까요.

무료라는 인식으로 웹툰 작품이 가볍게 소비되는 것에 대한 우려도 지속해서 제기됩니다. 이에 대한 반발로 작품 자체에 대한 정당한 대가를 바탕으로 질 높은 콘텐츠를 제공하고자 하는 유료 웹툰 사이트가 생기기도 했어요.

현재는 무료 웹툰에도 미리 보기 유료 서비스, 직접 상품 광고, 관련 상품 제작 등으로 수익성을 다각화하고 있어요. 문제점은 아직 남아 있지만 조금씩 창작자를 위한 방향으로 나아지리라 믿습니다. 만화가는 가난하다는 과거의 인식을 넘어 현재 웹툰 작가는 인기 직업으로 떳떳하게 인정받고 있습니다.

이러한 웹툰의 인기를 바탕으로 한 OSMU도 활발하게 이루어지고 있어요. 드라마, 영화, 게임, 이모티콘, 음악 등 다른 미디어로 다양하게 확장하고 있으며 흥행 작품들도 지속해서 나오고 있습니다. 서로가 좋은 영향을 주고받는 윈윈 전략이라고 할 수 있죠.

활발한 OSMU가 이루어지는 데에는 몇 가지 이유가 있습니다.

첫째, 접근성 높은 콘텐츠로 이미 많은 독자에게 알려져 있다는 것. 둘째, 그림을 바탕으로 하여 영상 전환이 수월하다는 것. 셋째, 젊은 세대들의 취향을 반영한 트렌디한 소재들을 많이 다루고 있다는 것입니다.

인기 많은 웹툰은 '영화, 드라마 만들어주세요'라는 독자의 댓글을 많이 볼 수 있고, 자발적으로 가상캐스팅 놀이를 즐기기도 해요. 다양한 굿즈를 제작하여 전시회를 열고, 유명한 가수와 협업하여 음악을 만드는 등 사업 영역도 점점 넓어집니다. 최근은 처음 기획 단계부터 같은 시나리오로 웹툰과 영화를 동시 제작하기도 합니다. 웹툰의 연재 방식으로 단편적인 영화의 세계관을 확장하고 보완하는 역할을 하는 것이죠. 독자가 작품을 즐길 수 있는 길도 다양해집니다.

물론 영향력이 커질수록 문제점도 드러납니다. 어린 학생도 쉽게 접근할 수 있는 콘텐츠 안에 폭력적이며 선정적인 요소들이 많아지고 있어요. 이런 자극적인 작품이 높은 인기를 누리는 경향이 있으므로 비슷한 계열의 작품들이 많아지고 대사나 묘사가 더 자극적으로 변하는 악순환에 빠집니다.

일부 웹툰이 혐오와 갈등, 성차별적 인식을 조장하는 표현으로 많은 논란이 되기도 했고, 이에 대해 과도한 검열은 예술성을 죽인다며 반발하는 사람들도 있었어요. 작품의 다양성과 함께 독자의 반응도 다양해지고, 새로운 담론을 불러일으킵니다. 연재하는 플랫폼의 책임감을 요구하는 목소리가 커지자 플랫폼도 나름의 검열합니다. 하지만, 이 또한 공정성 논란을 일으키고 있습니다. 커지는 영향력의 무게감을 느끼며 건강한 웹툰 문화를 위해 작가와 독자, 운영자 모두가 함께 노력해야 합니다.

웹툰이 대세가 되면서 단행본 만화책 시장도 변화하고 있습니다. 만화책이 우선 출판되어 소비자에게 접근할 수 있는 영역은 줄어들고, 인기 웹툰을 소장할 수 있는 형태의 단행본 제작이 많아지고 있어요.

그리고 기존의 만화 대여방은 복합문화공간으로 변신하고 있습니다. 깔끔한 공간에서 음료수와 음식을 먹으며, 만화책을 읽거나 보드게임 등을 하는 공간이 되었습니다. 웹툰이 기반인 만화 시장에서 만화책을 대여하는 것은 온라인에서 충분히 가능하므로 차별점이 필요한 것이죠. 온라인에서 느낄 수 없는 새로운 경험을 제공하는 공간으로 큰 인기를 얻고 있습니다.

웹툰 읽기 Tip

① 이야기를 표현하는 그림의 맛을 즐깁니다.

② 연출 기법, 그림의 구도를 관찰합니다.

③ 의미를 해석하고 내용을 추론하여 유의미한 댓글을 답니다.

▶ 참여와 경험, 게임

게임은 넓은 의미로 놀이의 개념, 스포츠의 개념으로 다루어지기도 합니다. 국어사전에도 규칙을 정해 놓고 승부를 겨루는 놀이, 운동 경기나 시합이란 의미로 담겨 있어요.

과거 윷놀이, 바둑이나 장기, 체스에서 시작해서, 각종 스포츠, 보드게임을 비롯한 오프라인 게임이 중심이 되었습니다. 하지만 지금 미디어 콘텐츠로서의 게임은 주로 컴퓨터, 콘솔, 스마트폰 등으로 하는 디지털 게임을 가리킵니다. 그 영향력 또한 점점 커지고 있죠. 그래도 게임의 핵심 개념이 이용자의 참여라는 점에는 변함이 없습니다.

디지털 게임은 복합적인 이미지를 가진 미디어입니다. 누군가는 게임이라고 하면 자극적인 이미지와 영상, 폐인의 이미지를 먼저 떠올릴 것입니다. 또 누군가는 즐겁고 흥미로운 경험, 친구들과 함께한 경험이 떠오를 것이에요. 또 게임을 단순하게 시간때우기 용으로 생각하기도 하지만, 탄탄한 스토리 구조와 복합적인 기술이 반영된 종합 예술로 받아들이기도 합니다.

상반된 인식 속에서 게임 산업은 점점 커지고 있고, 사람들의 일상 속에도 깊이 스며들고 있습니다. 그만큼 수많은 게임이 쏟아지고 있으며, 곳곳에서 게임 관련 광고를 만날 수 있습니다. 과거에는 상상도 못 할 규모의 게임 광고가 만들어지고, 유명한 연예인들이 등장한다는 것은 그만한 영향력이 있다는 뜻이죠.

게임은 새로운 IT 기술을 적극적으로 접목할 수 있는 장이 되기도 합니다. 화려한 컴퓨터 그래픽과 입체적인 3D 캐릭터 구현은 기본이고, 증강현실을 대중에게 알리는 데 큰 역할을 한 AR 기반 게임과 가상현실에 대한 대중의 접근성을 높인 VR 게임방이 대표적입니다. 지금 화제가 되는 메타버스도 게임 속 세계관을 살아가는 아바타의 모습과 긴밀하게 연결되어 있습니다.

다양한 미디어 속에서 게임의 성격을 잘 보여주는 중요한 개념 중 하나가 자유도입니다. 게임의 유저, 플레이어는 독자, 시청자, 방청객, 관람객, 소비자보다 좀 더 적극적인 존재입니다. 자유도가 높을수록 게임 안에서 주체적으로 행동할 수 있어요. 정해진 규칙이 있지만, 그 안에서 주어진 선택에 따라 새로운 길을 만들 가능성도 있습니다. 롤플레잉처럼 자유도가 높은 게임은 독자에게 새로운 세상을 경험하게 해줍니다.

게임 안에는 수많은 미션이 있고, 모두 유저의 선택이 필요한 활동입니다. 최근 대중적인 게임에서 많이 채택하는 방식은 공통된 목표를 부여하되 그 목표에 도달하는 방법은 다양한 것이에요. 주어진 목표를 달성하는 방법이 한 가지라면 시험과 같이 정답을 찾는 과정이 되겠지만, 여러 방법이 있다면 각자 새로운 방법을 찾아갈 수 있습니다.

이렇게 새로운 길을 만들어가는 과정에서 또 다른 즐거움을 찾게 되고 이것을 공유하며 문화를 만듭니다. 단순하게 주어진 대로 실행하기보다, 직접 문제에 맞닥뜨리고 그 문제를 해결하며 성취감을 얻는 데 게임의 진정한 즐거움이 있습니다.

인터넷의 발달로 디지털 게임도 많은 변화를 겪었습니다. 과거에는 게임기의 프로그램된 미션을 혼자 격파하는 방식이 주를 이루었다면, 지금은 다른 사람과 대전하거나 함께 임무를 수행하는 게임이 많아졌습니다. 정해진 컴퓨터의 패턴을 상대하는 것보다 훨씬 다양한 즐거움을 느낄 수 있게 되었고 새로운 인연을 만나는 사회화의 과정도 겪게 됩니다.

물론 부정적인 면도 있습니다. 익명성을 전제로 한 폭언과 혐오 발언이 난무하여 유저에게 정신적 상처를 주기도 합니다. 협력의 과정도 배우지만 비난과 갈등의 과정도 따라옵니다. 온라인에서의 갈등이 오프라인으로 이어져 사회문제가 되기도 해요.

하지만 게임 속 소통은 더욱 활발해지고 있으며, 게임 문화가 젊은 세대의 유행어를 비롯한 사회 문화 트렌드를 선도하기도 합니다. 앞으로 게임 속에서 건강한 소통과 사회화 과정이 될 수 있도록 노력할 필요가 있습니다.

사용자의 적극성은 프로그램 개발로 이어집니다. 직접 플레이한 이용자들의 의견을 바탕으로 지속해서 프로그램을 업데이트하며 세계관을 보완해 나갑니다. 게임을 함께 만들어가는 과정이라고 볼 수 있죠. 이렇게 시스템에 의도가 반영되면서 유저들은 더욱 능동적인 태도를 보이게 됩니다.

참여를 핵심으로 하는 게임은 '경험을 제공한다'라는 면에서 큰 매력을 갖고 있어요. 게임의 플레이어는 게임 속에서 일어난 일을 자신이 직접 한 일이라고 느끼고 현실과 똑같은 성취감을 느낍니다. 참여와 몰입, 소통과 연결 그리고 가시적인 보상으로 인해 성취감도 얻죠.

예를 들어, 레벨업을 위한 나의 플레이는 고생이라고 할 수 없습니다. 스스로 몰입하여 즐겁게 하는 것이니까요. 그리고 지루하고 지칠 때쯤에 경험치와 코인이라는 즉각적인 보상이 이루어지기 때문에 성취감도 느낍니다. 이는 다음 플레이의 원동력이 되죠. 나의 아바타라고 할 수 있는 캐릭터는 점점 더 강해지고, 멋있어져 대리 만족을 느낍니다. 게임 속 영향력도 커지며 뿌듯해지죠. 게임 세계관 속 영향력을 확대할수록 애정도 깊어지고 일상생활에도 영향을 미칩니다.

다른 많은 영역에서 이러한 게임의 특성을 적용하려고 합니다. 재미를 느끼면서 경쟁하고 보상을 받다 보면 번거로운 일도 주체적으로, 즐겁게 할 수 있다는 게이미피케이션gamification 이론으로 교육·경제·사회 등 전반에 활용하고 있습니다.

일상 속 마케팅에서도 많이 만날 수 있습니다. 우리가 어떤 물건을 사면 우리에게 일정 부분의 포인트와 구매 확인 스티커가 찍힙니다. 포인트는 즉각적인 보상이라 할 수 있고 스티커는 경험치입니다. 이 스티커가 일정 수준 모이면 우리는 등급이 올라가요. 이 등급은 장기적인 보상인 레벨업이라고 할 수 있죠. 레벨업을 위해서 우리는 꾸준히 스티커를 모아야 합니다. 그리고 종종 이벤트가 열리고, 우리에게 쿠폰과 같은 혜택을 줍니다. 이것이 게임에서 주어지는 이벤트, 아이템 등이에요. 우리는 쿠폰을 활용하여 스티커를 열심히 모읍니다. 하나의 놀이처럼 우리는 이 과정을 즐기기 시작하는 것이죠.

《2021 트렌드 노트》에서는 지금의 젊은 세대를 게임 세대라고 지칭하며 리셋, 역할, 소통의 재해석, 호혜성이란 4가지 특징을 언급하기도 했어요.

리셋은 다시 시작한다는 의미로, 게임의 이용자는 언제든 플레이를 다시 시작할 수 있고, 여러 캐릭터를 동시에 진행할 수도 있습니다. 요즘 연예인들의 '부캐' 트렌드도 게임에서 온 것이죠. 일상생활에서 무엇인가 잘 풀리지 않을 때, 극복하기보다 '리셋'하고 싶은 욕구가 들기도 합니다. 이번 생은 망했다는 뜻의 신조어 '이생망'도 이러한 세계관을 반영하고 있어요.

역할은 게임에서 정해진 분명한 역할에 익숙해진 사고관을 의미합니다. 게임 속 세계관은 각자 소임에 충실하므로 나이나 직업, 사는 곳 등의 배경 정보가 중요하지 않습니다. 지금의 유교적 문화관습, 뿌리 깊은 공동체적 세계관, 조직의 권위 등이 낯선 이유이죠.

소통의 재해석은 목적 지향적 NPC와의 대화를 현실의 소통으로 연결한 개념이에요. 소통의 방식이 과거의 친밀한 대화, 일상의 대화와는 달라지고 있습니다. 과거에 따뜻한 관심이었던 말들이 지금은 오지랖으로 느껴지고 세대 갈등으로 이어지는 것이죠.

호혜성은 서로가 서로에게 적극적으로 영향을 주고 혜택을 누리는 문화인데요. 플레이어는 수많은 유저 중에 하나지만, 게임 세계관에 대한 의견을 운영사에 전달할 수 있고 반영되는 것을 전제로 목소리를 냅니다. 국민청원과 같이 누구나 의견을 낼 수 있는 문화에 익숙하고, 세계관 최강자에게 당당하게 건의할 수 있는 것입니다.

게임 세대에게 중요한 것은 주어진 세계관 안에서 자신의 역할을 주체적으로 해내는 것입니다. 과도한 개입이나 불합리한 시스템은 건의해서 바꿔야 할 대상인 것이지요. 세계관 균형을 무너뜨리니까요. 일상 속 많은 것들이 게임의 문화를 닮아가고 있고, 사람들의 인식을 바꾸고 있습니다. 이러한 주체성을 긍정적인 방향으로 승화하며 건강한 사회 발달의 원동력으로 삼아야 합니다.

그러기 위해선 게임을 좀 더 풍요롭게 즐길 수 있는 능력이 필요합니다. 세계관을 깊이 있게 이해하고, 그 속에서 역할을 충실히 해내며, 더 나은 세계관을 만들기 위해 노력하는 것이죠. 재미와 의미를 동시에 즐길 수 있는 능력이 더욱 필요한 미디어가 바로 게임입니다.

게임 과몰입 관련된 내용은 앞에서 다루었으니 여기선 생략하고 간단히 게임이 주는 영향력에 관해 이야기하겠습니다. 물론 게임 중에는 건강하며 귀엽고 아름다운 게임도 있고, 폭력적이며 선정적이고 잔인한 게임도 있습니다. 쉽게 구분할 수는 없지만, 사회적으로 문제가 되는 인기 게임들은 후자의 경우가 많죠.

이런 폭력적인 게임을 하면 사용자는 어떤 영향을 받을까요? 그 영향을 받아 현실에서도 폭력성을 표출할까요? 아니면 폭력성을 해소할 수 있는 창구가 생겼기 때문에 현실에선 더욱 안정될까요? 이는 오래된 논쟁이고 지속적인 연구 결과물이 나오고 있지만, 아직 확답을 내릴 수 있는 단계는 아닙니다. 그만큼 어려운 문제죠.

적절하고 합리적인 규제, 서비스 제공자의 노력이 중요하겠지만, 결국 이용자 관점에서 스스로 조절하려는 노력이 필요합니다. 게임의 목적은 경험을 통해 즐거움을 얻는 것입니다. 좋은 경험이 되지 못하거나, 오히려 일상생활을 힘들게 하고 있다면 게임 이용 습관을 고민할 필요가 있습니다. 게임은 현실을 대체하는 공간이 아니라, 현실을 살아가기 위한 쉼터 같은 곳이 되어야 합니다.

게임 읽기 Tip

① 게임의 세계관을 이해합니다.

② 독창적인 전략을 구상하고 실현합니다.

③ 역할 관계 속에서 건강한 소통을 합니다.

또 다른 연결, 소셜 미디어

소셜 미디어는 지금 우리에게 익숙한 용어이지만, 개념적으로는 상당히 모호합니다. 국어사전에는 자기 생각과 의견, 경험, 관점 등을 공유하기 위해 사용하는 개방화된 온라인상의 콘텐츠라고 정의하고 있어요. 하지만 지금 우리 미디어의 대부분은 이런 특성이 있죠.

그래서 대표적인 소셜 네트워크 서비스인 블로그, 트위터, 페이스북, 인스타그램 등의 플랫폼을 떠올립니다. 이 플랫폼들도 계속 업데이트되기 때문에 그 특징을 분명하게 정의하기 어렵습니다. 텍스트 기반에서 시작하여, 이미지 중심, 오디오를 접목한 영상 중심으로 계속 변화하고 있으니까요.

그 안에서 익명 기반, 실시간 소통 기반, 음성 노출 기반, 제한적 노출 기반, 아바타 기반 등등 다양한 소셜 미디어 플랫폼이 등장하고 있어 공통된 특징을 추출하기도 쉽지 않습니다. 그런데도 전통적인 소셜 미디어의 특징인 참여, 자기 노출, 개방, 연결부터 살펴보겠습니다.

소셜 미디어 플랫폼은 기본적으로 콘텐츠를 자체 제작하기보다 판을 깔아주는 역할을 해요. 그 제한된 형식 안에서 이루어지는 수용자들의 참여로 콘텐츠가 만들어집니다. 기존 미디어에서 특정 운영자가 콘텐츠를 제작하고 이용자가 소비하는 방식과는 큰 차이가 있습니다. 그 어떤 미디어보다 참여도가 높을 수밖에 없어요. 그래서 대부분의 소셜 미디어는 참여하는데 비용이 들지 않습니다. 책값, 영화 관람료, 신문 구독료 등이 없어요. 참여율을 높이기 위해 적극적으로 이벤트를 열기도 하죠.

이 소셜 미디어 콘텐츠의 가장 큰 특징 중 하나는 자기 생각이나 모습, 관심사, 일상 등을 노출한다는 것이에요. 좀 더 개인적인 성향의 콘텐츠이죠. 과거에는 연예인이나 정치인, 전문가나 되어야 대중 앞에서 자신의 이야기를 하곤 했어요. 그중에 일부는 그것도 부담스러워 피하고, 일부 기자들이 몰래 취재해 공개하기도 했습니다. 하지만 지금은 유명하지 않은 일반인도 자신을 노출하는데 거침이 없습니다. 오히려 이런 솔직함이 인기 요소가 되기도 하죠.

이러한 자기 노출의 콘텐츠는 온라인 속 많은 사람에게 개방됩니다. 집에서 쓰고 혼자 읽는 일기와는 다르죠. 아는 사람들과 속닥거리는 비밀 이야기와도 다릅니다. 불특정 다수의 수많은 사람에게 공개되는 콘텐츠입니다. 자랑하고 싶은 이야기도 많지만, 그렇지 않은 이야기도 있어요. 소셜 미디어는 그 모든 것이 공개되는 개방적인 공간입니다.

그리고 개방된 공간 속 콘텐츠는 다른 사람들과의 연결고리가 됩니다. 우리가 낯선 사람을 만나 첫인상을 보고 대화를 하며 서로에 대해 알아가고 서서히 관계를 형성합니다. 소셜 미디어 속에서 자기 노출을 바탕으로 한 콘텐츠는 서로의 첫인상이자 취향이 되고 대화의 소재가 됩니다. 이 연결은 다양한 제약을 넘어선 관계를 형성해요. 네트워크 속에서 세계 여러 나라 사람들이 클릭 몇 번으로 연결된 것입니다. 이 연결 속에서 일어나는 상호 소통은 또 다른 콘텐츠가 되고, 서로에게 영향을 미치며 플랫폼은 성장합니다.

플랫폼 안에 이용자가 많아지고 체류 시간이 길어질수록, 이들을 표적으로 한 광고비는 올라갑니다. 이용자들은 플랫폼 속에서 소통하며 중간중간 광고를 보고, 물건을 구매합니다. 플랫폼은 이용자들의 정보를 바탕으로 한 맞춤형 광고로 막대한 수익을 올리죠. 그리고 수익을 바탕으로 서비스를 개선해 이용자들이 떠나지 않도록, 더 많이 몰리도록 노력합니다.

그렇게 시간이 지나고 수많은 소셜 미디어 플랫폼이 생기고, 개인들이 서로 연결되어 새로운 세상을 만들고 있습니다.

인터넷이 생긴 이후에도 서로 연결되고자 한 사람들의 욕구는 지속되었고 여러 커뮤니티를 만들었습니다. 그것들과 지금 형성된 소셜 미디어의 차이 세 가지를 고르자면 팔로잉을 통한 구독 모델, 다른 사람의 최신 소식을 바로 볼 수 있는 뉴스피드, 같은 관심사로 연결되는 해시태그를 이야기할 수 있습니다.

홈페이지와 비교해보면, 우리는 본인이 자주 가는 사이트를 즐겨 찾기에 등록합니다. 그리고 시간을 내서 그 사이트에 방문했지요. 깜빡하고 방문하지 않으면 최신 소식을 놓치기 때문에 부지런히 돌아다녀야 했습니다.

하지만 지금은 이용자가 관심 있는 사람, 브랜드, 기관 등을 구독하면 그 계정의 최신 정보가 이용자의 뉴스피드에 자동으로 등장합니다. 직접 돌아다니지 않아도 잘 정리되어 나에게 전달되는 시스템이 구축된 것입니다. 우리가 수많은 사이트를 즐겨찾기에 등록하지만, 절반 이상의 사이트는 자주 접속하지 않습니다. 하지만 자동으로 그들의 정보가 나에게 전달된다면 굳이 거부할 이유가 없겠죠. 그만큼 편리해진 것입니다.

나아가서 검색할 때도, #해시태그를 통해 공통의 관심사를 쉽게 찾을 수 있습니다. 처음에는 관련 정보를 묶는 용도로 많이 사용되었지만, 지금은 자신의 관심사를 표현하고 서로 검색하는 표지, 강조 문체 등 다양한 용도로 활용됩니다.

이 해시태그로 수많은 캠페인이 이루어지며 이는 국경을 초월합니다. 한국을 넘어 세계의 많은 사람과 연결된 것이죠. 우리는 익숙한 상태라 그 새로움을 모를 수 있지만, 소셜 미디어는 우리 생활의 많은 부분을 바꾸었습니다.

최근 드라마나 영화에서 권위적이고 위협적인 존재를 상대하는 방법으로 SNS가 많이 활용됩니다. 총을 들고 있는 것처럼 스마트폰을 들고 촬영된 영상을 SNS에 올리겠다고 협박하면 상대방은 쩔쩔매곤 하죠. 수많은 사람에게 진실을 알리고 여론을 형성하는데 SNS의 영향력이 어마어마하다는 사실을 반영한 내용입니다. 실제로 언론을 통제하는 몇몇 나라의 폭력적인 상황이 SNS를 통해 드러나고 세계적인 질타를 받은 적이 있기도 하고요. 이렇게 SNS라는 미디어는 조금 더 많은 사람의 목소리에 귀 기울이는 사회를 만들어줍니다.

하지만 그만큼 많은 문제점도 있습니다.

첫째, 가짜뉴스와 혐오 발언을 비롯한 정제되지 않은 메시지의 범람입니다. 누구나 메시지를 생산할 수 있다는 것은, 아무나 할 수 있다는 것과 다르지 않습니다. 자유롭게 어떠한 이야기도 나눌 수 있다는 특성이 누군가에게 피해를 준다면 더는 장점이 아닙니다. 상대방을 공격하는 근거 없는 메시지, 혐오를 조장하는 발언과 차별적 메시지 등이 수없이 생산되는 장으로 SNS가 이용되기도 합니다. 최근에는 소셜 미디어 플랫폼에서도 책임감을 느끼고 부적절한 메시지에 대해 검열을 하고 있지만, 쉽지 않습니다.

둘째, 개인 정보 노출에 대한 위험성입니다. 자기 노출의 콘텐츠는 진정성 있는 관계에 유용하지만, 악의적으로 이 정보를 이용하여 범죄의 도구로 활용하기도 합니다. 수많은 계정을 해킹하고, 그 영향력을 활용해 주변 사람들에게 사기를 칩니다. 그 외에도 고객의 개인 정보를 해킹하여 다른 기업에 팔아넘기는 사건이 생기기도 하고, 보이스피싱에 이용하기도 합니다. 심리적으로 취약한 사람에게 접근해 착취하는 일도 벌어지며 SNS가 범죄의 공간으로 변하기도 합니다.

셋째, 이용자의 심리적 피로감입니다. 플랫폼은 이용자의 체류 시간을 늘리기 위해 큰 노력을 하고, 이용자는 소셜 미디어 세계 안에서 점점 더 많은 시간을 보냅니다. 접속되어 있지 않은 상태에 불안함을 느끼며 수시로 게시물을 확인합니다. 그리고 수많은 광고 콘텐츠와 다른 사람의 게시물 속에서 피로감을 느낍니다. 일상생활에도 영향을 주는 소셜 미디어 중독이 사회적 문제가 되기도 하죠.

넷째, 인간관계로 인한 갈등입니다. 온라인 속 인간관계에서도 실제 인간관계처럼 심각한 갈등을 겪고 상처를 주고 받습니다. 수많은 악의적 댓글부터 사이버 불링Cyber Bullying이라는 새로운 집단 따돌림과 폭력이 등장하여 이용자들에게 헤어나올 수 없는 고통을 주기도 합니다. 또 수많은 사람의 화려한 일상 모습, 자랑하는 콘텐츠를 보고 상대적 박탈감을 느끼기도 해요. 역으로 소셜 미디어에 노출하는 이상적 자아, 다른 사람들에게 보여주고 싶은 모습과 현재 자신의 모습 간의 괴리감이 스스로를 상처 입기도 합니다. 이러한 심리적 문제는 우울증으로 이어지기도 하지요.

이러한 문제점들 때문에 'SNS는 인생의 낭비다'라는 오명을 듣기도 했는데요. 펜데믹 시기, 사회적 거리두기 기간 동안 소셜 미디어는 관계의 연결고리로 활약하고 있습니다. 기존에도 #랜선가족, #랜선이모, #랜선라이프 등의 이름으로 불리며 소셜 미디어 중심의 관계가 주목받았어요. 만난 적은 없어도 랜선으로 이어진 가족이라는 의미죠. 이러한 현상은 오프라인 인간관계에도 적용되고 있습니다. '몸은 멀리 마음은 가까이, 지인과 전화, SNS로 소통해요.'라는 말처럼 직접 만나지 못하는 관계에서 이를 대신할 수 있는 소통의 도구가 되었어요.

그 외에 집에서만 지내는 생활의 답답함을 다양한 캠페인으로 극복하기도 해요. #랜선여행 #랜선벚꽃놀이 #랜선단풍놀이 #랜선집들이 #랜선독서모임 #랜선졸업식 등과 같이 해시태그를 타고 직접 함께하지 못한 아쉬움을 담아 다양한 콘텐츠를 만들고 공유합니다. 과거의 사진을 활용하여 편집하거나 생방송으로 진행하며 참여를 유도하거나, 동영상을 촬영하여 편집하는 등 방법도 다양했어요. 물론 부족하고 아쉬운 점도 있겠지만, 다양한 영역에서 소셜 미디어가 보여줄 긍정적인 영향력을 기대합니다.

소셜 미디어 읽기 Tip

① 관심 키워드를 정하여 좋아요, 팔로우, 구독합니다.

② 게시물 속 다른 사람의 삶과 비교하지 않습니다.

③ 현실과 긍정적인 연결고리를 만듭니다.

▶ 누구나! 아무나? 개인 방송

최근 미디어에서 가장 큰 영향력을 미치고 있는 것은 유튜버, 크리에이터라고 할 수 있습니다. 기존 연예인도 개인 방송을 진행하는 경우가 많으니 그 영향력도 급속도로 커집니다. 방송국에서 불러 주지 않아도 기죽지 않고 스스로 방송할 수 있는 것이 큰 장점이라고 말하는 개그맨도 있었어요. 더는 일반인만의 영역이 아니게 되었습니다.

개념이 명확하게 잡히지 않아 1인 방송, 1인 미디어, 개인 방송 등 부르는 말이 다양하지만, 모두 방송국을 통한 기존의 제작·송출 시스템이 아닌 온라인을 통해 개인이 제작하고 송출하는 방송을 폭넓게 이야기합니다.

대표적인 플랫폼으로는 유튜브, 아프리카TV, 네이버TV, 카카오TV 등이 있으며 기존 소셜 미디어들도 동영상 스트리밍 서비스를 확대하고 있습니다. 그래도 아직은 유튜브가 압도적인 영향력을 갖고 있어 '유튜버youtuber'•를 하나의 직업으로 지칭하기도 합니다. 많은 학생의 장래희망이 크리에이터, 유튜버라는 기사를 보았는데, 직업을 가진 많은 일반인도 이 문을 두드리고 있습니다. 그 인기의 비결은 무엇인지 살펴보겠습니다.

• 유튜버(youtuber): 인터넷 무료 동영상 공유 사이트인 유튜브(YouTube)에서 활동하는 개인 업로더들을 지칭하는 말이다. 구글 계정만 있으면 누구나 유튜버가 될 수 있다. 구독자 1,000명 이상, 지난 12개월간 공개시청시간이 4,000시간 이상이 되면 광고를 통해 이익을 얻을 수도 있다.)

개인 방송의 특징을 크게 접근성, 다양성, 실시간 소통, 수익성으로 나누어 보겠습니다.

첫째, 누구나 부담 없이 시도할 수 있는 높은 접근성입니다.

방송을 시작하는데 진입 장벽이 낮아 어린이부터 어르신까지 누구나 방송의 주인공이 될 수 있어요. 앞에서 미디어의 특징 중 하나인 '게이트 키핑'에 대해서 알아보았었죠. 개인 방송은 이 게이트 키핑이 없습니다. 하나의 미디어 콘텐츠가 소비자에게 도달하기까지 수많은 문지기를 거쳤고, 그 과정을 더 좋은 콘텐츠를 위한 정제의 순간으로 생각했어요. 어떤 주제를 다룰지, 어떤 사람을 섭외할지, 어떻게 진행할지, 하나하나가 신중하게 결정되었어요. 방송의 공공성, 영향력, 제작비, 송출비 등을 따지면 신중한 것도 이해가 됩니다. 그에 비해 개인 방송은 누구나 저비용으로 부담 없이 제작할 수 있어 접근성이 높습니다. 콘텐츠에 대한 반응이 좋지 않아도 크게 손해 볼 것이 없죠. 그러니 '우선 해봐!'가 가능합니다.

지금은 규모가 커지면서 역할을 나눠 팀 단위로 움직이거나, 소속사가 있는 크리에이터도 늘어나고 있어 더는 '개인'이 아닌 방송이 많아지고 있습니다. 경쟁도 치열해지고 있죠. 그래도 도전은 누구에게나 열려 있는 구조입니다.

둘째, 기존 방송에서 다룰 수 없는 다양한 콘텐츠가 존재합니다.

게이트 키핑을 거친 콘텐츠는 그 신중함 속에서 개성과 매력을 잃기도 했어요. 반대로 누구나 부담 없이 만들 수 있는 개인 방송은 다양한 콘텐츠 기획이 가능해요. 아주 소소한 주제, 유명하지 않은 인물, 생각지도 못한 구성 등등. 기존 방송국에서 다루지 않았던 많은 요소를 등장시킬 수 있어요.

예를 들어, 연예인이 아닌 일반인의 일상을 담은 브이로그나 단순히 음식을 맛있게 먹는 모습을 중계하는 먹방, 혼자서 공부하는 모습을 찍은 스터디로그 등은 기존 방송 구조에서는 상상도 하지 못한 기획이었는데, 지금 대박이 났죠. 오히려 개인 방송 포맷을 반영하여 정규 방송에서 프로그램이 제작되기도 할 정도입니다.

텔레비전에서 나오는 콘텐츠에 대한 험담 중에 '전파 낭비'라는 말이 있어요. 전기가 아까울 정도로 가치 없는 콘텐츠라는 의미인데, 개인 방송에서는 낭비마저 또 다른 가치를 만들어내곤 합니다. 이러한 다양성이 소비자들의 다양한 욕구도 채워준다는 점이 큰 매력이죠.

셋째, 실시간 소통과 친근한 이미지입니다.

지금은 다양한 형태로 제공하지만, 개인 방송의 인기를 견인한 장본인은 실시간 방송입니다. 기존의 미디어와 소셜 미디어의 특성이 잘 결합한 형태로 생방송 중에 실시간 채팅이 함께 이루어지는 것이죠. 바라만 보던 방송 속 인물이 나의 이름을 불러 주고 요구 사항도 들어준다면, 기분이 참 좋겠죠. 그렇게 시청자는 더욱 열심히 참여하고 열정적인 팬이 됩니다.

연예인들보다는 친근하고 편하게 소통하는 그들의 모습에 반하게 됩니다. 지금은 연예인들도 신비주의를 벗고 개인 방송을 하는 경우가 많은데요. 거기서 시청자들과 직접적인 소통을 많이 진행합니다. 실시간 방송이 아니더라도 좋아요나 싫어요, 댓글로 많은 메시지를 주고 받습니다. 그리고 그 내용을 바탕으로 PD들은 다음 방송을 제작하며 시청자들의 참여에 대해 적극적으로 반응합니다. 지금은 이러한 실시간 소통 포맷을 기존의 미디어에서도 많이 활용하는 추세입니다.

넷째, 어마어마한 수익 모델입니다.

개인 방송이 이렇게 급성장할 수 있었던 이유 중 하나는 수익 모델이 명확하기 때문이에요. 실제로 많은 사람들이 개인 방송을 제작하는 이유 중 하나는 돈을 벌기 위해서라고 이야기합니다. 재미있는 일을 하면서 돈도 벌면 금상첨화니까요. 수많은 유튜버도 자신들의 수익을 공개하는데 거리낌이 없습니다. 이런 정보에 노출되다 보면, 용돈벌이라도 해볼까 하는 생각이 들곤 하죠. 개인 방송으로 인생 역전한 이야기도 쉽게 전해 들을 수 있습니다.

기본적으로는 구독자와 콘텐츠 조회 수 및 재생 시간에 따라 광고료가 지급됩니다. 영상 중간중간 노출되는 광고의 값이죠. 시청자는 직접 돈을 내지 않아도 광고를 보는 값으로 콘텐츠 이용료를 대신하는 방식이에요. 그 외에는 제품 협찬, 직접 광고, 시청자의 후원, 그 외 유명세를 통한 행사나 이벤트 섭외료 등의 수익 구조가 있습니다. 물론 누구나 큰 이익을 얻는 것은 아니지만, 수익의 가능성이 사람을 불러모읍니다. 많은 직장인도 부수입을 올리고자 유튜버의 문을 두드리곤 합니다.

개인 방송에서 영향력이 커지면서 많은 문제점이 드러나고 있습니다. 아무도 검열하지 않고, 필터링을 거치지 않기 때문에 부적격자의 부적절한 방송들이 사람들에게 쉽게 노출됩니다. 특히 어린이와 학생들에게 노출되는 무분별한 콘텐츠들은 더욱 위험한 부분입니다.

수익과 직결되는 만큼 시청자들의 선택을 받기 위한 자극적이고 선정적인 콘텐츠들이 점점 더 많아지고 있어요. 정치적 선동의 장으로 활용되기도 합니다. 자극적인 선동질로 사람들을 현혹하고 이익을 얻는 것이죠. 유튜브는 가짜뉴스의 근원지로도 오명을 떨치고 있습니다. 진실과 상관없이 조회 수로 광고 이익만 얻으려는 파렴치한 방송 제작자들이 있으니까요.

그래서 유튜브는 특정 콘텐츠에 대해서는 광고 수익을 낼 수 없게 '광고주 비친화적 영상' 표시, 소위 '노란 딱지'를 붙이며 자체 검열하기도 했어요. 도입 배경으로는 광고주가 꺼리는 영상물을 걸러 내기 위한 것입니다. 그런 부적합 영상 속에 제품이 광고되면 오히려 제품 이미지가 나빠질 수도 있으니까요. 그 기준으로는 부적절한 언어, 성인용 콘텐츠, 마약, 총기, 혐오 조장 콘텐츠, 민감한 이슈, 저작권 문제 등 여러 가지가 있습니다.

플랫폼의 이러한 행동은 긍정적이라고 할 수 있어요. 실제로 많은 유튜버가 이 '노란 딱지'를 두려워합니다. 하지만 알고리즘을 바탕으로 한 선별로 인해 억울하게 피해를 본 유튜버들도 많다고 해요. 기준의 모호함 때문에 논란이 있지만 어떤 식으로든 제재는 필요한 상황입니다. 미디어 교육에서 제작자 윤리에 관한 내용을 강화해야 한다는 목소리도 나오고 있습니다.

이용자로서는 유튜브 추천 알고리즘으로 인해 편향된 미디어 생활을 할 위험이 있습니다. 기존 시청 기록을 바탕으로 개인의 성향과 취향을 존중하는 시스템이지만, 다양성이 존중되는 사회에, 오히려 다양성을 잃을 수도 있으니 의도적인 노력이 필요합니다.

또한, 수많은 콘텐츠를 무료로 시청할 수 있는 플랫폼에서 미디어 중독의 유혹에 빠지기 쉽습니다. 기존의 방송국들도 콘텐츠를 재구성하여 올리고 있어서, 그 양은 더욱 많아지고 있어요. 이러한 콘텐츠의 바닷속에서 길을 잃지 않기 위해서는 결국 개인의 조절 능력이 필요합니다. 표현의 자유를 즐기며 건강한 미디어 생활을 누리기 위해서는 제작자와 플랫폼, 이용자 모두 끊임없이 노력해야 합니다.

개인 방송 읽기 Tip

① 특정 관심사를 정해 맞춤형 방송 즐기기

② 부적절한 방송 과감하게 차단하고 신고하기

③ 내가 만들고 싶은 방송 콘텐츠 기획하기

MEDIA LITERACY 03

미디어 적극 활용하기

▶ 주체적으로 검색하기 6단계

우리에게 검색은 일상이 되었습니다. 검색에 익숙해져 스스로 정보를 저장하는 기억력이 떨어지고 있다는 비판도 많았지만, 지금은 오히려 '잘' 검색하는 것이 능력인 시대가 되고 있어요.

인터넷에는 무한한 정보들이 있고, 우리는 그중에서 필요한 것을 효과적으로 찾는 것에 집중하게 되었습니다. 정신 바짝 차리지 않으면 온갖 정보에 휩싸여 길을 잃을지 모르는 디지털 세상이 되었으니까요.

그래서 많은 포털 사이트들은 지속해서 검색 알고리즘을 업데이트하며, 나쁜 정보를 필터링하고 맞춤형 정보를 제공하기 위해 노력합니다. 하지만 이것만으로 충분하지는 않죠. 그냥 색깔 창에 글자만 입력하면 되는 간단한 검색은 그렇다고 해도, 복잡한 정보는 검색 전략이 필요합니다.

대학원 다닐 때 대학생 수업 조교를 잠깐 했었지요. 소셜 미디어 관련 수업이었는데, 시험 방식이 독특했습니다. 메일로 시험지를 제공하면 학생은 정해진 기간 안에 답안지를 작성해 제출하는 것이었어요. 인터넷 검색도 가능하죠.

저는 걱정했습니다. 오픈북도 아니고, 인터넷 검색을 활용해서 문제를 풀면 다 만점 받지 않을까 생각했거든요. 하지만 교수님 채점을 도와드리면서 꼭 그렇지 않다는 것을 깨달았습니다. 검색도 '능력'이 필요한 것이었어요. 같은 것을 물어도 결과가 달랐습니다. 좋은 정보를 얻어야 그걸 제대로 구성할 수도 있으니까요.

그 이후로 미디어 강의 때 가끔 검색 퀴즈를 합니다. 제 이름과 얼굴만 안 상태에서, 검색으로 제 핸드폰 번호를 찾아 문자를 보내는 것이에요. 저는 곳곳에 정보를 의도적으로 노출해두었기 때문에 마음만 먹으면 찾을 수 있는 상황입니다. 어디서, 어떻게 검색하느냐가 관건이죠.

실제로 잘 찾는 사람들이 있고 포기하는 사람들도 있어요. 찾는 사람들도 과정이 다 같지 않습니다. SNS 정보에서 찾기도 하고, 홍보 포스터에서 찾기도 하고, 게시물 문의 안내에서 찾기도 합니다. 다양한 전략으로 목표를 이루는 것이죠. 그런 의미에서 검색의 과정을 단계적으로 살펴보겠습니다.

우선 내가 검색하고자 하는 정보, 알고 싶은 내용에 대한 뚜렷한 '목적'을 설정합니다. 요즘 하나의 키워드에도 수많은 게시물이 올라오기 때문에, 가장 적합한 정보를 찾기 위해서는 기준을 정하는 것이 중요해요. '어떤 정보를 찾을 것인가? 어떻게 사용할 것인가?' 머릿속으로 찾고자 하는 자료에 대한 이미지를 그려보는 것도 큰 도움이 됩니다. 그럼 한 번에 만족스러운 결과물을 얻지 못해도, 여러 자료를 검색하며 퍼즐을 맞출 수 있으니까요.

이어서 **'플랫폼'**을 선택합니다. 습관적으로 단골 사이트를 이용하는 분들도 많지만, 플랫폼의 특성에 따라 검색 결과도 다르므로, 이것도 선택 사항 중 하나입니다. 포털 사이트 중에서도 국내 자료가 잘 정리된 곳, 외국 자료 구하기 쉬운 곳, 이미지 검색이 편한 곳 등이 다르고 SNS에서 검색할 때도 이미지 중심, 영상 중심, 글 중심으로 결과물이 다릅니다. 목적에 맞게 전략적으로 선택하면 좋아요.

다음은 **'키워드'**를 고민합니다. 추상적이고 보편적인 키워드는 더 많은 검색량을 불러오기 때문에 선택하기 힘듭니다. 목적과 기준이 명확할수록 검색 키워드도 구체화할 수 있어요. '미디어 리터러시'를 검색하는 것보다 '미디어 리터러시의 뜻', '미디어 리터러시의 유래', '미디어 리터러시 관련 책'처럼 뚜렷한 키워드가 효율적이죠.

검색 후에도 **'카테고리'**를 정합니다. 플랫폼에서 검색하면 수많은 자료가 나옵니다. 그 자료 중에서도 '어학 사전', '백과사전', '뉴스', '논문', '이미지' '동영상' 등 세부 카테고리가 있는데 그것을 한 번 더 선택합니다. 이 선택의 기준은 검색 '목적'을 바탕으로 형성됩니다. 공적인 과제라면 '백과사전'을 통해서 정확한 정보를 얻는 것이 중요하고, 최신 관련 이슈가 궁금하면 '뉴스'를 통하는 것이 좋죠. 동영상 내에서 검색할 때도, 목적에 따라 전문가의 자료나 엔터테이너의 자료 중 선택할 수 있죠.

이어서 **'검색 옵션'**을 설정합니다. 이렇게 원하는 자료의 범위를 좁혀 나가는 것입니다. 정렬 순서를 정하고, 자료의 기간을 정하고, 나아가 고급 검색(상세 검색)도 할 수 있어요. 뉴스를 검색할 때는 '최신순'으로 한다거나, 이미지를 검색할 때는, 이미지의 크기, 유형, 저작권 등도 검색 조건으로 설정할 수 있어 유용해요. 동영상 자료 내에서도 필터를 통해 업로드 날짜, 동영상 길이, 정렬 기준 등을 설정할 수 있습니다.

이렇게 검색을 하면서 의도했던 바를 찾으면 좋지만 그렇지 않을 수 있죠. 그럴 때는 **'전략 수정'**을 합니다. 결과물에 대한 부족한 점을 바탕으로 보완하는 것이죠. 플랫폼, 키워드, 카테고리, 검색 옵션 등의 과정에서 다른 시도를 해보며 의도한 정보를 찾아갑니다. 복잡하고 번거로워 보일 수 있지만, 수많은 정보에서 하염없이 손가락과 마우스를 움직이는 시간을 줄일 수 있어요. 거기다 다른 길로 새는 것도 막아줍니다.

원하는 정보를 찾았으면 마지막으로 '**점검**'합니다. 지금까지는 특정 결과물을 얻기 위한 목적 지향적인 활동이었어요. 이제부터는 역으로 그 구체적인 결과물을 다양한 미디어를 통해 검색하며 교차 검사를 해봅니다. 내용 오류에 대한 점검이나 특정 논조에 대한 균형 잡기가 될 수 있고, 형식에 대한 다양성 확보도 될 수 있어요. 입체적인 검색으로 자료가 풍부해지기도 합니다.

굉장히 번거로운 과정이라고 생각할 수 있어요. 하지만 조금만 해보면 복잡하지 않습니다. 이미 많은 사람이 이용하고 있고, 플랫폼들도 더욱 정교화된 검색 툴을 내놓고 있어요. 검색의 질을 이야기할 때, 영화 〈서치Searching〉를 많이 언급합니다. 영화긴 하지만 주인공은 잃어버린 딸을 찾는다는 뚜렷한 '목표' 내에서 효과적인 '전략'을 구성해 원하는 '결과'를 얻어내거든요. 극단적인 상황이긴 하지만. 효과적인 검색의 필요성을 느낄 수 있는 작품으로 추천합니다.

SNS를 활용한 자기주도학습

앞에서 소셜 미디어의 특징인 참여, 개방, 연결, 자기 노출에 대해서 알아보았습니다. 이를 주체적으로 활용하여 자기주도학습에 적용할 수도 있습니다. 자기주도학습은 평생학습시대에 꼭 필요한 능력이지요. 급변하는 시대 속에서 나이 상관없이 우리는 계속 배우고 성장해야 합니다. 우선 자기주도학습은 크게 진단, 전략, 실천의 과정을 거칩니다.

자기성찰을 통해서 스스로 상황을 진단하고, 이를 바탕으로 목표를 세운 후에 목표에 맞는 전략을 세웁니다. 그리고 가장 중요한 것은 이에 맞게 실천하는 것이죠. 여기서 잘못된 진단을 방지하기 위해 내가 좋아하는 것이 무엇이고, 내게 필요한 것이 무엇인지 파악해야 합니다. 습관적으로 사용하는 SNS를 통해 어떻게 자기를 진단하고, 전략을 수립하고 실천할 수 있는지 살펴보겠습니다.

진단

우선 외부 상황의 압박, 필요에 의한 것 외에, 내면에서 오는 자기성찰을 중심으로 이야기하겠습니다.

SNS에는 '좋아요' 기능이 있습니다. 이 기능은 단순히 내가 좋아하는 것, 관심 있는 것에 반응하는 행위죠. 이것만 잘해도 나의 흥미와 관심사를 알 수 있습니다. 그리고 '팔로잉' 기능이 있습니다. 전 세계가 이용하는 SNS에는 수많은 삶이 연결되어 있습니다.

이들의 '자기 노출'에서 우리는 대리경험을 할 수 있습니다. 물론 필터링이 필요하지만, 누군가의 삶을 들여다볼 기회인 것은 확실하죠. 이는 친구의 기록을 보면서 나의 관심사를 재확인할 수도 있고, 새롭게 발견할 수도 있습니다. 영혼 없는 손짓에서 벗어나 내가 정직하게 '좋아요'와 '팔로잉'을 하는 것만으로도 추천 알고리즘은 효과적으로 반응합니다.

해당 게시물에 머무르는 시간까지 포함하면 금상첨화이지요. 의미 있는 빅데이터가 쌓인다면 웬만한 진단 검사보다 나를 더 잘 파악해줄 수 있습니다.

인간관계를 비롯한 여러 가지 문제로 솔직하게 '좋아요'와 '구독'을 할 수 없다면 부계정을 활용하는 것도 좋은 방법입니다. 많은 사람이 '일상 계정'과 '취미 계정', '콘텐츠 계정' 등을 구분하여 활용하고 있어요.

저는 유튜브의 경우 3개의 계정을 활용하는데, 계정마다 메인 화면이 다릅니다. 교육 관련 계정, 음악 계정, 일상 계정으로 나누어서 유의미한 추천을 받기 위함이죠. 그렇게 세계적인 기업이 만든 알고리즘으로 정직한 진단 검사를 받아보시길 권합니다.

전략

진단을 통해 나의 관심사와 목표에 접근했다면, 구체적인 계획과 전략을 세우고 활용합니다. 우선 파악한 나의 관심사를 검색하고 해시태그를 팔로우합니다. 사람을 팔로우하듯이, 관심사 키워드를 팔로우하는 것이죠. 그럼 그러한 주제와 관련된 피드를 손쉽게 만나볼 수 있습니다.

저 또한 #독서교육 #미디어교육 #교육부 키워드를 팔로우해서 최신 동향을 수시로 파악합니다. 다른 사람들은 어떤 방식으로 교육하는지 볼 수 있고, 관련 직업인으로 인맥을 형성할 수도 있습니다. 또 #북스타그램 #책스타그램 키워드를 통해선 사람들이 요즘 어떤 책을 읽는지 파악합니다. 눈에 많이 익을수록 최근에 많이 주목받는 작품이죠. 그리고 #독서에도교육이필요하다면 #인생을결정하는유초등교육 #책으로나를읽는북렌즈 키워드를 통해선 제 책에 대한 리뷰를 수시로 확인합니다. 감사의 인사와 함께 소통하고 피드백하는 것이죠.

기본 세팅 이후에 목적에 맞는 검색도 수시로 합니다. 해시태그는 공통의 관심사를 모아주는 기능을 해서, 해당 관심사에 대한 피드만 모아서 보아도 다양한 인사이트를 얻을 수 있습니다. 특정 키워드를 중심으로 한 최신 잡지를 읽는 느낌이죠.

그러다 의미 있는 사람은 팔로우를 통해 온라인 인맥을 확장해 나갑니다. 기회가 되면 메시지를 통해 소통을 시도하거나, 오프라인 행사에 참여합니다. SNS는 기본적으로 관계 중심을 기반으로 해서, 나의 시야 밖 다양한 사람들을 만나기 좋습니다. 하나의 사례, 멘토를 찾을 수 있지요. 나에게 필요한 이벤트, 공모전, 강의 등에 대한 정보도 효율적으로 획득할 수 있습니다. 너무 많은 피드가 쌓이면 그 안에서 유의미한 정보를 놓칠 수 있어서 여기서도 전략적인 부계정 활용이 유용합니다.

실천

학습의 마무리는 결국 스스로 실천하는 것입니다. 여러 가지 환경이 구축되어 있어도 결국 행동하지 않으면 의미가 없으니까요. SNS로 만난 많은 사람이 독서 모임에 참여하고 싶다고 의사를 표현하지만, 실제로 오는 사람은 많지 않습니다. 책을 읽고 싶다고 하지만, 실제로 읽는 사람은 많지 않죠. 그만큼 실천은 어려운 문제입니다. 그래서 스스로 규제의 시스템 안에 뛰어드는 것도 좋은 방법입니다.

사람들끼리 스터디 모임이나 다이어트 모임을 만들고 규칙을 만들고 서로 지키도록 다양한 벌칙을 만듭니다. 습관 형성을 코칭하는 앱이 꾸준하게 많은 사람에게 인기를 얻고 있습니다. 타인의 시선과 관계, 벌칙과 보상 속에서 자신을 규제하는 것이죠.

SNS에도 이러한 일이 활발하게 일어납니다. 인증샷을 올리는 것이죠. 여러 사람이 챌린지라는 명목으로 아침 기상, 식단, 운동, 공부, 리뷰, 의상 등을 인증합니다. #공스타그램 #공부스타그램이란 게시물과 함께 자신이 공부하는 학생들은 이를 통해 성취감과 유대감을 동시에 느낀다고 합니다.

나아가 공부하는 모습 자체를 실시간 동영상으로 중계하며 긍정적인 부담감 속에서 집중력을 높이고자 합니다. 목표가 생기면 누구나 알 수 있게 공표하라는 말이 있는데, SNS가 적용하기 딱 좋은 공간이라고 할 수 있어요. 이를 지켜본 사람은 그들의 실천을 응원합니다. 실제로 한 번도 본 적 없는 사람들일지라도, 응원의 댓글은 힘이 납니다.

나아가 꾸준히 올린 나의 콘텐츠가 누군가에게 도움이 될 것이라는 생각은 자신에게 동기유발을 일으킵니다. 저 또한 매번 책 읽고 리뷰를 쓰는 것이 즐겁지만은 않습니다. 딱히 쓰고 싶지 않은 작품도 있지요. 하지만 약간의 의무감을 가지고 SNS에 리뷰를 남깁니다. 그리고 SNS에 남기다 보면 다른 사람을 의식하고 조금은 더 정성을 들입니다.

이렇게 '보이지 않는 시선'을 의식하며 실천의 동력으로 삼는 것이죠. 그러한 과정이 차곡차곡 피드에 쌓이면 그것 또한 뿌듯합니다. 내가 남긴 피드는 정직하기 때문이죠. SNS는 러닝 바이 티칭learning by teaching, 가르치면서 배우는 교육법을 적용하기도 좋은 환경입니다. 라이브 영상으로 소규모 강좌를 열 수도 있고, 실시간 질의응답 코너를 활용할 수 있어요. 또 스스로 학습한 내용을 알기 쉽게 설명하는 콘텐츠를 만들면서 학습의 큰 효과를 누릴 수도 있습니다.

▶ 효과적인 온라인 학습법

거꾸로 수업Flipped learning이라는 수업 방식이 있습니다. 여기서 거꾸로는 '강의'를 이야기하는 것인데요. 기존에는 수업 시간에 강의하고, 방과 후에 과제를 내주는 것이 일반적이었습니다. 하지만 주입식 강의를 벗어나 살아있는 수업을 만들고 미래 역량을 키우기 위해 수업 시간에는 질문과 토론, 활동을 중심으로 진행하기로 한 것이죠.

그런데 배운 것이 있어야 수업을 하겠죠. 그래서 학생들은 미리 준비된 영상 강의를 수업에 참여하기 전에 미리 보고 오는 것입니다. 이 영상은 선생님이 직접 강의를 촬영한 것일 수도 있고, EBS나 유튜브에서 다른 분의 강의를 가져온 것일 수도 있고, 그 외 자료를 활용한 것일 수도 있습니다.

어찌 되었든 기존의 강의식 수업과는 순서가 바뀌었다는 의미에서 거꾸로라고 표현하는 것이죠. 디지털을 활용한 스마트 학습이 확대되면서 온라인과 오프라인(디지털과 아날로그)을 혼합한 수업 방식의 하나로 주목받았습니다.

역동적인 학교 수업 시간을 만들기 위한 노력이었고 조금씩 확장되고 있었습니다. 이어서 펜데믹 시기에 온라인 개학을 하면서 좀 더 다양한 방식의 비대면 원격수업이 필요해졌습니다. 학습 연령대도 다르고, 내용도 다르므로 일괄적인 적용이 힘들게 된 것이죠.

온라인 학습의 방식을 크게 3가지(콘텐츠 중심, 과제 중심, 실시간 쌍방향 수업)로 구분해서 살펴보겠습니다.

우선 수업하는 모습을 미리 촬영하고, 학생들은 그 영상을 시청하는 방법이 있어요. 우리에게 익숙한 인터넷 강의의 모습입니다. 내용 전달에 효과적이죠. 이러한 수업 방식의 단점은 '촬영'이라는 특수한 상황 속에서 능숙하게 강의를 하기가 쉽지 않다는 것과 일방적 소통으로 학습자가 수동적인 위치에 놓인다는 것입니다. 전달력을 포함한 강의의 질이 낮아질 수도 있고, 중간중간에 이해가 되지 않아도 질문할 수 없는 상황이죠.

강의의 질이 낮다는 단점을 극복하기 위해서는 전문 강사의 강의 영상이나 다큐멘터리, 교육 자료 등을 활용하는 방법이 있습니다. EBS, K-MOOC 등에서 높은 질의 교육 콘텐츠를 계속 생산하고 있습니다. 유튜브에만 해도 수많은 자료를 무료로 볼 수 있어요. 이런 식의 수업은 교수자가 성의 없다는 비판을 듣기도 하지만 적절한 코칭이 함께 진행된다면 매우 큰 효과를 누릴 수 있습니다. 강의에 쏟을 에너지를 학생들과의 질의·응답이나 과제 점검에 쏟을 수 있으니까요.

중요한 것은 어떤 콘텐츠를 선별해서, 어떻게 수업에 적용하느냐입니다. 시간을 보내기 위해, 직접 강의를 피하려고 하는 것이 아니라 서로 잘할 수 있는 것에 더 집중하는 방식입니다. 하지만 그만큼 수강생이 영상을 보지 않거나, 과제를 하지 않는 등 수동적인 태도를 보인다면 효과를 보기 어렵습니다.

즉각적인 소통이 힘들고 수동적인 자세를 갖게 된다는 단점을 극복하기 위해서는 화상 카메라를 활용해 동시 접속을 확인하고 쌍방향으로 진행하며 참여를 유도하는 방법이 있습니다. 영상 통화를 동시에 진행한다고 생각하면 이해하기 쉽습니다. 저학년일수록 자기주도학습이 쉽지 않고, 학습 관리와 보육의 효과도 함께 누리기 위해 실시간 원격수업의 형태가 많이 이루어지고 있습니다.

조금 어색하더라도 서로 얼굴을 보고 소통할 수 있다는 것이 큰 장점이지만, 한정된 화면 속에서 다양한 수업을 진행하기에는 한계가 있지요. 수강생도 오프라인 보다 몇 배의 집중력을 요구하기 때문에 피로감을 호소합니다. 줌 피로Zoom Fatigue라는 말이 생길 정도니까요. 그래서 중간중간 꼭 쉬는 시간을 갖고 스트레칭을 해야 합니다.

실시간 동시 접속과 관련하여 다양한 접속 오류가 생길 수 있고, 보안 문제도 끊임없이 제기됩니다. 실제로 외국에선 실시간 화상 수업 도중 낯선 사람이 훼방 놓기도 했고, 개인 정보 유출에 대한 위험으로 사용 금지 조처를 내리기도 했습니다.

이렇게 다양한 온라인 수업 방법의 장단점을 살펴보았습니다. 자신에게 적합한 학습 스타일, 배우는 내용에 따라 어울리는 과정을 잘 활용하는 것이 중요해요. 인기 강사나 대중적인 방식이 나에게도 적합한 것은 아니니까요. 이것저것 해보면서 가장 편하고 효과 좋은 학습법을 찾아 두고, 적용해 보는 것이 좋습니다.

온라인 개학을 통해 원격수업 관련 기술(에듀테크)이 주목받으며 많은 투자와 지원이 이루어지고 있습니다. 기술의 발전을 통해 다양한 학습 플랫폼도 문제점을 보완하는 중이라 교육 환경이 조금씩 나아질 예정입니다.

그런데도 디지털 격차로 인한 교육 격차에 대한 논의는 지속해서 이루어지고 있습니다. 인터넷 속도, 관련 디지털 기기, 디지털 기기 조작 능력 등이 준비가 되어 있어야 원활한 교육이 가능하기 때문이죠.

이런 문제 이외에도 온라인 교육은 학습자의 의지와 치열한 싸움을 해왔습니다. 온라인 교육 과정은 성인을 포함하여 많은 수강생이 중도 포기합니다. 그래서 수많은 학습 업체는 출석 체크, 완강 이벤트, 보증금 환불제도 등을 운영하며 수강생의 학습 의지를 독려하곤 했습니다.

결국, 중요한 것은 자기조절능력입니다. 온라인 원격수업이 확대될수록, 자기조절능력이 높은 학생은 시간과 공간의 자유를 누리며 실력을 쌓을 것입니다.

온라인 학습 중 자기조절능력을 높이는 방법을 몇 가지 살펴보겠습니다. 저 또한 온라인 강의를 들으며 활용하고 있습니다.

첫째, 하나만 집중합니다.

멀티태스킹이 능력인 시대이지만, 이는 스스로 조절이 가능할 때 이야기입니다. 노트북으로 강의 듣고, 패드로 인터넷 검색하고, 핸드폰으로 SNS하고…. 이런 광경을 스터디 카페에서 자주 봤습니다. 기본적으로 학습 중에는 하나에 몰입하는 습관을 갖습니다. 그 이후에 조절할 수 있으면 상황에 따라 멀티태스킹을 합니다.

둘째, 영상 화면을 킵니다.

많은 분이 부끄러운 마음에 영상을 끄고 소리만 듣는 경우가 많습니다. 누군가가 나를 보고 있다는 것이 부담스럽기도 할 것입니다. 하지만 그 부담스러움이 나를 집중하게 합니다. 다른 사람들이 나를 지켜보고 있다고 의식하는 과정에서 집중하는 분위기가 조성됩니다. 카페에서 공부하면 다른 사람들이 의식되어서 잠이 달아나는 것과 같아요.

셋째, 적극적으로 참여합니다.

오프라인 강의로 따지면 리액션을 적극적으로 하는 것이에요. 함께 웃고 울며 공감하는 과정에서 강의는 더욱 깊이 와 닿게 됩니다. 온라인이지만 함께 웃고, 감탄하고, 질문하고 할 수 있습니다. 반응이 바로바로 오지 않을 수 있지만, 채팅이나 목소리나 화면 등으로 참여할수록 나의 집중도도 올라갑니다.

넷째, 노트 필기를 합니다.

온라인 수업 때 강조하는 것 중의 하나가 오프라인과의 연계입니다. 대표적으로 노트에 손으로 필기를 함께하는 것이에요. 강의가 주입식이 되지 않기 위해서는 나의 방식으로 다시 한번 구조화하는 과정이 필요합니다. 그렇게 손도 움직이면서 지루함도 예방되고, 딴짓도 막을 수 있어요. 손으로 하는 필기가 익숙하지 않으면 컴퓨터 메모장 필기를 합니다. 어차피 멀티테스킹을 한다면 검색보다는 내용 정리가 유용하겠죠.

다섯째, 강의가 끝난 후 점검합니다.

EBS 다큐프라임 〈시험을 시험하다〉에서는 재미있는 실험을 합니다. 초등학생들에게 기름 떡볶이 만드는 방법에 대한 영상을 보여주고 스스로 생각한 이해도를 확인합니다. 대부분은 90% 이상 이해했다고 적었지만, 실제로 내용을 확인하면 대부분이 대답하지 못했습니다. 영상은 다양한 효과로 '알겠다'라는 착각을 불러일으킵니다. 그래서 간단한 퀴즈나 발표로 점검하는 습관을 지녀야 합니다. 저 같은 경우는 온라인 강의 때 노트 필기한 내용을 블로그에 옮기면서 복습과 정리의 과정을 거칩니다.

[TIP] OSMU 작품 비교하기: 동물농장, 주홍글자

구로도서관에서 진행한 '미디어 통합 명작 읽기'에서 진행한 내용을 바탕으로 OSMU 작품들을 미디어의 차이, 작가/제작자의 차이, 만들어진 시대의 차이가 작품에 어떻게 반영되는지 살펴보겠습니다.

네 장르의 동물농장, 각각 무엇을 비판했을까?

▶ 원작 《동물농장》

저자: 조지 오웰
발표연도: 1945년

동물들이 착취하는 농장주인을 내쫓고 머리 좋은 돼지들을 필두로 농장을 이끌어가는 이야기입니다. 하지만 그 동물들 사이에서도 계급과 불평등, 분쟁이 생기면서 또 다른 갈등이 생기고, 특권층을 제외한 나머지 동물들은 여전히 착취 받으며 살게 됩니다. 결국, 특권층인 돼지는 인간과 어울리면서 인간의 모습을 닮아가며 소설이 마무리됩니다.

이 소설의 매력은 우화로 한 시대를 절묘하게 풍자하며 나아가 인간의 모습을 날카롭게 비판하고 있다는 것입니다. 사회주의 체제를 만든 혁명과 그 혁명이 민중을 배반하는 모습이 적나라하게 그려집니다. 정치적인 우여곡절 끝에 1945년 겨우 출판되었지만, 출간과 동시에 큰 인기를 얻었고 지금까지 그 인기를 이어가고 있습니다.

▶ 애니메이션 〈동물농장〉

제작: 영국 애니메이션 회사 핼러스&배첼러
발표연도: 1954년

아이들이 좋아할 만한 귀여운 동물 그림과 함께, 풍자의 의미도 잘 살린 작품입니다. 마지막은 새로운 결말로 그려졌는데, 바로 인간과 어울리는 특권층 돼지를 향해 다른 동물들이 또 한 번 혁명을 일으키는 것입니다. 단순하게 불의에 대한 저항으로 읽을 수도 있지만, 사회주의의 한계를 냉철하게 꼬집었다는 평가를 얻는 《동물농장》 현실 반영의 연장 선상으로 해석해볼 수도 있습니다.

냉전 시기라고 할 수 있는 이때, 동물들이 또 한 번 혁명을 일으킨 것을 어떻게 받아들이면 좋을까요? 1953년 스탈린 체제가 막을 내리고 그다음에 나온 만큼, 동물이 중심인 농장(소련)은 유지되지만, 중심이 되는 인물(스탈린)이 바뀐다는 것으로 이해할 수도 있습니다.

감독: 존 스티븐슨
발표연도: 1999년

▶ 영화 〈동물농장〉

실제 동물들이 연기하며 다양한 구성의 변화를 겪었습니다. 가장 연기를 잘하는(?) 강아지를 이야기 전달자로 내세우고, 돼지와 말 등 다른 동물들의 성격을 나타내기 위해 소품을 함께 활용하였습니다. 기술이 발전한 만큼 선동 정치에서 미디어의 활약이 두드러지게 반영되어서 영사기가 돌아가는 모습, 마이크에 대고 방송을 하는 돼지의 모습은 인상적입니다. 결말 또한 폐허와 같은 동물농장의 모습을 보여주며 동물농장의 몰락을 전합니다. 1991년 소련이 몰락한 이후에 제작되었으니, 이를 반영했다고 할 수 있습니다.

▶ 소설《자본주의 동물농장(원제: SNOWBALL'S CHANCE)》

저자: 존 리드
발표연도: 2002년

원작인《동물농장》은 사회주의 체제를 비판하고 있습니다. 그렇다면 사회주의 체제가 몰락하고 살아남은 자본주의 체제는 비판에서 자유로울까요? 완벽하다고 할 수 있을까요? 만약 동물들이 자본주의 체제를 따랐다면 성공했을까요? 이런 의문에서 파생된 소설입니다. 나폴레옹과의 세력다툼에서 밀려 쫓겨난 돼지 스노우볼이 나중에 다시 돌아와 자본주의 체제로 농장을 경영한다는 이야기입니다.

작가는 2001년 9.11 테러가 자본주의의 썩은 고름이 터진 것이라는 입장이며, 이를 작품의 출발점으로 삼고 있습니다. 작품에서도 동물농장은 부유함을 얻었지만, 그 외 다양한 문제점을 노출합니다. 우리가 겪고 있는 계층 간 불평등, 이주민 문제, 소외 현상 등. 작품도 결국 소외 계층의 농장 테러 장면으로 끝이 납니다.

시대에 따라 '주홍글자'의 의미는 어떻게 변했을까요?

▶ 원작 《주홍 글자》

저자: 너대니얼 호손
발표연도: 1850년

너대니얼 호손의 《주홍 글자》는 가슴에 간통adultery을 의미하는 주홍 글자 'A'를 달고 살아가는 한 여자의 이야기입니다. 간통죄의 낙인을 안고도 사랑의 결실인 딸과 함께 꿋꿋하게 살아가는 주인공은 외면과 멸시를 넘어 선행으로 사람들에게 인정받으며 사회적 편견을 이겨냅니다. 이에 반해 사랑의 상대인 명망 있는 목사는, 겉으로 드러나지는 않지만, 양심의 낙인 A를 스스로 새기고 신경쇠약으로 자멸해 갑니다. 목사는 마지막에 죄를 고백하며 세상을 떠나지만, 결국 남은 삶을 이끌어가는 것은 주인공과 딸입니다. 이들은 끝까지 주홍 글자를 간직하며 묘비에까지 새깁니다.

19세기에 발표된 작품임을 생각하면, 여성 중심의 이야기 전개와 죄에 대한 열린 인식을 보여주었다는 점에서 혁신적인 작품이라고 할 수 있습니다.

▶ 영화 〈주홍 글자〉

《주홍 글자》는 미국의 고전으로 꼽히면서 여러 번 영상화되었습니다. 그중에서도 145년이 지난 후 만들어진 1995년 〈주홍 글자〉는 원작과의 차이점이 여러모로 눈에 띕니다. 우선 영화는 책의 프리퀄이라고 할 수 있는 부분까지 함께 담고 있습니다. 책에서는 주인공이 어떻게

감독: 롤랑 조페
발표연도: 1995년

금기시되는 사랑을 하게 되었는지 나오지 않고 처음부터 'A'와 '딸'을 죄의 징표처럼 안고 있는 모습으로 시작합니다.

사랑과 낭만보다 청교도의 엄격한 규율 속에서 죄의 무게를 짊어지는 방식, 어떻게 이겨내고 견뎌내느냐에 더 초점을 두고 있다고 할 수 있습니다. 이 궁금증을 영화는 적극적으로 해소해줍니다. 처음 새로운 곳에 자리잡게 된 여주인공, 불행한 그녀의 결혼, 운명적인 만남과 함께 전해져온 남편의 사망 소식. 상황을 보노라면 그녀의 새로운 사랑, 본능적 욕망을 이해하고 응원해주고 싶어집니다. 전 남편은 미치광이로, 신경쇠약으로 고뇌하는 목사는 당당한 사랑꾼으로 만들면서 죄책감 또한 덜어줍니다.

책에서 여주인공의 개인적 죄의식과 남주인공의 사회적(청교도적) 죄의식을 모두 균형 있게, 모호하게 전개한 것과 달리 100년이 지난 뒤에는 시원시원하게 여주인공의 손을 들어줍니다. 나아가 식민주의에 대한 비판과 마녀사냥의 비합리성 등 사회적인 내용을 담으려고 노력하며 감독만의 새로운 작품으로 재탄생시켰습니다. 당시에는 변형된 각색으로 많은 비판을 받았고, 지금도 그 비판이 꼬리표처럼 따라다니고 있지만, 나름대로 의미를 찾는 것 또한 색다른 재미입니다. 145년이란 시간의 변화와 영화 특유의 대중성과 상업성이 혼합된 결과물이라고 할 수 있습니다.

영화 〈이지 A〉

감독: 윌 글럭
발표연도: 2010년

2010년에 개봉된 엠마 스톤 주연의 〈이지 A〉는 《주홍 글자》에서 모티브를 가져와 현대적이고 유쾌하게 재창조한 영화입니다. 시대에 뒤떨어진 간통죄라는 개념은 버린 대신, 소위 '헤픈 여자'라는 사회적 낙인을 주홍 글자로 표현했습니다.

재미있는 것은 여기에서 주인공은 주홍 글자를 스스로 만들어서 달고 다닌다는 사실입니다. 친구들과 이야기하며 늘어놓았던 거짓말 때문에 '헤픈' 여자라고 소문이 난 주인공. 평소 눈에 띄지 않았던 그녀는 처음에는 소문 때문에 받는 관심을 즐기지만, 낙인 때문에 상처를 받고 곤란을 겪으며 그 소문을 다시 잠재우려고 애쓰게 됩니다.

변화된 성 의식과 사람들의 욕망, 그리고 여전히 여성의 성에 대한 편견과 사회적 낙인이 존재함을 보여줍니다. 현재 우리 삶 속에서 볼 수 있는 다양한 주홍 글자와 그 의미들에 대해 생각해보는 시간을 가질 수 있습니다.

이렇게 고전은 시간을 건너 또 다른 미디어로 재생산되며 우리 삶에 끊이지 않는 질문을 던져줍니다.

MEDIA LITERACY

제 4 장

세상과 함께하는 미디어 읽기

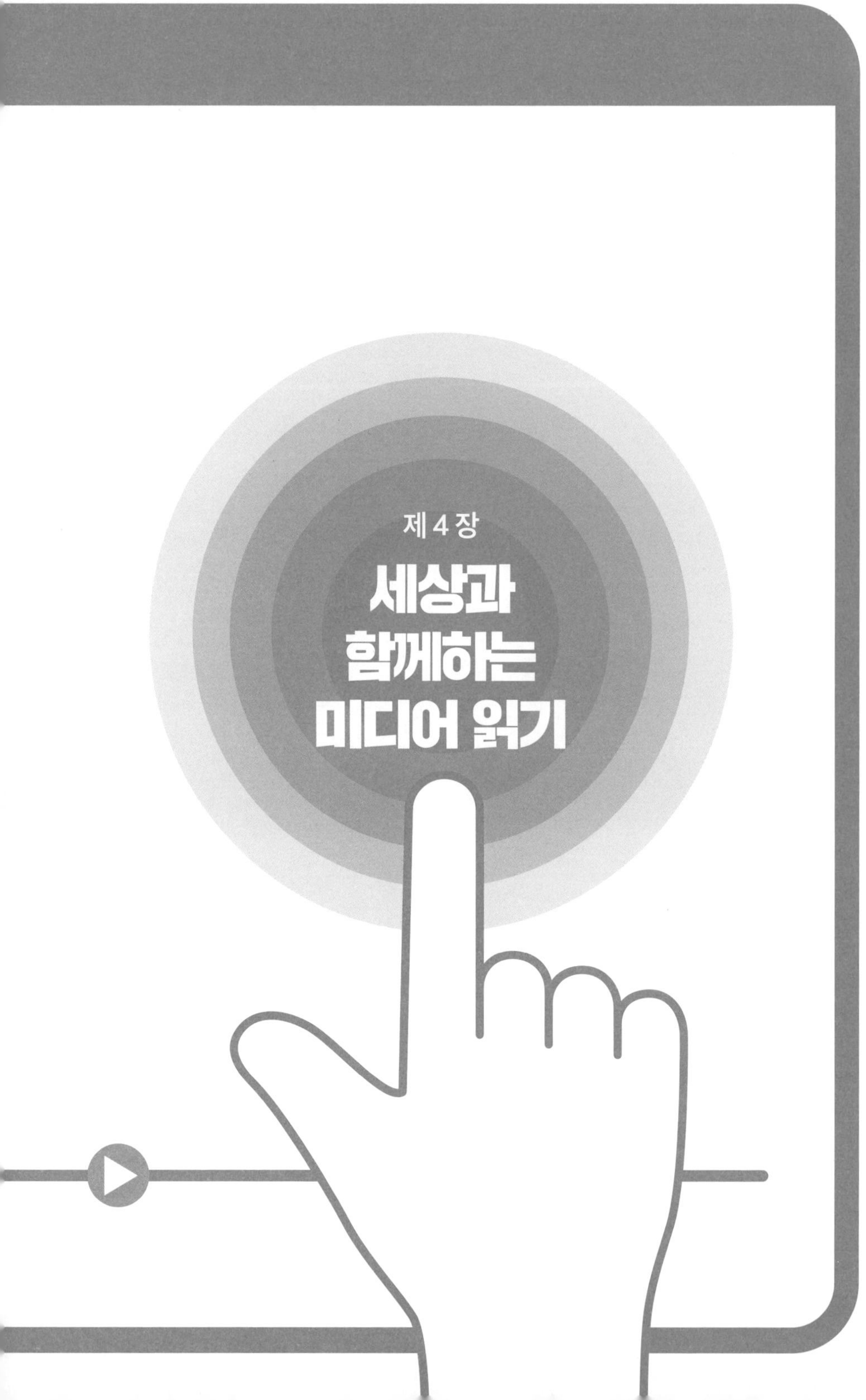

MEDIA LITERACY 01

진실을 넘어, 편향성의 시대

앞에 가짜뉴스를 이야기하며 '편향성'에 대한 이야기를 살짝 다루었습니다. 진짜와 가짜 사이의 회색 지대 속 편향성을 확인하는 것이 중요하다고 했죠. 또 최근 미디어에 적용되는 추천 알고리즘이 수용자를 편협하게 할 수 있다고 했습니다.

사실, 사람은 100% 객관적이고 중립적 시각을 가질 수 없으므로 어느 정도의 편향성은 인정할 수밖에 없습니다. 중요한 것은 편향성을 극복하려는 노력이에요. 그래서 우리는 뉴스를 비롯한 미디어에서 중립성과 객관성 등을 요구하곤 했습니다. 하지만 이러한 편향성이 하나의 스타일로 자리 잡고 있습니다. 이제는 편향적인 모습을 숨기지 않는 경우도 많아요. 그러니 극복의 대상도 아니게 되죠.

예를 들면, 한국과 일본이 국가대표 축구 경기를 하면 우리나라

중계진은 우리나라의 입장에서 이야기합니다. 우리나라 시청자는 일본 선수가 실수하면 기뻐하고, 한국 선수가 골을 넣으면 부둥켜안고 춤을 춥니다. 과감한 반응으로 시청자들에게 더 인기를 얻기도 해요. 편파적인 방송이라고 흉보지 않습니다. 그러려니 해요. 반대로 우리나라 시청자는 일본 선수가 골을 넣으면 침울한 표정으로 아쉬움을 달랩니다.

'한국 2 : 1 일본'이라는 결과를 얻었을 때, 우리 신문은 '드라마 같은 승리', '극적인 결승 골' 등의 표현으로 승리를 자축합니다. 하지만 상대편은 어떨까요? '아쉬운 패배', '억울한 패배' 등으로 이야기합니다. 항상 언급되는 심판의 '편파 판정'도 보는 시각이 명백히 다릅니다.

해외 경기를 보아도 마찬가지입니다. 경기장 위에 있는 22명 중에 한국 선수가 있다면, 그 선수에 집중하여 중계를 진행합니다. 실제로 한국 선수와 친한 외국인 선수에게 친근감을 느끼기도 해요. 개인 편집을 바탕으로 한 영상은 더욱 애정이 가득합니다. 한 선수를 중심으로 해서 그의 활약상만 모아두고 지속해서 관찰하고 응원합니다.

연예계 방송에서 인기인 '직캠'도 같은 맥락에서 볼 수 있습니다. 내가 좋아하는 가수만 집중적으로 볼 수 있는 영상이 좋은 겁니다. 방송국에서는 한 그룹이 공연하면 센터라는 개념을 앞세워 균형 잡힌 구도를 배치하고, 순간순간 마이크를 잡고 노래하는 가수가 주목받을 수 있도록 동선을 바꾸어 카메라로 촬영합니다. 이런 것들을 모두 무시하고, 한 사람만 직접 촬영하는 직캠은 팬들에게 선택과 집중의 콘텐츠가 되었습니다.

이런 흐름에 맞게 여러 명이 하는 토크쇼의 경우, 특정 인물 중심의 재편집 영상이 "○○○ 시점"이라는 이름으로 올라오기도 합니다. 말하는 사람 위주의 카메라 구도가 아니라, 특정 인물의 반응부터 하나하나 다 담는 것이에요. 주변 사람들과 이루는 앞뒤 맥락보다, 내가 편애하는 그 사람에 집중하여 부각하는 것이죠.

미디어 소비자의 선택이고 그들이 원하기 때문에, 그런 콘텐츠는 계속 생산됩니다. 편협하다고 손가락질할 수 있는 문제가 아닙니다. 취향 존중의 시대니까요.

광고계에 '아이돌'이 블루칩이 된 것은 열성 팬의 구매력 덕분입니다. '덕후'가 존중받는 이 시대에 그러한 덕질은 하나의 취미로 인정되고, 마케팅은 역으로 그것을 이용하고 있습니다. 해당 연예인이 광고로 하는 제품은 '묻지도 따지지도 않고' 동나기 때문이죠.

외부의 시선으로 보면 합리적인 소비에서 벗어난 행동이지만 내부의 시선으로는 '사랑'입니다. 이성적이고 합리적인 판단을 월등히 넘어서는 감성적인 판단이죠. 아이돌 외에도 '팬덤 마케팅'은 가장 뜨거운 전략으로 손꼽히고 있습니다.

누구나 쉽게 제작할 수 있는 현대 미디어 생태계도 이러한 전략에서 예외는 아닙니다. 조회 수와 좋아요, 구독자 수와 같은 '인기도'가 중요한 디지털 미디어 생태계에서는 공정성과 중립성을 기반으로 한 정의로운 가치보다는 나를 지지해주는 사람의 만족도가 중요합니다. 즉, 사이다와 같은 시원한 발언으로 지지층의 사랑에 보답해야 한다는 책임감을 느끼는 것이죠. 수익성을 목적에 둔 행동일 수도 있고, 수익성이 덤으로 따라오는 것일 수도 있지만, 이런 시장이 형성되고 있는 것은 분명합니다.

연예인이나 정치인 등 주목받는 대상이 잘못을 저질렀을 때 실망하고 거리를 두는 사람도 있지만, '그럴 리 없다', '끝까지 믿는다', '우리라도 지켜주자'라며 더욱 연대를 강화하는 사람들도 있습니다. 감정적인 반응이 우선시되죠. 다양한 추천 알고리즘은 이러한 우리의 편향성을 더욱 견고하게 해줍니다.

나의 '시청시간'과 '구독', '좋아요'에 발맞추어 비슷한 성향의 영상을 계속 추천해줄 테니까요. 간혹 서로 다른 성향의 사람들이 패널로 나와 대화하고 토론하는 방송들이 있는데, 어느 쪽을 지지하든 반대와 견제의 소리를 들을 수밖에 없는 구조입니다. 그 말은 시청하는 사람 중 어느 쪽이든 '불편함'을 감수해야 한다는 이야기입니다.

많은 사람은 이 불편함을 참지 못하고, 또는 참지 않고 개인 방송 플랫폼으로 갑니다. 그런 분들에게 이쪽의 입장과 저쪽의 입장, 서로 다른 입장의 채널을 균형 있게 만나보라는 이야기는 스트레스를 키우라는 이야기가 될 수 있습니다.

실제로 유튜브에서는 기존 방송국에서 송출된 미디어를 다양하게 편집한 콘텐츠를 만날 수 있습니다. A와 B가 토론하는 내용에서 A의 시점만 분리하고, B의 시점만 분리한 편집본도 존재합니다. A의 지지자와 B의 지지자는 만족할 수 있겠죠. 직캠처럼 내가 예정하는 인물에 선택과 집중을 할 수 있으니까요.

하지만 기획 의도는 어떻게 될까요? 일부러 다른 성향의 사람들로 패널을 구성한 의미가 없어집니다. 이런 상황을 지속한다면, 시장 중심의 미디어 생태계에서 인기가 없는 균형 잡힌 방송은 제작자에게 외면받을 것입니다.

요즘 공정한 경쟁이 불가능한 상황, 한 쪽에게 일방적으로 유리한 상황을 '기울어진 운동장'이라고 표현해요. 서로가 기울어진 운동장 속에서 피해를 보고 있다고 합니다. 아니면 기울어진 운동장의 존재 자체를 부정하기도 하죠. 어느 입장이든 좁은 시야 속에 갇혀 사는 것입니다.

중립을 지향하며, 오염된 저널리즘과 가짜뉴스를 퇴치하겠다는 기획 의도로 만들어지는 프로그램들이 있습니다. 기존의 언론들을 비판하는 프로그램들도 비판의 대상이 특정 성향 언론에 집중하여 있거나 패널 구성이 편향적이라는 지적을 받곤 합니다.

이에 대해 해명을 해도, 과학적으로 증명할 수 있는 부분도 아니니 명쾌하진 않습니다. 결국, 특정 성향의 사람들은 떠나가고 맙니다. 그럼 다양한 언론에 대해 정해진 비율로 비판하는 것이 공정할까요? 패널 구성도 마찬가지로, 진보 성향 2명, 보수 성향 2명 이렇게 맞추어야 할까요? 그럼 누군가는 '기계적 중립'이라며 또 비판할 것입니다. 상대 진영 때문에 스트레스 받는다고 채널을 돌릴 수도 있겠죠. 이만큼 '편향성'이란 것은 매우 상대적이고 어려운 개념입니다. 본인들의 기준으로 바라볼 수밖에 없으니까요. 그런데… 편향적인 것이 나쁜 것일까요?

한스 로슬링의 《팩트풀니스》에서 다루는 팩트풀니스Factfulness는 '사실 충실성'으로 번역합니다. 사실에 근거하여 세계를 바라보고 이해하는 습관이지요. 지금은 조금만 검색해도 여러 가지 통계와 연구 결과를 다룬 논문을 찾을 수 있으니 이를 바탕으로 내 생각을 점검해야 한다고 작가는 말합니다. 지금과 같은 가짜 뉴스의 시대에 중요한 자세입니다.

하지만 이러한 의문이 듭니다. 방법을 몰라서 하지 않을까요? 이어서 생각해볼게요. 유발 하라리의 《21세기를 위한 21가지 제언》에는 "탈진실의 시대"라는 말이 나옵니다. 사실(진실)이 그리 중요하지 않은 시대, 객관적인 사실보다 감정이 더 중요하게 여겨지는 현상이 만연한 요즘 시대입니다.

이는 편향된 생각, '인지 편향'을 뿌리로 하고 있습니다. 최근 정치적인 다양한 갈등이 이를 근거로 하죠. 믿고 싶은 것을 충실하게 믿는 것입니다. 어떠한 근거도 밀어낼 준비가 되어 있죠. 완전한 거짓이 아니라 해석의 여지도 있어서 복잡한 문제입니다.

이런 탈진실의 시대, 편향의 시대에, 균형과 조화를 말하는 것이 어떤 의미가 있을까요? 결국, 내세울 수 있는 것은 건강뿐입니다. 정신적 건강. 이렇게 내 마음에 안정을 가져다주는 편향된 인지 생활에 익숙해지다 보면 그 순간은 속 편할지 모릅니다. 하지만 급변하는 시대 속에서 우리의 갈등 조절 능력은 점점 약해지고 마음의 면역력도 날로 취약해질 위험이 있습니다.

우리의 안정을 해치는 것에는 날카롭게 이빨을 드러내고, 화를 내고, 외면하며, 갈등을 조절하려 시도조차 하지 않으며 '얼어붙은 바다'를 유지할 것입니다. 그러다 아주 견고하고 단단한 나의 믿음이 깨진다면 어떨까요? 이렇게 기존의 신념과 실제로 직시한 현상에 대한 불일치나 비일관성을 목격한 상황을 '인지 부조화'라고 합니다.

갈등 조절 능력이 없는 상태에서는 현실을 왜곡하여 믿던 것을 그냥 믿거나, 상대방을 비난할 것입니다. 객관적으로 자기 생각을 수정하기 어렵습니다. 건강한 면역력을 갖추지 못했으니까요.

이런 갈등에 대한 면역력을 키워주는 것이 바로 토론입니다. 토론은 다양한 사람들의 대화 속에서 그 상황을 합리적으로 조율하는 방법을 배웁니다. 물론 불편한 의견, 사람, 상황을 만날 수 있지만, 이 불편함 속에 갈등 조절 능력과 인지적 유연성이 형성됩니다. 그리고 갈등에 대한 면역력이 생기고 극복하는 힘이 자라는 것이죠. 알약 한두 개 먹는다고 면역력이 생기지 않는 것처럼 지속적인 경험이 쌓여야 합니다. 편향성의 시대에 가장 부족하면서도, 필요한 능력을 배우는 것이죠. 그런 의미에서 미디어 토론에 대해서 알아보겠습니다.

MEDIA LITERACY 02

세상을 바라보는 마음의 창

'빛이 무슨 색이니?'라고 묻는다면 어떻게 대답할 수 있을까요. 저는 그림책에 자주 나오는 것처럼 밝은 노란색 이미지가 떠오릅니다. 그러나, 빛에는 무지개색을 포함하여 매우 많은 색이 다 들어 있습니다.

옛날 과학자들은 프리즘을 발견했을 때 프리즘이 빛을 다양한 색으로 만든다고 생각했습니다. 시간이 흘러서야 빛이 원래부터 다양한 색을 내포하고 있다는 사실을 깨달았어요. 프리즘은 색을 만드는 것이 아니라 드러내 줄 뿐이었다는 사실을 말이죠.

빛에서 우리가 볼 수 있는 색은 극히 일부분입니다. 그래서 '가시광선'이라고 하여 우리가 볼 수 있는 아주 극히 일부의 빛을 지칭하기도 해요. 그런데 우리는 그런 사실을 잊고 지냅니다. 오히려 그 가시광선에서 더욱 범위를 좁혀서 자신의 시야를 제한하곤 합니다. '가시광선'의 의미만 명확히 기억해도 우리의 생각은 좀 더 유연해질 것입니다.

많은 사람이 보고 싶은 것을 보면서 어떤 특정 색을 띠곤 합니다. 이것을 개인의 프레임이라고 할 수 있어요. 앞에서는 미디어의 특성으로 다루었지만, 이것은 인간의 특성이라 해도 무방합니다. 각자가 가지고 있는 인식의 틀은 정해져 있고 그것을 바탕으로 자신이 본 색을 표현하기 때문이죠.

저는 그것을 단점이라고 생각하지 않습니다. 아무 색이 없는 것보다는 좋다고 생각해요. 그런 분들이 각자의 색을 활기차게 드러냈으면 좋겠습니다. 그랬을 때 모임은, 사회는 더욱 선명하고 풍요로워지겠지요.

단, 자신의 색이 절대적으로 옳다고 생각해선 안 됩니다. 다른 색을 잡아먹으려 하지 않고 인정하면서 조율해야 합니다. 잘 융합하면 또 다른 예쁜 색을 찾을 수 있지만, 무작정 다 섞어버리면 검고 탁한 색이 될 뿐입니다. 각자의 색을 유지한 상태에서 다양한 것이 존재한다는 사실을 인지하는 것만으로도 큰 수확이라고 생각합니다.

가끔 토론 주제에 대해 '이게 무슨 토론 거리야?'라고 하는 경우가 있습니다. 재미있는 것은 찬성과 반대 모두 그런 이야기를 한다는 사실이죠.

"당연히 찬성이지, 반대편은 불리하겠는걸."

“헐, 이걸 반대하는 사람도 있어?”

다 상대적인 저울질에 불과합니다. 모든 물체는, 모든 현상은 다양성을 내포하고 있고 우리는 그중 하나를 본 것일 뿐입니다.

‘장님 코끼리 만지기’라는 속담이 있어요. 코끼리의 귀를 만진 시각장애인은 코끼리가 부채처럼 생겼다고 생각하고, 꼬리를 만진 시각장애인은 코끼리가 뱀처럼 생겼다고 생각합니다. 전체를 보지 못하고 일부를 가지고 전체를 다 안다고 생각하는 어리석음을 빗댄 말입니다. 눈이 문제가 아니라, 생각의 문제입니다.

그러니 나만 옳다는 생각을 버리고 상대방의 의견에 대한 호기심을 가져야 합니다. 자신의 신념을 갖는 것은 좋지만, 절대적이어선 안 됩니다. 토론의 여지는 남겨두어야 합니다. 나와 다른 입장에 대한 호기심과 관심은 넓고 복잡한 사회 속에 놓인 인간에게 꼭 필요한 부분입니다. 이런 다양성이 사회를, 나의 자아를 더욱 건강하게 만듭니다.

북렌즈라는 독서 모임을 2014년부터 운영하고 있습니다. 온라인을 바탕으로 모집하고 주기적으로 오프라인 정기모임을 갖고 있습니다. 독서 모임이란 것을 알기 전에는 책을 읽은 후 사람들과 책에 관한 이야기를 나누고 싶어서 블로그와 서평 카페 등을 자주 들락거렸습니다. 그러다 독서 토론 모임이 있다는 것을 알게 되어 여기저기 참여했고, 운영자로 활동하다 회사 동료들과

'북렌즈'를 새로 만들었습니다. 책이 중심이지만 웹툰이나 영화 등 다양한 미디어도 종종 텍스트로 활용하곤 합니다.

모임의 활동은 주로 사전에 정한 작품을 주제로 자유롭게 이야기 나누는 형태로 진행합니다. 독서 토론, 영화 토론이라는 말에 '토론'이 붙기 때문에, 흔히 말하는 찬반 토론debate를 떠올리기 쉽습니다. 하지만 여기서 말하는 토론은 좀 더 유연한 의미로, 각자의 생각이나 감상을 자유롭게 이야기 나누는 것을 포함합니다.

작품마다 이야기 주제도 많이 달라지고, 참여하는 사람들의 성향도 영향을 미치기 때문에 모임마다 분위기는 얼마든지 달라질 수 있습니다. 다루는 텍스트에 따라 논쟁하는 찬반 토론, 각자 의견을 모아 해결 방법을 찾는 토의, 저마다 하고 싶은 이야기를 하는 수다가 모두 결합한 유연한 의사소통이라고 할 수 있습니다.

워라밸 문화의 확산으로 자신의 취향을 함께하는 모임들이 활성화되고 있습니다. 독서 모임과 영화 모임도 그러한 취향 모임 중 하나죠. 모임마다 다양하게 진행되지만, 좋아하는 것을 함께 공유한다는 것 자체만으로 의미가 있습니다.

펜데믹 여파로 사회적(물리적) 거리두기가 시행될 때에는 소셜 미디어를 활용한 모임이나 화상 카메라를 활용한 원거리 모임 등이 이루어지기도 했어요. 형태가 어떻든 미디어 토론에는 장점이 많습니다.

지금까지 많은 토론 모임을 하면서 느낀 바를 간단히 소개하겠습니다.

①다양한 작품을 알게 되고, 읽게 됩니다.

다른 사람이 선정한 작품, 모두가 좋아할 만한 작품을 찾다 보면 나의 취향을 벗어나는 경우가 종종 있습니다. 그 속에서 만족스러운 작품을 만나면 또 다른 기쁨이 생깁니다. 내가 혼자서는 절대 고르지 않을 작품들이 모임 지정 작품으로 선정되고 낯선 만남을 시작합니다. 그렇게 경험은 확장됩니다.

②정리해서 말하는 능력이 향상됩니다.

정해진 시간 안에 이것저것 이야기를 나누려면 조금은 다듬어진 말하기가 필요합니다. 내 생각과 의도를 효율적으로 전달하기 위해 고민하며, 낯선 사람들 앞에서 내 생각을 말하는 경험은 소중한 것입니다. 다른 사람의 시선에 대한 부끄러움도 극복할 수 있게 되죠.

③상대방의 말을 잘 듣게 됩니다.

공감하든 비판을 하든, 상대방과 이야기를 주고받기 위해서는 이야기를 들어야 합니다. 서로 공통된 텍스트를 두고 이야기하기 때문에 더 잘 들리기도 합니다. 나아가 호응하고 질문하는 적극적 경청도 자연스럽게 이루어집니다. 이렇게 듣는 경험이 작품의 감상을 더욱 풍요롭게 합니다.

④작품을 더 꼼꼼하게 읽게 됩니다.

다른 사람들에게 말해주고 싶은 것을 찾는다거나, 다른 사람이

한 말에 공감하기 위해 작품을 좀 더 꼼꼼하게 읽게 됩니다. 이것 자체가 풍요로운 모임을 위한 준비 과정입니다. 다른 사람들의 이야기를 통해 내가 놓친 부분을 알게 되고, 모임 후에도 다시 점검할 수 있습니다.

⑤다양성을 존중하게 되고 생각이 유연해집니다.

자기만의 렌즈로 해석할 수도 있지만 다양한 사람을 만나 작품을 함께 읽으면 그 틀이 넓어집니다. 내가 혼자 백 번 읽어도 얻지 못할 생각들을 만날 기회입니다. 각자 쌓아온 경험이 달라서 가능한 일이죠. 그 시간은 매우 소중합니다.

⑥가치관을 확립해줍니다.

다른 사람과 이야기하다 보면 내가 더 명료해지는 순간들이 있습니다. 우리가 길을 찾을 때 주변에 있는 건물을 활용하는 것처럼 말이죠. 사람 사는 데 명확한 기준이 있는 것은 아니기에 사람과 사람 사이에서 생기는 상대적인 기준이 나의 위치를 확인하는 데 큰 도움이 됩니다. 다양한 생각의 교류 속에서 여러 주제에 대한 자신의 견해와 가치관을 정리할 기회를 얻습니다.

⑦작품 읽기가 즐거워집니다.

사람과 사람이 만나면, 그것도 좋아하는 것을 공유하는 사람들을 만나면 좋은 에너지가 발생하고 즐거워집니다. 그래서 그 즐거운 과정을 준비하는 작품 읽기도 더 즐거워집니다. 작품이 별로라도 토론 모임은 재미있는 경우도 많습니다. 그래서 그 재미없던 작품마저 다시 보게끔 하죠. 약간의 긍정적인 부담감과 함께 용기 내어 미디어 토론 모임에 참여해보길 바랍니다.

MEDIA LITERACY 03

토론을 즐기기 위한 태도

즐겁고 생산적인 미디어 토론을 위해서는 참가자의 태도가 가장 중요합니다. 다른 사람이 작품을 감상하지 않고 와서 토론이 제대로 진행되지 않거나, 논쟁하다가 감정이 상하는 일이 자주 벌어진다면 그 모임은 오래가지 못할 것입니다. 서로에 대한 예의를 지키고 성실하게 참여하는 것은 기본이고 더욱 의미 있는 토론 모임을 위해 필요한 태도에 대해 알아보겠습니다.

▶ 여러 가지 흥미를 생각합니다

지정 작품을 가지고 토론을 하는 경우, 그 작품에 흥미가 생기지 않아 참여하기 싫을 수도 있어요. 하지만 한 작품이 모든 사람에게 흥미를 줄 수 없기에 작품의 매력에만 집착하는 것은 피해야 합니다. 그 작품에 흥미가 없어도 토론 시간은 의미가 있을 수 있기 때문입니다. 나아가 토론을 통해 작품의 새로운 면모를 발견하고, 없었던 흥미도 생길 수 있으니까요.

"작품이 재미없어서 모임 안 나갈래요."

이런 말은 잠시, 접어 두길 바랍니다. 모임에서 뒷이야기의 매력을 빼놓을 수 없듯이, 작품 흉보는 재미도 쏠쏠하니까! 그러한 과정에서 본인의 취향과 가치관을 깨닫기도 합니다.

도서관 영화모임에서 애니메이션 영화 〈주토피아〉를 다룬 적이 있었습니다. 한 분은 아이들 보는 것 아니냐, 애니메이션은 별

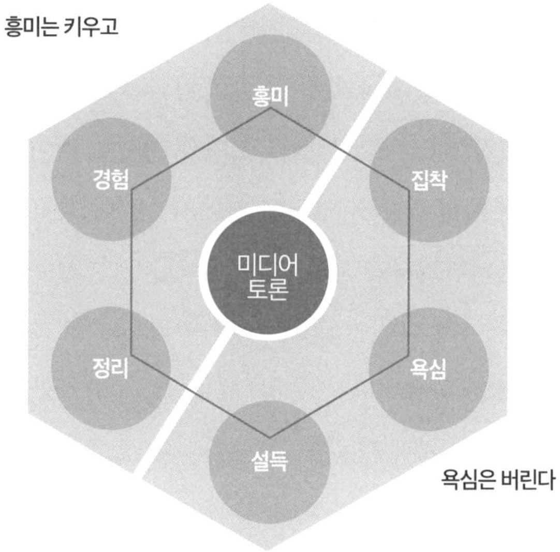

로 안 좋아한다, 등의 말을 하셨지만, 영화를 다 감상한 뒤의 토론에서는 활발하게 의견을 말씀해주셨어요. 형식은 취향에 안 맞을 수 있지만 '편견'이라는 주제가 깊은 인상을 주었던 것입니다. 작품만 보고 참여를 안 했다면, 토론의 즐거움을 놓칠 수 있었겠죠.

▶ 주제에 집착하지 않습니다

작품에는 선명한 주제가 있을 수 있지만, 꼭 그 주제가 대화의 중심이 되어야 하는 것은 아닙니다. 작품에서 느낄 수 있는 다양한 주제와 이야깃거리는 열려 있으니까요. 건강한 대화와 설득의 과정은 환영이지만, 내가 느낀 주제를 다른 사람에게 무리하게 강요할 필요는 없습니다. 다양한 사람들이 만나 다양한 시각과 이야기를 공유한다는 점이 가장 큰 매력이니까요.

애니메이션 영화 〈월-E〉로 토론 모임을 진행한 적이 있습니다. 워낙 다양한 주제를 다루고 있어서 참여자분들이 하고 싶은 이야기가 다양했습니다. 환경, 사랑, 인간성, 인공지능의 위험성 등등 여러 주제가 쏟아져 나왔어요. 이럴 때 여러 주제를 포용하며 시야를 넓힐 필요가 있습니다.

모임에 뚜렷한 콘셉트가 있는 것이 아니라면, 그 상황에서 어떤 주제가 작품의 핵심인지는 살짝 미루고 마지막에 다루어도 됩니다. 세 가지 이상의 다양한 이야기가 나오는 것이 더 흥미롭고 유익한 시간이니까요.

▶ 자신의 이해관계와 얽힌 마음을 버립니다

다양한 소재에 관한 이야기를 나누다 보면 개인의 이해관계가 얽힌 경우가 있습니다. 어떠한 처지에 처해있다거나, 어떠한 입장을 지지한다거나. 이럴 때 감정적으로 깊이 반응하다 보면 건설적인 토론이 되기 어렵습니다.

영화 〈나, 다니엘 블레이크〉로 모임을 진행할 때였어요. 주인공 할아버지의 사회적 소외를 중심으로 다루고 있었는데, 사회적 약자를 외면하는 영국 공무원의 태도에 많은 분이 분노했습니다. 많은 경험담이 나오면서 우리나라 공무원에 관한 이야기로 전이되었어요. 그러다보니 격하게 불만을 표시하는 분, 옹호하는 분들이 모두 이야기를 나누었는데, 속으로는 이 분들 중에 관련 직종 분들이 있을까 봐 걱정되기도 했습니다.

물론 직접 관련된 상황에서 거리를 두고 생각하기가 쉽지는 않아요. 하지만 감정적으로 반응해서 무조건 옹호하려 한다면, 더 많은 것을 잃을 수도 있어요. 중요한 것은 그 이야기가 자신을 직접 공격하는 내용이 아니라는 것입니다. 명심하세요!

▶ 천천히, 차근차근 경청합니다

토론이란 것은 말하기와 듣기가 반복되는 행위입니다. 다들 '경청'이란 말이 익숙하긴 하지만 실행하기는 쉽지 않지요. 실제로 말귀가 어두워서 사회생활에 고초를 겪는 분들도 많이 있습니다. 신체적 문제, 집중력 문제, 심리적 문제 등 다양한 원인이 있지만, 의도적 훈련으로 극복할 수 있어요.

모임을 하며 후기를 정리하는 습관이 있다 보니, 집중해서 듣는 것이 일상이 되었어요. 무슨 말을 했는지 제대로 듣지 못하면 적절한 반응도 하지 못하고, 후기도 엉망이 되니까요. 하지만 경험상 자신들이 말하는 내용에 집중하다보면 다른 사람의 말은 귀기울여 듣지 못합니다. 리액션을 열심히 해도 내용은 남지 않는 경우가 많아요. 그래서 메모를 하거나, 키워드로 정리하는 습관이 유용합니다.

또 말을 하다 보면 나도 모르게 상대의 말을 끊고 끼어들거나, 대화의 맥락을 고려하지 않고 이야기하곤 합니다. 그래서 의식적으로 상대방이 말하고 나서 5초 뒤에 말을 하자는 생각으로 임하면 좋습니다. 5초는 상대방의 이야기를 듣고 곱씹는 시간이지만, 속으로 세다 보면 3초도 못 갑니다. 그런데 그 시간은 소중합니다.

때로는 기꺼이 설득당합니다

가끔 설득당하는 것은 굴욕적이라고 생각하는 분을 만납니다. 처음 A라고 말했다고 끝까지 A라는 논조를 유지할 필요는 없습니다. 충분히 중간에 생각이 바뀔 수 있고, 새로운 매력을 찾을 수 있습니다. 하지만 일관성에 대한 압박 때문인지, 입장이 엇갈리면 다양한 근거를 내세우며 설득을 당하지 않으려고 노력합니다. A라는 생각을 가지고 왔다가 B가 되긴 힘들어도 A와 B가 공존하고 있구나, 정도의 생각을 가지면 좋겠습니다.

영화 〈트루먼 쇼〉로 모임을 진행했을 때입니다. 오랜 시간 명작으로 사랑받는 작품이라 다양한 해석도 덧붙었는데요. 미디어 세계에 갇힌 트루먼의 모습을 불쌍히 보는 감독의 시선과 의도가 일반적인 감상이었다면, 최신 '관종'에 대한 새로운 시선은 트루먼에 대한 다른 평가를 가져오기도 했습니다.

자발적으로 관찰 예능에 나오고, 자신의 일상을 노출하며 유명해지는 사람들이 많아지고 있으니까요. 모두가 '트루먼'이 되고 싶어 하는 지금 시대에, 20년 전 의미를 그대로 간직할 필요는 없습니다.

'설득당할 준비가 되어 있는 사람과 토론하라'라는 말을 좋아합니다. 설득당할 준비가 되어 있지 않은 상태에서 귀를 닫고 이야기를 들으려 하지 않는다면 토론할 이유가 없다는 의미이지요.

이런 상황에서의 '이기기 위한' 토론은 서로 말꼬리 잡기, 약점 잡기에 그칠 수밖에 없습니다. 바람직한 토론에서는 설득의 여지를 남겨두고 유연하게 상대방의 입장을 바라보아야 본인도 얻는 것이 많습니다.

▶ 차곡차곡 정리합니다

녹음하지 않는 이상, 말로 주고받은 것은 쉽게 잊힙니다. 그래서 그때그때 정리하는 것이 좋습니다. 들으면서 필기하는 것을 좋아하는 사람도 있고, 듣기에 집중하기 위해 노트를 덮는 사람도 있습니다. 방법은 다를 수 있지만, 미루지는 않는 것이 좋아요. 까먹으니까요.

개인적으로는 들으면서 키워드 중심으로 정리하는 것을 선호합니다. 말하는 사람과 눈을 마주치고 필기도 하고, 반응도 하기가 쉽지가 않습니다. 하지만 즐겁게 대화하고 나서 정리하려고 하면 기억이 안 나거나 왜곡되는 경우가 많았어요. 그렇다고 녹음해서 다시 듣는 것은 너무 힘든 일이라 절충안을 생각한 것이 키워드 필기입니다.

따로 기록하기가 쉽지 않으면 간단히 사진이라도 남기는 것이 좋습니다. 음식 먹기 전에 인증샷 찍듯이, 사람들과 사진이라도 찍는 것이죠. 나중에 그 사진만 보아도 그 당시 사람들과 주고받았던 이야기, 그 분위기가 새록새록 떠오를 것입니다. 그런 자료들이 하나하나 쌓여 내공이 형성되는 것이니 개인을 위해서라도 정리해보세요.

MEDIA LITERACY 04

질문을 통해 입체적으로 생각하기

모임을 하다 보면 다양한 사람을 만나고 그들의 새로운 시각에 자주 놀랍니다. 청소년부터 성인까지, 다양한 콘셉트와 작품으로 사람들을 만나면서 각자가 자기만의 시각으로 작품을 읽어간다는 것을 느끼곤 합니다.

그래서 그런 시각들을 잘 담아내면서 골고루 질문을 뽑아내기 위해 질문 유형을 작가, 배경, 작품, 독자, 내면화 5가지로 분류해서 생각을 정리합니다. 이 분류는 내 나름의 기준을 가지면서도 입체적인 시각을 놓치지 않게 해주었습니다. 구체적으로 살펴보겠습니다.

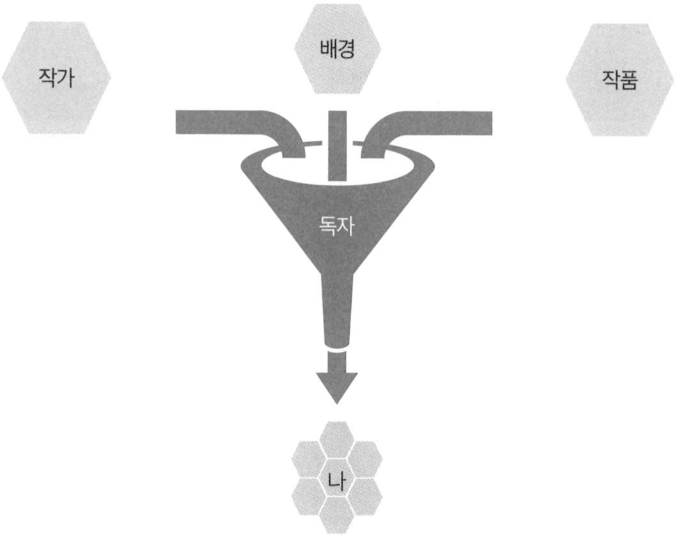

▶ 작가를 중심으로 호기심 갖기

작가에 대한 이해가 작품의 흥미를 불러일으키는 경우입니다. 여기에서 작가는 감독을 비롯한 모든 창작자를 포함하는 의미입니다. 한 작가는 '모든 소설은 결국 자전적인 이야기'라고 말하기도 했습니다. 그 정도로 작가와 작품이 깊은 관계에 있음을 강조한 것이죠.

특히, 성장 소설 같은 경우 작가의 성장 이야기가 스며든 작품이 많습니다. 실화가 주는 감동, 이야기의 진정성에 더 고개를 끄덕이기도 해요. 소설《개밥바라기별》에는 역사 속에 황석영 작가의 삶의 궤적이 자연스럽게 녹아 있고, 영화 〈로마〉에는 감독의 유년 시절의 꿈과 추억이 카메라 속에 담겨 있으며, 웹툰 〈나는 귀머거리다〉에는 청각장애인인 작가의 삶이 담겨 있어 진정성을 더합니다.

한 작가의 다른 작품을 찾아보면서 하나의 관통된 주제를 느끼거나 특유의 문체에 빠지기도 합니다. 정유정 작가는 자신의 테마 중 하나가 '인간의 악'이라고 언급한 적이 있는데, 여러 소설을 통해 다양한 시각으로 그 주제를 비춰주어 많은 생각거리를 끌어냈습니다.

드라마에서도 유명 작가들의 활약이 대단합니다. 드라마 「도깨비」와 「태양의 후예」, 「미스터 션샤인」으로 유명한 김은숙 작가는 이전부터 팬덤이 형성되어 있었고, 믿고 보는 드라마 작가라는 평을 듣고 있습니다.

작품에 감독의 특색이 강하게 묻어나는 영화감독을 흔히 작가주의적이라고 하는데, 우리나라 감독 중에는 홍상수, 박찬욱, 봉준호 등이 언급됩니다.

봉준호 감독이 〈기생충〉으로 큰 상을 받고 나서, 봉준호 감독의 삶에 대한 다큐, 인터뷰 모음집, 그의 다른 작품의 연관성 등을 분석한 방송들을 많이 볼 수 있었습니다. 그만큼 작품에 대한 애정이 작가에게 전이되기도 하지요.

작가의 인간적인 모습에 빠져 작품에 매력을 느끼는 경우도 많습니다. 작가의 작품을 보고 팬이 되는 사람도 있지만, 예능이나 행사에서 보여주는 작가의 삶과 인간미에 매료되어 그의 작품을 찾아보기도 하죠. 이렇게 여러 가지 이유로 작가에 대한 정보는 작품 감상에 다양한 영향을 끼치고, 이것 또한 많은 이야깃거리를 만들 수 있는 소재입니다.

▶ 배경을 중심으로 호기심 갖기

작품을 깊이 감상하는 데 시간적 배경과 공간적 배경에 대한 이해가 필요한 때도 있습니다. 실제로 역사를 배경으로 한 영화나 드라마의 배경을 소개해준 역사 강의는 큰 인기를 얻었습니다. 영화 배급사에서 홍보의 수단으로 영화의 배경이 되는 시대 상황을 알려주기도 하는데, 이 또한 알고 볼수록 더 재밌다는 것을 전제한 마케팅입니다.

외국을 배경으로 하는 작품 역시 온전히 공감하기 위해서는 그 역사나 문화에 대한 이해가 필요합니다. 박경리의 《토지》를 한국 사람이 읽으면 서구 문학에서 느낄 수 없는 진한 감동을 받지만, 한국의 정서나 역사를 모르는 외국 사람에게는 그만한 감동이 느껴지지 않을 것입니다.

반대로 어떤 작품을 읽고 감동과 호기심을 느껴 이것이 시대에 관한 관심으로 이어지기도 합니다.《레 미제라블》에는 19세기 프랑스의 사회상이 다양한 각도에서 그려져 있습니다. 작품에 담긴 정서를 우리가 프랑스 사람만큼 느끼고 공감하기는 어렵지만, 작품을 통해 프랑스의 사회와 문화를 접하고 프랑스 시민혁명에 대한 이해를 넓힐 수 있습니다. 이를 바탕으로 관련 지식을 대하면 한층 더 흥미와 생생함을 느낄 수 있죠.

또한, 시대상에 대한 이해는 작품이 다루고 있는 문제의식을 한층 더 보편적인 관점에서 생각할 수 있게 해줍니다. 소설《앵무새 죽이기》는 인종차별이 극심한 1930년대 미국 남부가 배경입니다. 마을 사람들은 흑인이라는 이유로 무고한 청년을 범죄자로 몰아가고, 흑인을 변호하는 변호사와 그 가족마저 적대하죠. 이야기에 나오는 심각한 상황을 보면 당연히 인종차별은 옳지 못하며 차별하던 당시 미국 사람들이 나쁘다고 생각하게 됩니다.

오늘날《앵무새 죽이기》에서와 똑같은 일이 벌어지지는 않습니다. 하지만 배경과 상황이 달라졌을 뿐, 여전히 다양한 차별과 폭력이 존재합니다.

"그때 비하면 지금은 세상 많이 좋아진 거다."

"그때 그 사람들이 나쁜 사람들이다."

라고 생각하며 지나가기보다는 한 번 더 배경과 맥락을 이해하려는 노력과 호기심을 갖는 태도가 필요합니다. 차별이 왜 벌어지는지, 우리 사회에서 벌어지는 인종차별을 비롯한 여러 차별은 어떤 양상인지 생각해봅니다. 그리고 작품이 현재를 다루고 있다면, 시대를 어떻게 반영하는지 나의 관점과 비교해서 의미를 확장할 수 있습니다.

학교생활, 직장 생활, 가정생활과 같은 사람의 일상은 '일상툰'과 같은 하나의 장르가 될 정도로 항상 인기 있는 소재인데, 작품에 드러나는 일상과 독자가 공감하는 일상의 변천사를 살펴보면 시대는 물론 독자들의 생각이 많이 변하는 것을 느낄 수 있습니다.

예전에 가족 간의 갈등을 다루는 작품이 무조건 화해와 용서로 끝났다면, 요즘은 황혼 이혼과 졸혼 같은 소재도 자연스럽게 등장합니다. 오히려 잘못이 명백한데도 용서하고 끝나는 결말이 독자들로부터 비판을 받는 일이 흔합니다. 거의 등장하지 않았던 연인 간의 동거도 요즘은 어렵지 않게 볼 수 있고, 성 소수자나 동성 간의 연애, 외국인 친구와 같은 소재를 다루는 방식도 달라지고 있습니다.

최근 문화콘텐츠에서 정치적 올바름Political Correctness이 쟁점이 되는 것도 같은 맥락입니다. PC 운동이라고도 하는데, 인종과 성별, 종교, 성적지향, 장애, 직업 등과 관련해 소수 약자에 대한 편향적인 표현을 쓰지 말자는 건강한 목소리이지요.

미디어는 혐오를 조장하는 것이 아니라 해소하는데 적극적인 역할을 해야 합니다. 이렇게 미디어는 우리 사회를 반영합니다. 미디어를 적극적으로 읽는 것이 세상을 바라보는 관점을 넓히는

데 도움이 되는 이유입니다. 또한, 미디어를 관찰함과 동시에, 그 미디어를 받아들이는 나와 사람들의 생각 변화는 어떠한지, 그 생각의 변화가 왜 이루어졌는지 생각해보는 것도 의미 있는 일이 될 것입니다.

▶ 작품을 중심으로 호기심 갖기

작품 자체에 좀 더 집중하며 질문하는 것입니다. 내용과 형식으로 나눌 수 있는데, 내용은 '무엇을 전달하느냐?', 형식은 '어떻게 전달하느냐?'로 생각할 수 있습니다. 좋은 작품은 내용과 형식이 조화롭게 서로 영향을 주고받습니다. 내용과 상관없이 화려한 기교로 가득한 형식이나, 내용 전달에 방해되는 형식은 작품성을 떨어뜨리고 수용자의 몰입을 방해할 수 있습니다.

보통 이야기의 3요소로 주제, 구성, 형식(스타일)을 꼽습니다.

주제란 작품에서 이야기하는 근본적인 메시지입니다.

학교 시험 문제처럼 답이 딱 떨어지는 것은 아니나, 대체로 우리가 사는 세상에 대한 작가의 생각이나 전하고 싶은 메시지를 나타낸 것이지요. 인간이란 어떤 존재인지, 삶에서 소중한 것은 무엇인지, 우리가 하루하루를 어떻게 살아갈지 등 무엇이나 주제가 될 수 있고, 한 작품에 여러 가지 주제를 담을 수도 있습니다.

과거에는 명확한 주제 의식, 교훈적인 주제 의식이 많이 보였다면, 현재는 과한 주제 의식을 경계하는 흐름을 보이기도 합니다. 예를 들어, '착하게 살자'와 같은 권선징악의 명확한 주제보다 '착하게 살면 좋을까?'와 같은 질문을 던지며 열린 결말로 끝내는 식이죠. 지금은 악인에게 서사를 부여하며 '누구나 내면에는 악을 품고 산다'와 같은 방향으로 전개되는 작품이 많아요. 악당들을 주인공으로 한 작품이 독립적으로 나오기도 하니 큰 변화라고 할 수 있습니다.

그리고 시대의 흐름에 따라 주제 자체가 많이 달라지기도 해요. 최근 작품 중 여성 인권을 반영하여 여성 주인공의 성공 서사를 다룬 것들도 많이 보입니다. 인종 문제, 종교 문제, 자본주의 가치관 등 같은 소재라도 다른 시각으로 주제 의식을 전달합니다.

구성은 어떻게 조직하느냐에 관한 이야기입니다.

시간이 지날수록 많은 작품이 쌓이면서, 비슷한 이야기와 소재를 가지고 어떤 식으로 전달하는지에 대한 관심과 중요도도 커지고 있습니다. 워낙 다양한 작품들이 나오면서 주제와 소재만으로 차이점을 두기 쉽지 않으니까요.

하나의 원작을 서로 다른 감독이 리메이크하여 만들 때, 그 구성의 차이를 명확하게 비교할 수 있어요. 인물을 어떻게 표현하느냐, 어떤 사건을 넣고 빼느냐, 배경을 어디로 하느냐, 차이가 커요. 남성 주인공을 여성으로 바꾸거나, 시대적 배경을 현대로 옮기거나, 사건의 순서를 재배치하기도 합니다. 같은 이야기가 구성의 변화로 확 달라지는 것이죠. 이는 주제에도 많은 영향을 미칩니다.

과거에는 결말을 마지막까지 꽁꽁 감추어 반전의 효과를 기대하는 구성이 많았다면, 지금은 그중 일부를 먼저 보여주어 흥미를 유발하는 방법도 많이 사용해요. 또 스토리에 추리 플롯을 추가하여 그 안에서 범인 찾기, 남편 찾기 등 또 다른 즐거움을 느낄 수 있도록 합니다.

형식은 어떻게 표현하느냐에 관한 이야기입니다.

책에서는 문체, 영화에서는 영상미와 음악, 만화에서는 그림체 등이 작품의 내용을 전달하는 수단입니다. 담고 있는 내용이 아무리 좋아도 표현이 매끄럽지 않으면 받아들이기가 힘듭니다. 나아가 내용을 넘어서 그릇 자체의 아름다움을 뽐내는 작품도 많습니다.

소설에서 유명한 첫 문장 몇 가지를 언급해 보자면, 김훈 작가의 《난중일기》 "버려진 섬마다 꽃은 피었다." 가와바타 야스나리의 《설국》 "국경의 긴 터널을 지나니 설국이었다. 밤의 밑바닥까지 하얘졌다." 톨스토이의 《안나 카레니나》 "행복한 가정은 모두 비슷한 이유로 행복하지만, 불행한 가정은 저마다의 이유로 불행하다." 등이 있습니다.

영화에서도 유명한 오프닝과 엔딩, 대사와 명장면들이 있습니다. 〈살인의 추억〉의 "밥은 먹고 다니냐", 〈베테랑〉의 "어이가 없네", 〈봄날은 간다〉의 "라면 먹을래요?", 〈기생충〉의 "너는 계획이 다 있구나!"와 같은 명대사는 영화 이후에도 많은 예능이나 코미디에서 패러디하며 생명력을 연장합니다.

만화에서는 그림체를 중시하죠. 대부분의 웹툰은 칼라 만화이기 때문에 다양한 색감으로 효과를 주는 것이 가능합니다. 내용 상관없이 캐릭터가 귀여워서 인기를 얻고, 다양한 캐릭터 상품으로 이익을 얻는 경우도 종종 있습니다. 무조건 잘 그리는 것보다, 작가의 개성을 뚜렷하게 보여주는 그림체가 팬덤을 확보하며 인정받기도 합니다.

▶ 독자를 중심으로 호기심 갖기

어떤 지식이나 권위에 의존하지 않고 자신의 감상에 충실하게 작품을 바라보며 질문하는 것입니다. 작가의 이야기에 공감하거나 비판하며 자유롭게 반응합니다.

여기서 한 발 더 깊이 나아가면 '나'의 이야기로 자연스럽게 넘어오는데, 자신의 경험을 편하게 꺼내면서 조금은 개인적인 이야기를 꺼냅니다. 이야기 속에서 자신의 가치관이 자연스럽게 드러나곤 하지요.

읽는 사람의 반응에 초점을 맞추는 것은 주체적 읽기를 위해 가장 중요한 부분 중 하나입니다. 감상의 중심이 독자라는 관점이 확립된 지는 그리 오래되지 않았습니다.

과거에는 텍스트 내용을 제대로 이해하지 못하면 '오독'이라고 하여 내용을 이해할 때까지 반복적으로 읽었다면 지금은 왜 그렇게 읽었는지에 집중하며 독자의 영역을 존중합니다. 남과 다르게 읽는 것은 독자의 경험이 반영된 결과물로서, 독자가 나름대로 창조적으로 받아들인 것으로 보는 관점이에요.

몇몇 책에서는 그러한 활동을 '창조적 오독'이라고 표현하며, 교정의 대상이 아니라 하나의 반응으로 받아들이기도 합니다. 과거 텍스트 중심의 이해에서 독자와 텍스트의 상호작용을 중요시하고, 이를 바탕으로 '반응 중심 문학 교육'이 현재 문학 교육의 큰 틀이 되고 있습니다.

이는 텍스트를 결정된 대상으로 보지 않는 시각에서 시작합니다.

텍스트가 A라고 정해져 있다면, A라고 이해해야 정답이고 다른 것은 가치가 없는 반응이 됩니다. 하지만 ○라는 텍스트를 누군가는 A라고 이해하고 누군가는 B라고 이해했다면, A와 B는 모두 가치 있는 대답이 돼요.

또한, 왜 서로 다른 반응을 하게 되었는지 살펴보며 독자 개개인의 내면에 좀 더 관심을 둡니다. 시각에 따라 답하는 이에게 전혀 다른 반응을 해줄 수도 있어요. '너 틀렸어'가 아니라 '너는 왜 그렇게 생각했어?'가 되는 것이고 이러한 호기심은 좋은 토론 거리가 됩니다.

이렇게 복합적인 상황에서 독자 개인의 경험을 존중하며 그 균형을 잘 잡는 것이 중요해요. 이 균형 속에서 개인의 가치관은 더욱 큰 영향력을 발휘합니다. 독자들 간의 교류와 소통을 중요하게 생각하고, 미디어 토론과 같은 활동을 적극적으로 권하는 이유 중 하나가 스스로에 대해 알아가는 과정이기 때문입니다.

'만약 제가 ~라면 이럴 것 같아요.', '저는 ~라고 생각해요.'와 같은 이야기를 통해 나를 비롯한 다른 사람의 경험이 담긴 인생을 배울 수 있겠지요.

이를 위해서는 작가나 평론가의 생각도 중요하지만, 내 앞에서 밥 먹는 사람의 생각도 소중하다는 전제가 깔려있어야 합니다. 이런 바탕이 없다면 '내가 왜 저 사람이 무슨 생각을 했는지 듣고 있어야 해! 시간 아깝게?'라는 반응이 나올 수 있습니다.

강의 중에 토론을 진행하다 보면 토론은 됐으니 강의를 더 해달라고 하는 수강생들이 종종 있습니다. 전문가의 강의가 수강생들의 한두 마디보다 더 중요하다고 생각하기 때문입니다. 강의를 듣고 싶어 하는 마음은 감사하지만, 여러 사람의 다양한 목소리를 직접 들으며 그 차이를 실감하는 것도 명강사의 강연 못지않게 소중한 경험이라고 생각합니다.

▶ 내면화 질문으로 엑기스 뽑기

앞에서도 다룬 내면화 질문이지만, 깔때기에 비유해서 다시 한 번 알아보겠습니다. 깔때기 위에 작가, 배경, 작품, 독자를 모두 넣어 잘 섞고 꾹꾹 누르면 진액이 나올 것입니다. 그 응축된 질문이 나를 알고, 내 삶에 적용하기 위한 과정이 됩니다.

[주제] 인간은 모두 존중받아야 한다.

[감상] 불합리하게 차별당하는 주인공 불쌍하다.

▸ 내 주변에서 볼 수 있는 차별은 무엇이 있을까?

▸ 나는 어떻게 차별을 극복할 수 있을까?

[주제] 사람은 서로 돕고 살아야 한다.

[감상] 서로 돕고 사는 모습이 감동적이다.

▸ 나는 도움을 받은 적이 있었나?

▸ 내 주변에 도움이 필요한 상황은 무엇이 있을까?

내면화된 질문은 피상적이고 모호한 생각들을 한층 깊고 구체적으로 만들어줍니다. 1인칭으로 바라보면 곧바로 생각이 구체화 되어 나의 삶에 스며듭니다. 이러한 과정은 나의 가치관을 확립하는 데 큰 도움이 됩니다. 의도적으로 1인칭 '나'로 시작하는 질문을 만들어 보세요. 삶과 이어진 읽기로 나아갈 수 있습니다.

MEDIA LITERACY 05

미디어로 소통하는 다양한 방법

댓글도 콘텐츠다

소통의 기능이 강화된 지금 미디어 생태계에서 댓글은 필수 요소입니다. 해당 콘텐츠를 읽기 전에 댓글부터 확인한 후 읽을지, 말지 정하는 사람이 많아졌습니다. 우리가 상품을 사기 전에 구매 후기를 보는 것과 마찬가지죠. 그만큼 영향력이 향상되며 문화 자체도 진화하고 있습니다.

예전에는 '댓글' 하면 '악성'이란 말을 먼저 떠올렸습니다. 줄여서 '악성 댓글'. 그러나 지금은 '몸통을 흔드는 꼬리'라는 비유가 어울릴 정도로 댓글이 큰 영향력을 미치고 있습니다. 정치적으로 여론을 조작하기 위해 '댓글 부대'를 운영하면서 사회적 논란이 되기도 했습니다. 선동의 도구로 사용된 것이죠. 반대로 자정작용을 주도하고, '팩트 체크'를 하는 검증의 장이 되기도 합니다.

댓글의 영향력을 크게 느낄 수 있는 미디어 중 하나가 웹툰입니다.

웹툰은 연재라는 특성상 해당 콘텐츠를 보고 다음 작품이 연재될 때까지 일정한 기간을 기다려야 합니다. 그런 아쉬움을 달래고자 댓글에 작품에 관한 이야기가 다양하게 생산적으로 형성합니다. 독해방법이 다양하게 댓글에 나타나지요.

①사실적 독해: 작품의 이해를 돕는 댓글

②추론적 독해: 다음 화의 내용을 예측하는 댓글

③비판적 독해: 작품의 진행 속도, 설정 오류를 지적하는 댓글

④창조적 독해: 인물들의 별명을 새로 짓거나 새로운 전개를 제시하는 댓글

⑤감상적 독해: 자신의 즐거움과 아쉬움을 표현하는 댓글

좋아하는 웹툰 중에 d몬의 〈데이빗〉이 있습니다.

주인공 데이빗은 시골 농장에서 태어난 돼지인데요. 사람의 언어를 배우고, 책을 읽고 지능을 쌓으며 성장합니다. 말을 잘하여 무대에서 연설하기도 하죠. 사람처럼 존중받으며 살고 싶은 데이빗의 자아 찾기 여정이 '사람은 무엇으로 정의하는가'란 철학적 주제를 관통해요. 감히 철학 웹툰이라고 말하고 싶습니다.

이 웹툰을 즐기는 방법의 하나는 댓글로 이루어지는 토론에 참여하는 것이에요. 사람과 똑같이 말하고, 생각하는 데이빗이 사

람과 다를 바가 무엇이냐, 사람과 똑같이 존중해야 한다는 한쪽 의견이 있습니다. 또, 그래도 유전자가 다른 돼지인데, 사람과 동등한 대우를 받는다는 것이 말이 되냐는 의견이 있어요. 매번 팽팽하게(?) 이러한 토론이 이루어집니다.

매화마다 데이빗이 사건을 겪고, 사람들이 댓글로 반응하면서 작품은 더 많은 의미를 만들어냅니다. 사람과 친구로 지낼 수 있는데, 결혼까지 하는 건 무리가 아닐까? 당신은 돼지와 사랑할 수 있겠는가? 언어와 생각이 사람의 정체성이라면, 인공지능 로봇도 사람으로 대우해야 하는가? 그리스 시대의 아고라가 떠오를 정도로 유의미한 이야기들이 오갑니다. 댓글 없이 작품만 읽어서는 느낄 수 없는 즐거움이었어요.

또 다른 웹툰으로 김택기 작가의 〈중독연구소〉가 있습니다.

주인공 김태림이 중독 전문병원에 입사하게 되고, 다양한 중독 환자들을 만나고 치료하며 자신도 성장하는 이야기인데요. 실제 중독연구소에서 근무하는 사회복지사인 작가의 전문성과 경험담이 이야기에 잘 녹아들어 있습니다.

앞에서는 뜨거운 대립토론의 양상이었다면, 여기서 수많은 자기 고백의 댓글들을 만날 수 있습니다. 알코올중독과 관련된 에피소드에선 알코올 중독자 가족으로 인해 힘들었던 사람의 이야기, 알코올중독 증세로 고생하고 치료받았던 사람의 경험담, 알코올 의존으로 고생하고 있는 사람의 고민 등 솔직한 내면의 이야기를 만날 수 있어요.

게임중독과 관련된 에피소드에선 많은 학생이 게임에 빠질 수밖에 없는 이유에 관해 이야기하고, 극복할 수 있었던 자신의 경험담을 풀어 놓기도 합니다. 게임중독 자체에 대한 부정적인 시각을 비판하고, 슬기롭게 가족과 즐기는 방법을 공유하기도 하고요. 웹툰에서 다룬 주제보다 훨씬 넓은 영역을 댓글에서 다루고 있습니다.

댓글의 영향력이 커지면서 댓글을 읽어주는 콘셉트의 방송도 많아지고 있어요. 라디오에서 사연을 신청받듯이, 소비자들과 소통할 수 있는 통로로 댓글을 활용하는 것이죠. 수많은 이벤트가 댓글 참여를 유도하고, 댓글에 또 대댓글을 달면서 소통합니다. '댓글 맛집'처럼 센스 있는 댓글들이 모여 본래 콘텐츠보다 더 큰 영향력을 갖게 되니까요.

댓글이 모여 콘텐츠가 된 대표적인 예가 댓글 시인 제페토의 시집《그 쇳물 쓰지 마라》입니다. 사회 기사에 소외된 자들을 위한 추모 시를 댓글로 달면서 화제가 되었어요. 저 또한 그 끔찍한 사고를 다룬 사회 기사를 읽고, 그 댓글에 담긴 시를 읽으면서 눈물을 참을 수가 없었어요. 그 외에도 수많은 기사에 시 형식으로 댓글을 남겼고, 그 아름다운 댓글들을 모아 감동적인 시집이 되었습니다.

물론 영향력이 커지면서 나쁜 영향력도 심각해지고 있습니다.

악플 문제는 고질적인 온라인 쟁점이 되었습니다. 일부 포털 사이트에서 댓글을 달지 못하도록 잠정 폐지하기도 했고, 관리자들이 댓글을 관리·감독하기도 합니다. 다른 유저가 나쁜 댓글들을 신고하며 자정작용을 일으키기도 해요. 연예인들을 필두로 악플러에 대한 고소·고발이 적극적으로 이루어지고 있는 상황입니다. 표현의 자유를 이야기하며, 과한 규제라고 하는 분들도 있지만 건강한 온라인 문화를 위해선 강력한 규제도 필요합니다.

▶ SNS에 일상을 남기다

SNS에 자신의 일상을 남기는 것은 이제 일반인들에게도 익숙한 행위입니다. 과거 음식 먹기 전에 사진을 찍어 자랑하거나, 사사건건 온라인에 일상 이야기를 털어놓으면 '관종'이냐는 비아냥이 따라오곤 했습니다. 외로움을 많이 타고, 심리적으로 안정되지 못하여 온라인에서 관심을 바라는 부정적인 존재로 본 것이에요.

하지만 지금 '관종'의 의미는 많이 달라졌습니다. 대중의 관심이 인기의 척도고, 인기가 영향력과 이어지고, 영향력이 수익 모델로 잡히면서 관종도 끼와 재능의 발현으로 인식되기 시작했어요. 과거에 '너 관종이냐?'라는 말을 들으면 기분이 나쁘고, 부정하고 싶은 마음이 샘솟았다면 지금은 칭찬으로 받아들인다는 사람도 있을 정도입니다. 한 청소년의 인터뷰를 빌리자면 '부지런히 살았다는 증거'라고 합니다. 꾸준히 일상을 기록해서 SNS에 인증하는 것도 쉬운 일은 아니니까요.

사회적 거리두기 기간이 길어지면서, 비대면 온라인 사업이 활성화되었습니다. SNS는 마케팅부터 영업, 콘텐츠 제작까지 비대면으로 해결할 수 있는 최적의 공간이 되었어요. 그래서 여가 생활이 아닌 직업적 SNS 활용이 더욱 늘고 있고, 생산하는 콘텐츠의 양도 많아지고 있어요. 친밀한 소통의 방식 중 하나인 일상의 공유도 함께 늘어나고 있습니다.

우선 구독자가 많아지고 인플루언서가 되면 광고 협찬과 함께 사업 모델도 따라오는 경우가 많아요. 그래서 더욱 공격적으로 진짜 일상이 아닌(?) 만들어진 일상을 공개하며 진정성 논란에 휩싸이기도 합니다. 영화나 드라마에서 꾸며진 모습을 보이는 것, 가짜 일상을 공개하는 것은 차이가 있죠.

이렇게 디지털 공간에 자신의 일상을 저장하고 기록하고 검색하는 것을 라이프로그Lifelog라고 합니다.

우리가 일기를 쓰듯, 다이어리에 일상을 남기듯, 디지털 기술로 일상을 저장하는 서비스들이 계속 발달하고 있어요. 블랙박스를 생각하시면 편합니다.

블랙박스는 24시간 내내, 시야에 잡히는 것을 기록하고 우리는 필요한 순간에 그 정보를 검색합니다. 선명한 음향과 화질, 저장

용량 등의 기술이 점점 발달하고 있는데요. 그 블랙박스를 사람이 가지고 다닐 수도 있죠.

개인이 소장용으로 보관할 수도 있지만, 그렇지 않은 경우도 많습니다. 조금이나마 더 많은 사람에게 노출되기 위해 해시태그를 달고, 사람들이 공감할 수 있는 메시지를 함께 남기기도 해요. 소통의 도구로 일상을 활용하는 것은 SNS에서 익숙한 방법이니까요.

유튜브에서 인기 많은 콘텐츠 중 하나가 브이로그인 것도 같은 맥락입니다. 내가 아침에 일어나는 모습, 운동하는 모습, 출근하고 일하는 모습, 밥 먹고 쉬는 모습, 퇴근하고 운동하는 모습 등. 영역을 가리지 않고 일상을 공유하고, 소통합니다. 소수의 연예인이 아니라 일반인이 말이죠.

비대면 사회가 되면서 일상의 공유는 더욱 활성화되었습니다. 가장 은밀한 공간인 집과 방을 공개하고, 온라인 집들이를 합니다. 집콕 시간이 늘어나면서 콘텐츠도 자연스럽게 집을 배경으로 제작하게 돼요. 그리고 무료함을 이겨내기 위해 수많은 인증 챌린지에 참여합니다.

새벽 기상 챌린지, 독서습관 챌린지, 홈트 챌린지, 식단관리 챌린지, 환경보호 챌린지 등. 수많은 챌린지를 통해 놀이를 즐기며 공통의 일상을 만들어나갑니다. 이는 공통의 관심사로 이어지며 소통과 교류의 장이 되죠. 특정 취향과 주제를 중심으로 모이던 커뮤니티가 일상을 공유하는 커뮤니티로 확장되고 있어요. 공유의 경계가 없어지고 있습니다. 거의 모든 것을 남기고 기록하는 문화가 SNS에서 이루어지고 있어요.

물론 사생활 침해, 정보 보안, 상대적 박탈감에 대한 자존감 하락 등의 문제점도 따라옵니다. 공개되는 정보가 많을수록 위험에 더 노출된다고 할 수 있어요. 해커들의 표적이 되어 개인 정보가 헐값에 팔리고 보이스피싱의 표적이 되기도 합니다. 빅데이터를 다루는 기업들에 악용될 위험도 있죠.

상대적 박탈감 또한 감출 수 없는 문제입니다. 관찰 예능을 통해 연예인들의 일상이 노출되면서 느꼈던 것과는 또 다른 기분이에요. 집을 화사하게 꾸미고, 랜선 집들이를 하고, 아이들과 집콕놀이 하는 모습을 공유할 수 있는 사람들의 일상을 접하다 보면 본인의 일상이 더욱 초라하게 느껴질 수 있습니다.

아주 가끔 가는 맛집과 여행을 자랑하는 것은 나도 할 수 있는 행위지만, 일상을 통째로 공개하는 것은 또 다른 문제니까요. 펜데믹 시기에 빈부격차, 학습 격차, 생활격차가 더욱 벌어지는 상황에서 일상의 격차를 직접 마주하기도 합니다. 우울감이 더욱 심해지기도 해요.

많은 사람이 '선한 영향력'을 끼치고 싶다고 이야기합니다. 청소년들도 진로 교육 때 그런 이야기를 자주 해요. 동경하는 유튜버나 인플루언서들이 자신의 수익을 좋은 곳에 기부하는 모습을 자주 보여주기도 하니까요. '오른손이 하는 일을 왼손이 모르게 하라'라는 속담은 이제 통하지 않습니다. 오른손이 한 일은 온 세상이 알 수 있게 알려야 하는 세상이죠.

선한 영향력을 끼치려면 우선 영향력이 있어야 합니다. 그러기 위해서 사람들은 '좋아요'와 '구독', '팔로우'를 모으기 위해 노력하죠. 그것을 탓하고 싶은 생각은 없습니다. 하지만 나중에 선한 일을 하기 위한 영향력이라면, 그 영향력을 갖는 과정도 선할 필요가 있다는 말을 하고 싶어요. 누군가에게 상처 주는 방법으로 갖게 된 영향력이라면, 나중에 좋은 일을 한다고 선한 영향력이 될 수 있을까요?

▶ 소셜 TV, 재밌는 건 함께 보자

사람들이 미디어 콘텐츠를 감상하는 미디어가 개인 패드나 스마트폰으로 많이 넘어오면서 '감상'은 점점 개인적인 것이 되어가고 있습니다. 우선 겉으론 그렇게 보입니다. 더구나 사회적 거리두기 시기를 거치면서 사람들은 더욱 모이는 것을 꺼리게 되었습니다. 그래도 인간은 사회적 동물이기 때문에 서로를 그리워합니다. 그래서 함께할 수 있는 다양한 방법들을 생각하고, 디지털 기술로 실현하고 있습니다. 그 과정을 함께 살펴보겠습니다.

스포츠 경기를 혼자 보면 심심합니다. 잘하면 칭찬하고, 실수하면 지적하고, 좋은 성적을 거두면 부둥켜안고 기뻐할 수 있는 사람들이 있을 때 그 즐거움은 배가 됩니다. 그래서 큰 스포츠 경기가 있는 날은 동네 치킨집이나 넓은 광장에 모여 사람들과 함께 즐기곤 했습니다.

그러한 모임은 온라인으로 이어지기도 합니다. 그 즐거움을 알기 때문에 커다란 디스플레이를 포기하고 굳이 컴퓨터와 스마트폰으로 경기를 보는 사람들이 많습니다. 실시간 올라오는 채팅과 댓글은 경기를 더욱 재밌고 알차게 해주니까요.

이 때문에 소셜 TV라는 개념이 확장되고 있습니다. 사전적 정의로는, TV 콘텐츠와 관련된 대화 및 사회적 상호작용을 촉진하는 새로운 형태의 미디어 서비스를 제공하는 TV 모델로, 소셜 미디어와 TV 기술의 융합(두산백과)을 의미하는데요. 우리 생활 속에서는 익숙한 현상입니다.

사회적 거리두기 기간 동안 지상파는 더욱 적극적으로 시청자들의 온라인 참여를 갈구했습니다. 방청객이 모일 수 없는 상황에서 화상 회의 플랫폼을 활용하여 집에서 온라인으로 참여할 수 있도록 장려했어요. 공연을 함께 보고 바로 투표도 하고, 요리사를 따라 즉석에서 요리하기도 합니다. 실제 많은 행사가 온라인 참여를 동반한 형태로 제작되어 시공간의 제약 없이 함께 즐기는 문화가 급속도로 확산했습니다.

직접적인 참여 외에도 방송사는 다양한 어플을 통해 시청자의 참여를 지원하고 있고, 대형 포털 사이트에서는 기본 프로그램 검색과 함께 실시간 SNS 타임라인이나 「토크 talk」와 같은 채팅 프로그램으로 해당 프로그램에 관해 이야기할 수 있는 창을 제공합니다. 어떤 프로그램이든지, 다른 사람들과 실시간으로 대화를 나눌 수 있죠.

커뮤니티와 SNS에서도 대화는 이어집니다. 커뮤니티는 다양한 방식으로 해당 경기와 방송에 관해서 이야기할 수 있는 장을 조성하고, 사람들은 그 안에서 소통합니다. SNS도 해당 방송에 대한 해시태그를 통해 실시간으로 많은 생각을 연결해줍니다.

최근 방송은 미리 촬영된 영상을 보고 패널들이 이야기 나누는 방식의 프로그램이 많습니다. 같은 영상을 보고 이야기 나누며 즐거움을 느끼는 방식을 그대로 빌린 것입니다. 이 영상의 대부분이 일상생활을 촬영한 것이 많고, 이러한 관찰 예능을 '관음증'이라고 하며 부정적으로 보는 시선도 있어요. 개인의 일상을 노출하는 것과 그것을 보며 참견하고, 대화를 일삼는 것이 폭력적으로 보일 수도 있습니다.

이런 예능은 「트루먼 쇼」에 많이 비유됩니다. 주인공 트루먼은 자신의 일상이 만들어진 방송이라는 사실, 수많은 사람이 그의 인생을 보고 대화의 소재로 삼는다는 사실을 알고 크게 분노합니다. 그리고 우리는 주인공에게 연민을 느끼죠. 하지만 요즘 사람들에게 '트루먼'은 연민의 대상이 아닐 수 있습니다.

《평생직장이 사라진 시대에 '나'라는 브랜드로 살아남기》에서 지은이는 '우리는 스스로 트루먼이 되려고 한다'라는 말까지 합니다. 스스로 일상을 촬영하고, 다른 사람의 반응을 기다리는 사람들에게 트루먼은 슈퍼스타, 인플루언서로 비칠 수 있겠죠. 미디어로 사회적 참여 욕구를 충족하는 것은 좋지만 무엇을 보고, 어떤 이야기를 나눌 것인가에 대한 고민은 지속해서 해야 합니다.

[TIP] 호기심을 바탕으로 한 영역별 기본 질문

영역	질문
작가 (감독, PD)	• 작가의 삶이 작품에 어떤 영향을 미쳤을까요? • 작가의 다른 작품과 어떤 연관성이 있나요? • 작가가 자주 활용하는 표현 방식이 있나요?
배경	• 작품의 시대적/공간적 배경은 언제인가요? • 작품의 배경이 내용에 어떤 영향을 미치나요? • 이 시대/공간과 현대의 공통점/차이점은 무엇일까요?
작품	• 이 작품이 말하고자 하는 주제는 무엇인가요? • 작품의 제목, 표지는 어떤 의미일까요? • 작품에서 가장 핵심적인 부분(장면/구절)은 무엇인가요?
독자	• 전체적으로 어떤 느낌이 들었나요? • 작품에서 인상 깊었던 부분은 무엇인가요? • 5점 만점으로 했을 때, 작품의 평점은 몇 점인가요?
내면화	• 내가 겪은 비슷한 경험이 있나요? • 내가 주인공이라면 그 상황에서 어떻게 행동했을까요? • 내가 가장 소중하게 생각하는 가치는?

MEDIA LITERACY

제 5 장

창의적 미디어 쓰기

MEDIA LITERACY 01

미디어 리터러시의 완성은 표현이다

쌍방향 미디어가 등장하면서 나타난 가장 큰 변화는 누구나 작가, 제작자가 될 수 있다는 것입니다. 참여형 콘텐츠를 통해서도 좋아하는 작품에 직접 영향을 주고 변화를 만드는 즐거움을 가질 수 있으나 이는 대부분 작가나 제작자가 짜놓은 틀 안에서 이루어집니다. 그러나 직접 만들면 이야기는 달라집니다.

제작에 영향을 주는 것을 넘어 많은 사람이 스스로 콘텐츠를 제작하기 시작했어요. 이제는 어디에서나 독자 겸 작가, 사용자 겸 제작자가 만든 콘텐츠를 쉽게 접할 수 있습니다.

기존 작품을 패러디해 만든 이미지나 짤막한 영상 같은 간단한 콘텐츠부터 스스로 구성한 웹툰이나 게임같이 대단한 작품도 있습니다. 때로는 이를 바탕으로 프로 활동을 시작하거나 완전히 새로운 장르를 만들기도 합니다.

미디어뿐 아니라 모든 영역에서 세계적으로 '메이커 운동Maker Movement'이 활발히 진행 중입니다. 오픈 소스 제조업 운동이라고도 하는데, 기존의 DIYDo It Yourself와 같은 맥락이지만 취미나 자급자족을 넘어 다양한 산업까지 뻗쳐있다는 점에서 차이가 있어요.

실제로 인터넷을 통해서 쉽게 정보를 얻을 수 있고, 같은 목적의 사람들끼리 모일 수 있으며, 필요한 물품도 어렵지 않게 구할 수 있는 환경이 갖추어지고 있습니다. 3D 프린터의 활성화와 함께 다품종 소량생산의 시대가 열리고, '메이커 운동'은 더욱 활발하게 진행될 것으로 보입니다. 메이커 박람회 영상을 보면 정말 기상천외한 작품들이 나오는데, 제작자의 연령대도 초등학생부터 할아버지까지 작품들만큼이나 다양합니다.

세계적 추세에 따라 우리나라 정부도 2014년 7월, 메이커 1천만 명을 육성한다는 계획과 함께 3D 프린터 활용 교육과 보급, 셀프 제작소 구축 등 지원 계획을 발표했습니다. 지금도 일부 학교나 청소년 센터에서 관련 도구와 자료를 만날 수 있어요. 이러한 물결은 아이의 장난감을 직접 만들어주는 아빠, 3D 프린터로 완구를 만들어 쓰는 학생 등 소소한 활동에서부터 고급 피규어, 집과 같은 건축물 등으로 확장해가고 있습니다.

꼭 과학자나 발명가가 되어야 하는 것은 아니지만, 마음만 먹는다면 모두 메이커가 될 수 있습니다. 메이크미디어의 설립자 데일 도허티는 이와 같은 말을 했습니다.

"만드는 활동은 인간의 본성이라는 관점에서, 제작 방식과 관계없이 우리는 모두 만드는 사람이다."

메이커 운동의 흐름은 미디어에서도 이어집니다. 가장 주목받는 것은 '개인방송'이란 이름으로 본인이 기획한 방송을 제공하는 형태입니다. 여러 가지 시행착오가 있었지만, 소비자와 생산자의 다양한 욕구가 결합하며 이제는 많은 사람이 이용하는 매체로 당당하게 자리 잡았습니다.

아직도 많은 문제점이 남아 있긴 하지만, 그 문제점을 뛰어넘는 매력으로 대세 미디어가 되었어요. 기존 방송에서는 누군가의 심사를 거쳐 가치가 있다고 판단된 것, 수많은 필터링에서 살아남은 것이 제작되었다면 지금은 원하면 무엇이든 그리 어렵지 않게 제작하고 방송하는 것이 가능합니다.

이런 창조 활동에 종종 경제적인 수익이 따라오기도 해요. 수익이 동기유발의 요소가 되기도 하지만, 그것이 전부는 아닙니다. 지속하는 데는 만들고 싶은 욕구도 필요합니다. 샘솟는 아이디어, 주체할 수 없는 끼를 묵혀두는 것이 아니라 다양한 툴을 통해 만들고 사람들과 소통하며 즐거움을 느끼는 것입니다.

유튜브와 같은 영상이 TV에 대응한다면, 라디오에 대응하는 것은 '팟캐스트'라고 할 수 있어요. 영상은 얼굴 노출이 부담스럽거나 편집에 시간이 많이 들 수 있다면 팟캐스트는 이보다 쉽게 제작할 수 있습니다. 정치 · 경제 비롯한 거대담론부터 아주 사소한 일상을 공유하는 방송까지 다양한 방송이 인터넷에 올라오고 있어요. 그 영향력이 커지면서 공중파 방송들도 플랫폼에 맞게 추가로 편집해서 올리기도 합니다.

'책 쓰기 열풍'도 같은 맥락에서 볼 수 있습니다.

미디어가 다양화되고 책의 권위가 예전과 같지 않은데도 책을 쓰고 싶어 하는 사람은 늘어나고 있습니다. 책을 발행하여 대박 나는 사람은 많지 않지만, 자신만의 콘텐츠를 남기고 싶은 마음이 그들을 작가의 길로 이끕니다.

예전에는 출판사의 투자를 받기 위해 높은 심사의 벽을 넘어야 했다면, 독립출판을 비롯해 부담 없는 가격으로 책을 만들 수 있는 여건이 조성되었습니다. 스스로 책을 만드는 것이 쉽지 않지만, 돈을 벌기보다 표현 욕구를 바탕으로 많은 사람이 그 길을 걷고 있습니다.

꼭 정식 출판이 아니더라도 SNS와 웹상에 작품을 연재하는 예도 많습니다. 그중 일부는 웹툰과 웹 소설이라는 형태로 이익을 얻기도 합니다. 누구나 미디어를 소비할 수 있듯이, 누구나 미디어를 제작할 수 있는 세상입니다.

앞에서 고전 게임 '테트리스'에 대한 이야기를 잠깐 했습니다. 끊임없이 내려오는 퍼즐 조각들, 그 조각들을 받아들여야 하는 우리의 자세. 이를 수많은 미디어에 노출된 인간에 비유했었죠.

그러한 상황에서 우리가 할 수 있는 것은 어떤 퍼즐이 나에게 적합한지, 어떻게 활용 가능한지 등을 생각하며 주체적으로 수용하는 것입니다. 이번에는 창의적으로 수용하는 것을 레고 장난감에 비유하겠습니다.

레고 하면 무엇이 떠오르나요? 레고는 조립해야 합니다. 처음엔 정해진 기본 설계를 따라 조립하여 하나의 모형을 만듭니다. 그렇게 끝낼 수 있지만, 우리는 그것을 부수고 또 다른 모형을 만들려고 합니다. 왜 그럴까요? 그럴 수 있기 때문입니다. 우리의 뜻대로 조립할 수 있으니까요.

레고LEGO는 '잘 노는' 이란 뜻의 덴마크어입니다. 이것저것 만지며 내 맘대로 잘 노는 것이죠. 프랑스의 문명비평가 자크 이탈리는 이를 바탕으로 '레고 문명'이란 개념을 도입했습니다. 서로 다른 철학과 이데올로기, 정치 체제와 예술, 문화, 종교, 교육 등이 모두 뒤섞인 세상에서 '레고형 인간'은 이를 자기 의도대로 조립합니다. 기존의 것들과는 다른, 새로운 스타일을 끊임없이 만들어갑니다.

미디어도 마찬가지입니다. 처음에는 그냥 그대로 읽습니다. 작가가 써주고, 감독이 찍어주고, 프로그래머가 만들어준 대로 이해합니다. 그러나 그 이후의 일은 나에게 맡겨진 재량입니다. 작품을 읽고 새롭게 구성할 수 있습니다.

'나라면 결말을 어떻게 만들었을까?'

'나라면 어떤 배우를 캐스팅했을까?'

'나라면 어떻게 표현했을까?'

작품을 접하고 나서 생각해 보면 좋은 질문들입니다. 이런 질문은 나를 또 다른 생산자의 자리로 옮겨놓습니다. 기존에 생산된 작품 평가를 넘어, 나만의 생각으로 재구성하는 순간입니다. 실제로 만들지 않아도 상관없어요. 내 머릿속에서 만드는 것으로도 충분히 의미 있는 순간입니다.

책을 통해서 상상력을 기른다는 말을 많이 합니다. 하지만 책을 읽으면서 상상하지 않으면 결국 상상력은 길러지지 않습니다. 어떤 매체를 접하여 상상하면서 읽으면 상상력을 키울 수 있고, 그것을 활용하여 창의력을 키울 수 있습니다. 정도의 차이는 있겠지만, 기존의 것을 그냥 받아들이지 않는 자세입니다. 그리고 나아가 뒤틀고 변형하고, 새로운 것을 만들어내고자 하는 의지가 중요합니다.

MEDIA LITERACY 02

나만의 리뷰 남기기

많은 사람이 읽은 도서나 관람한 영화에 관해 후기를 부지런히 SNS에 공유하고 그 내용에 대해 사람들과 이야기를 나누고 있습니다. 사람들은 책이나 영화에 관해 다른 사람의 감상을 궁금해 합니다. 우리가 물건을 구매하기 전에 보는 리뷰와 같습니다.

그래서 가장 부담 없이 콘텐츠를 만드는 방법으로 리뷰 작성을 추천합니다. 학창시절을 생각하면 독후감의 아픈 기억, 서평에 대한 부담스러움을 느낄 수 있어요. 이런 글쓰기는 기본 형식과 목적이 있으므로 체계적이긴 하지만 접근하기가 어려울 수 있습니다. 그래서 형식의 제약에서 가장 자유로운 '리뷰'라고 이야기 합니다.

글쓰기가 어려운 이유 중의 하나는 쓸 내용이 없기 때문입니다. 이는 무엇을 써야 할지 모르겠다는 말과 이어지죠. 앞에서 예를

든 레고로 따지면, 다룰 수 있는 퍼즐이 어느 정도 확보가 되어야 뭔가를 만들어낼 수 있어요. 퍼즐이 얼마 없을 때는 오히려 제약이 많고 시작도 힘들지요.

그런 의미에서 레고의 퍼즐과 같은 글감을 충분히 확보하는 것이 필요해요. 가장 좋은 것은 감상하자마자 기억이 따끈따끈한 상황에서 이것저것 메모하는 것이에요. 가볍게, 키워드 중심으로 주인공의 이름, 인상 깊었던 장면, 좋았던 대사 등. 그리고 거기서 확장되는 생각을 자유롭게 적어봅니다.

기억이 바로 나지 않으면, 마인드맵, 만다라트, 로직 트리, 육하원칙 등등의 생각 도구를 활용할 수도 있어요. 방법은 다 다르지만 결국 생각과 느낌을 밖으로 꺼내는 과정이에요. 충분히 꺼내어 글감을 확보하면 글쓰기가 훨씬 수월합니다.

이렇게 확보한 퍼즐을 바탕으로 무엇인가 만들어내야 합니다. 글감을 확보했으니 내용을 조직해야죠. SNS를 예로 들면, 표지와 포스터 위주로 남기는 리뷰, 자신의 느낀 점 위주로 남기는 리뷰, 별점으로 점수를 매기는 리뷰, 내용 요약 위주로 남기는 리뷰 등 등 다양한 형식이 존재합니다.

실제로 SNS에 미디어 리뷰를 꾸준히 남기는 사람은 자신만의 정리법을 가지고 있는 경우가 많습니다. 심지어 책 사진이나 영화 포스터 등을 찍는 형식까지 맞추기도 해요. 요즘은 동영상 기능도 가능해서 좋아하는 드라마나 영화 장면을 직접 촬영해서 올리기도 하죠. 그 모든 정성이 다 소중한 미디어 리뷰이자 소통의 장입니다.

가끔 리뷰를 남기기 귀찮을 때도 SNS에 올릴 생각에 기운 내서 남기곤 합니다. 그렇게 리뷰를 쓰다 보면 그때의 기억이 새록새록 떠오르고, 구조화되면서 감상이 풍요로워집니다. 생각을 꺼내기 부끄러운 분들도 쉽게 도전할 수 있고 정 신경 쓰이면 비공개로 전환해도 됩니다. 과정이 소중한 것이죠.

제가 활용하는 다섯 마디 리뷰법을 소개합니다. 다섯 마디로 만든 이유는 분량의 부담을 줄이기 위해서였어요. 감상문이든 서평이든 하나의 글을 완성하려면 그만큼 에너지가 소모되는데, 모든 미디어에 대한 리뷰를 다 그렇게 남길 수 없었습니다. 그래서 간단하게 정리할 수 있는 방법을 고민하기 시작했어요.

처음에는 한 마디 요약만 했다가, 두 마디로 늘렸다가, 보완하다보니 다섯 마디가 되었습니다. 간단히 설명해 드릴게요. 이를 바탕으로 원하는 항목을 더하고 빼면서 자신만의 리뷰 스타일을 만들어보길 권합니다.

①작품에 대한 설명을 객관적으로 정리한 내용

②작품에 대한 느낌을 주관적으로 정리한 감상

③작품이 도움 될 것 같은 사람인 추천대상

④작품을 시각화하여 표현한 이미지

⑤삶에 적용하는 **질문인** 내면화

①내용은 책 자체에 대한 이해를 기본 바탕으로 합니다.

'이 작품은 무슨 내용이야?'라는 물음에 대답한다는 생각으로 줄거리와 형식을 간략히 정리해요. 작품에서 이야기하고자 하는 것, 작가의 의도를 이해하려고 노력하는 과정입니다. 그런 의미로 최대한 객관적인 관점에서 한 문장으로 요약 정리하려고 해요. 이 내용을 통해서 누구나 이 작품이 어떤 이야기인지 알 수 있으면 하는 마음입니다.

②감상은 작품 내용을 바탕으로 한 내 생각과 느낌을 이야기하는 것입니다.

'이 작품 어땠어?'라는 물음에 답한다는 마음으로 자유로운 감상을 정리해요. 내 생각이 작가의 생각, 작품의 메시지와 같을 수도 있고 다를 수도 있죠. 그래서 내용과 감상으로 분리해서 정리해요. 작품의 의도와 상관없이 배경 음악이 너무 멋있거나 배우의 연기가 별로일 수도 있죠. 여기서는 내가 어떤 것을 느꼈는지 알 수 있도록 담아야 합니다.

③추천 대상은 나의 기호를 넘어서 누군가에게 더 의미 있게 다가올지 생각해 보는 활동입니다. 작품을 추천해야 할 상황이 많다 보니 좀 더 사회적인 관점에서, 타인의 처지를 생각하면서 작품을 보려고 노력해요. '나는 좋았지만, 이런 사람은 불편할 수

도 있겠는데' 혹은 '나는 별로였지만, 이런 사람에게는 도움이 될 수 있겠는데'와 같이 생각의 폭을 넓혀가다 보면 처음에 생각지 못한 보다 확장된 의미를 찾아낼 수도 있습니다.

④이미지는 작품을 비유적으로 형상화해보는 활동입니다.

앞에서 '이미지의 시대'라는 이야기를 잠깐 했는데, 작품을 하나의 사물이나 음식으로 이미지화하는 과정은 꽤 흥미롭습니다. 어떤 키워드가 인상 깊었는지, 어떤 느낌이 강렬했는지, 내가 어떤 점을 더욱 강조할 것인지 생각하며 의미를 부여하면 기억에도 오래 남고 상상력과 창의력도 자랍니다.

⑤내면화는 앞에서도 다루었듯이 내 삶에 적용할 1인칭 질문을 남기는 것입니다.

질문과 함께 나름의 답변도 생각하는 것이 중요합니다. 이 작품이 나에게 진정으로 와 닿는 의미를 생각해 보는 성찰의 시간이 돼요. 줄거리가 가물가물해도, 그 작품을 떠올리면 이 질문만 생각나는 때도 있어요. 이러한 활동은 작품에 더욱 감정이입하고, 나의 가치관을 다시 한번 정립해보는 기회가 됩니다.

MEDIA LITERACY 03

발표안 만들기

말이란 어떻게 보면 가장 기본적이고 원초적인 미디어라고 할 수 있습니다. 미디어 기술이 발달한 현대사회에서도 직접 말을 통해 전달하는 것이 생각보다 많아요.

학교에서는 초등학교에서부터 대학까지 발표 수업을 진행하고, 직장에서도 브리핑이 필요합니다. 소모임이나 회의를 진행할 때에도 또렷하게 내 의사를 전달해야 하는 순간들이 있고, 더 나아가면 강연을 하게 될 때도 있습니다.

즉흥적으로 하는 대화와 다르게, 상대에게 정보와 생각을 제대로 전하기 위해서는 사전에 발표할 내용을 준비해야 합니다. 특히, 한 사람이 아니라 다수의 청중을 대상으로 발표할 때는 더욱 책임감이 따르죠. 살면서 몇 번씩은 꼭 할 수밖에 없는 것이 발표입니다. 발표안을 구성하는 방식을 정리해보았습니다.

① 발표의 목적 파악하고 방향 결정하기

자유롭게 내 생각을 말할 수 있는 자리도 있겠지만, 대부분의 발표에는 사전에 정해진 목적이 있어요. 내가 하고자 하는 이야기와 그 목적이 잘 맞는지 검토하고 발표의 핵심 메시지를 결정합니다.

발표 수업이라면 주어진 과제가 있을 것이고, 강연에는 주최자가, 회사에는 사업 목적이 있을 것입니다. 내가 평소 가진 생각이 정해진 발표의 목적과 딱 맞으면 좋겠지만 맞지 않는다면 적당히 조율해야 합니다.

② 청중을 파악하고 구체적으로 내용 정리하기

발표자와 주최자의 의도 못지않게 중요한 것이 청중입니다. 아무리 좋은 내용을 준비한다고 해도 듣는 사람의 마음을 끌지 못하면 그 발표는 성공적이라 할 수 없어요. 공개강연을 진행하다 보면 같은 내용도 반응이 천차만별일 때가 많습니다.

분명히 강연 주제에 관심을 두고 자발적으로 모인 청중인데 어떤 때는 열성적이고 어떤 때는 시큰둥합니다. 강연자는 같아도 듣는 사람이 매번 다르기 때문입니다.

그래서 여건이 닿는 한 수강생들의 성향을 파악하고자 합니다. 흥미진진한 이야기를 듣고 싶어 하는지, 인간적인 공감과 따뜻한 메시지를 원하는지, 실제로 활용할 수 있는 구체적인 정보나 지식이 있어야 하는지에 따라 강연 내용은 물론 분위기나 화법까지 조절합니다.

어떤 강연에서는 비유와 예시를 많이 들고, 어떤 때는 내 경험을 많이 섞어 이야기하고, 때로는 구체적 정보와 학문적 이론 중심으로 차분하게 전달하기도 합니다.

미디어나 콘텐츠에 관한 강연도 그렇습니다. 영화나 드라마를 즐기는 사람, 뉴스와 르포에 관심이 있는 사람, 예능이나 생활프로그램을 좋아하는 사람은 각각 미디어 강연에서 원하는 바가 다릅니다. 청중이 듣고 싶어 하는 것을 파악하고, 너무 어려워지거나 뻔해지지 않도록 정보의 양과 깊이를 신경 써야 합니다. 기대에 부응하는 것이 만족의 첫걸음이기 때문이죠.

③내용의 신뢰성과 진정성 확인하기

여러 사람 앞에서 발표하는 내용인 만큼 내용의 정확성과 출처를 확실하게 확인해야 합니다. 특히, 사례를 들 때는 사실인지와 함께 현시대에 유효한 사례인지도 함께 확인할 필요가 있어요. 오래된 마케팅 책에서 성공 사례로 나왔던 기업이 지금은 문을 닫은 경우가 있고, 그 당시에 괜찮았던 용어가 바뀌기도 해요. 인권 의식도 시대 정신에 따라 민감하게 반응해야 합니다.

이처럼 예시들은 수시로 업데이트가 되어야 발표의 허점을 줄이고 공감을 끌어낼 수 있습니다. 특히 최근 쟁점이 된 내용, 읽었던 책과 영화, 실제 겪었던 경험을 언급하면 살아있는 예시가 되기 때문에 내가 하는 이야기도 함께 살아 숨 쉬게 됩니다.

진정성에 대한 고민도 필요합니다. 쉽게 말하면 '내가 해도 되는 이야기인가'라는 고민이에요. 책을 거의 읽지 않는 사람이 '책을 읽읍시다!'라고 아무리 외쳐도 말에 힘이 실리지 않습니다. 여러 번 강연하다 보면 이야기가 어긋나는 경우가 있습니다.

저 또한 독서교육을 공부하면서 아날로그 미디어에 집중했었던 시기가 있었어요. 하지만 지속적인 학문적 호기심으로 문화콘텐츠학을 공부하고 이렇게 디지털 미디어도 함께 이야기하고 있습니다. 물론 중요한 것은 말하는 내용이 진지한 마음으로 임하는지, 내가 하는 말에 책임질 수 있을 만큼 깊게 생각해 보았는지 하는 점입니다.

④시작과 끝, 구성하기

내용이 정해지면 다음은 구조를 짤 차례입니다.

어떤 순서로 이야기하느냐에 따라 흥미진진할 수도, 어렵고 지루할 수도 있습니다. 주어진 발표 시간을 고려하여 지엽적인 내용이 지나치게 길어지거나 중요한 내용이 너무 짧아지지 않게 배분합니다.

너무 많은 이야기를 하려고 욕심을 부리기보다는 핵심 메시지 한두 가지에 집중하는 것이 좋아요. 책은 정리된 내용으로 지속해서 펼쳐볼 수 있지만, 강의는 순간적인 특징이 있어서 고려해야 할 점들이 있습니다. 특히, 인트로Intro와 아우트로Outro 즉, 어떻게 시작하고 어떻게 끝맺느냐가 중요합니다.

많은 강연 관련 저서에서도 강조하는 이야기지만, 가벼운 화제로 얼었던 분위기를 녹이는 '아이스 브레이킹ice breaking'으로 시작하여 '감동'으로 마무리 지어서 여운을 오래가게 하는 것이 전형적이죠. 어떤 만남이든 첫인상과 유종의 미가 중요하듯 발표도 마찬가지입니다.

아이스 브레이킹이라고 하면 농담이나 우스갯소리를 생각하는데 꼭 그럴 필요는 없습니다. 유머를 적절하게 구사하는 건 쉽지 않습니다. 농담이 재미가 없어서 오히려 분위기가 더 얼어붙을 수 있다는 것이 첫 번째 문제고, 또 무심코 편견을 기반으로 한 시대착오적인 농담을 던졌다가 불쾌감을 주고 발표의 인상을 나쁘게 할 위험도 있습니다.

무리하게 농담을 하기보다는 발표 내용과 관련된 가벼운 이야기가 좋다고 생각합니다. 연결고리를 잘 만드는 것이죠.

MEDIA LITERACY 04

기획안 만들기

연구개발팀으로 10년 가까이 근무하면서 다양한 교육 프로그램을 기획했습니다. 또 강의 프로그램, 방송 프로그램, 도서 출간까지 모두 기획하고 만든 것이죠.

일상에도 기획의 요소가 들어가는 것은 참 많습니다. 그래서 저는 독서지도사 자격증 과정을 교육하며 필수 과제로 수업 '기획안'을 포함하기도 했습니다. 무엇이든 기획하는 습관이 중요하다고 믿으니까요. 학생들이 하는 수행평가 과제부터 기업에서 대규모로 만드는 콘텐츠까지 모두 포함됩니다.

시중에 있는 기획 관련 도서는 광고나 마케팅 관련 일을 하시는 분들이 쓰신 책이 많습니다. '창조적인 일'하면 기발한 광고들이 떠오르기도 해요. 하지만 이번에는 '대중의 마음을 유혹하는', '팔리는' 기획에 초점을 맞추기보다 자신의 창조성을 자극하는 기획으로 넓게 생각해 보길 권합니다. 마케팅적 사고 보다는 주체적·창의적 사고를 우선으로 하는 시간이니까요. 조율은 나중에 해도 됩니다.

기획은 목적을 두고, 주제에 대해서 새로운 형태를 만들어내는 것이란 의미입니다. 그래서 목적과 콘셉트, 실현 가능성을 중요시해요. 같은 독서교육 내에서도 프로그램의 목표가 '인성 함양'인 것과 '어휘력 습득'은 큰 차이가 있습니다. 따뜻한 그림이 가득한 그림책과 낯선 어휘를 담은 글자 책과 같이 선정 도서부터 추가 질문, 적용하는 독후 활동의 결이 달라집니다.

그런 의미에서 '목표와 콘셉트'를 이해하는 것이 중요합니다. 그리고 돈이 얼마나 필요한지, 시간은 얼마나 드는지, 어떤 지원이 필요한지 등등 점검해야 해요. 실질적인 장벽에 부딪혀 수많은 기획서가 빛을 보지 못하고 묻히기도 하지만 습관적으로 '기획의 관점'으로 접근하는 과정이 소중합니다. 미디어 콘텐츠 기획을 전제로 이야기해보겠습니다.

다양한 양식이 있지만 공통된 요소로 ①이름(가제), ②기획 의도(목표), ③대상, ④시장 분석(경쟁 콘텐츠 분석), ⑤차별점, ⑥개요, ⑦논의사항 등이 있습니다. 특별한 내용은 아니지만 점검하지 않으면 놓치기 쉬운 요소들이에요. 순서는 상황에 따라 바뀔 수도 있습니다.

첫 책인《책으로 나를 읽는, 북렌즈》를 예로 들어 이야기해보겠습니다. 이 책을 예로 드는 이유는 순수하게 머릿속 아이디어로 시작된 책이기 때문이에요. 잘 된 기획이라기보다, 2015년의 일상 속 고민이 하나의 콘텐츠가 된 예로 이해해 주세요.

①이름: 뭐라고 부를까?

자극적인 이름, 홍보성 이름에 너무 치우치지 말고, 내용을 함축적으로 잘 담은 제목을 우선 권합니다. 중요한 것은 나의 의도를 담아낸 창조적 결과물이니까요. 필요하면 나중에 매력적으로 다듬으면 되고, 내용 변화에 따라 마지막까지 고민하는 사항이기도 해요. 메일 이름, 사이트 아이디, 나의 애장품 등도 마찬가지입니다. 의도를 담아 특별한 이름, 제목을 짓는 습관이 중요해요. 창조적 쓰기의 출발점입니다.

책의 이름을《책으로 나를 읽는, 북렌즈》라고 한 이유는 운영하고 있던 독서 토론모임 '북렌즈'와의 연관성, 책을 통해서 자신을 성찰한다는 의미를 담고 싶었기 때문입니다. 책으로 소통하는 친구들(Book+ Friends), 책은 렌즈다(Book+Lens)라는 모임의 의미도 포함해서 말이죠.

②기획 의도: 무엇을 하고 싶니?

어떻게 하면 팔릴까? 어떻게 하면 많은 인기를 얻을까? 이런 외부적 요소에 대한 질문을 대하기 전에, 내가 무엇을 하고 싶은가?, 무엇을 할 수 있을까? 와 같은 내부적 요소에 집중한 질문을 먼저 생각해 보세요. 그래야 지속적인 동력을 얻을 수 있습니다.

매력적으로 다듬는 것은 그 이후에 해도 됩니다. 부담을 낮추세요.

《책으로 나를 읽는, 북렌즈》의 목표는 혼자서도 독서 토론의 즐거움을 느끼도록 하는 것, 이를 통해서 다양한 관점을 마주하고 자신의 가치관을 확립하는 것이었습니다. 독서 모임이 대중화되기 전이라 근처 모임을 찾기 쉽지 않았고, 저 또한 1시간씩 지하철을 타고 서울에 있는 독서 모임에 참여하곤 했었어요. 그때 느꼈던 고민을 구체화하여 참여형 독서 토론 책을 만들고자 했습니다.

③ 대상: 누가 읽을까?

누가 이 콘텐츠를 소비할까에 대해 명확하게 하면 콘텐츠의 방향성도 분명해집니다. 그래서 어떤 분들은 '단 한 사람'을 생각하고 제작하라고 말하기도 해요. 구체적으로 하라는 의미죠. 그렇게 핵심 타겟을 정하고, 조금씩 넓혀 나가도 됩니다. '추천 대상'을 정하는 마음이죠. 과제면 선생님이나 교수님, 회사면 팀장님이나 대표님, 고객이라면 2030 사회 초년생 등등을 정해봅니다.

《책으로 나를 읽는, 북렌즈》는 함께 모임을 하고 있던 2030 성인을 대상으로 기획했어요. 독서 토론 방법을 가르치는 책이라면 배우고 싶은 학생이나 학부모, 교사를 대상으로 삼았겠지만, 여기서는 참여에 좀 더 의의를 두었어요. 그래서 이론 설명은 제외했습니다. 그것은 어떤 작품을 수록할 것인가와도 직접 연결되는 부분이었어요. 수록된 작품이 곧 예상 독자가 될 수 있었죠. 저는 성인 대상 독서 토론의 경험을 담아 깊은 이야기를 끌어내기 위해 세계명작을 주로 다루었습니다.

④시장 분석: 비슷한 것이 무엇이 있을까?

혼자서 골똘히 생각하고 나서, 주변을 둘러보길 추천합니다. 시대정신과 잘 맞아서 힘이 날 수 있고, 차가운 반응이 예상될 수도 있어요. 나의 기획 의도를 구현한 콘텐츠가 이미 있을 수 있고, 완전 새로울 수도 있습니다. 장단점은 모두 있어요. 이미 있다면 그 콘텐츠를 꼼꼼히 살펴보고, 없다면 그 이유를 찾아보는 식으로 접근합니다. 시장 분석을 먼저 하는 분들도 있는데, 그건 상업적인 목적이 큽니다. 학습적으로는 자기 생각을 구조화하는 과정을 먼저 경험해보는 것이 좋습니다.

시대적으로는 취향 모임 플랫폼이 인기를 누리고 있었어요. 어플을 통해서 취향에 맞는 모임에 가입하고 활동하는 문화가 확산하고 있었어요. 복합문화공간이 하나둘 생기며, 책도 읽고 커피도 마시고 대화도 나누는 공간이 뉴스에도 나오곤 했습니다. 사람들이 만나서 이야기를 나누고 싶어 하는구나! 하는 확신이 들었어요. 구체적인 비교 콘텐츠로는 책을 읽고 생각을 공유하는 책, 《책은 도끼다》와 《강신주의 감정 수업》을 선정했습니다. 어떤 작품들을 수록했고, 어떻게 다루었는지, 사람들의 반응은 어떤지 살펴보았어요.

⑤차별점: 다른 점은 무엇이 있을까?

기존에 있는 콘텐츠와 같다면 굳이 새로운 콘텐츠를 구성할 이유가 없습니다. 롤 모델로 삼는 것과 똑같이 흉내 내는 것, 베끼는 것은 다릅니다. 그래서 조금이나마 차별점을 갖고 있어야 해요. 아주 사소한 것도 가능합니다. 그 차별점이 단점이 아니라 매력적으로 보이도록 포장하는 것도 중요해요. 예를 들어, 내가 비전문가인 것이 단점일 수 있지만, 일반인들의 눈높이에 맞는 설명을 강조한다면 장점으로 전환될 수 있습니다.

분석했던 책들은 유명한 작가가 수많은 작품을 해석하고 전달하는 방식이었습니다. 여러 작품을 다루지만 결국 한 사람의 생각이 주가 되는 것이죠. 저는 저의 해석을 배제하고 가상의 캐릭터들이 다양한 관점에서 이야기 나누고, 독자가 주체적으로 참여할 수 있기를 바라는 마음이었습니다. 그래서 게임처럼 6명의 가상 캐릭터들이 토론하는 구성을 만들고, 독자가 참여할 수 있는 여백을 넣어 구성하였습니다.

⑥ 개요: 어떻게 만들까?

어떤 내용을 담고 있는지 간략하면서도 구체적으로 보여줍니다. 기획은 결국 구체적인 실현을 전제로 해서, 앞에서 아무리 멋있게 말해도 알맹이가 없으면 이루어지지 못합니다.

구체화하는 과정에서 목표가 바뀌기도 합니다. 책이면 서론이나 목차, 웹툰이나 영상은 시놉시스, 스토리보드, 콘티 등. 가능한 내에서 아이디어를 구체화합니다. 내 생각에 갇혀 있던 것을 꺼내는 과정이니, 다른 사람이 봐도 감이 잡히도록 하는 것이 좋아요.

《책으로 나를 읽는, 북렌즈》에서 어떤 책들을 다룰 것인지, 가상의 패널들은 어떤 특성이 있는지, 어떤 주제로 자신을 성찰하게 할 것인지 등을 담았습니다. 책의 분량이 있으므로 하고 싶은 모든 책을 읽을 수는 없었고, 인물의 수와 주제의 폭도 한정되어 있었습니다. 선택과 집중을 해서 줄이는 것이 일이었어요. 그래서 누구와 어떤 책으로, 무슨 주제를 다룰 것인지 정했습니다.

⑦논의사항

기획안을 작성하면서 스스로가 느낀 보완해야 할 점, 한계점, 의문 사항 등을 다룹니다. 완벽한 기획안은 없습니다. 중간중간 보완이 필요한 부분, 확신이 서지 않는 부분은 따로 정리해둡니다. 기획안을 세부적인 운영안으로 바꾸다 보면 또 문제가 나타나기도 하죠. 이런 부분들을 모아 다른 사람과 상호토론하며 구체화하는 것도 많은 도움이 됩니다.

저는 유명한 책들을 토론에서 다루는 콘셉트이다 보니 저작권 관련해서 조율해야 할 것이 많았습니다. 결국, 마지막에 수록 작품을 바꾸기도 했죠. 또 책이란 미디어 안에서 독자들의 참여를 끌어내는 것이 어려웠습니다. 대부분 넘기면서 눈으로만 읽으니까요. 워크북의 형태로 빈칸을 남겨 구성하긴 했지만, 안타까운 부분이었습니다.

MEDIA LITERACY 05

퍼스널 브랜딩 실천하기

미디어 쓰기의 과정은 그 자체만으로도 소중한 경험이지만 방향성을 가지면 더욱 큰 의미가 있습니다. 나를 말해주는 하나의 이미지가 될 수 있고, 하나의 직업으로서 수익을 만들 수 있습니다.

최근 퍼스널 브랜딩이란 말을 쉽게 접할 수 있습니다. 급변하는 시대에 평생직장의 개념이 사라지면서 회사에 의존하지 않는 홀로서기가 관심을 받으며 1인 기업, N잡러• 등의 말과 함께 쓰이며 인기를 얻고 있어요.

퍼스널 브랜딩은 '사람의, 개인의'를 뜻하는 Personal과 특정한 '제품 및 서비스를 식별하는 데 사용되는 명칭, 기호, 디자인'을 총칭하는 Brand가 합쳐진 말입니다. 개인이 가지고 있는 개성,

• N잡러: 2개 이상 복수를 뜻하는 'N'과 직업을 뜻하는 'job', 사람을 뜻하는 '~러(er)'가 합쳐진 신조어로 '여러 직업을 가진 사람'이란 뜻이다. (매일경제 용어사전)

능력, 가치를 소비자에게 인식시키고 상품화하는 과정입니다.

우리가 평소 생각하던 진로 교육이 개인의 성향에 맞게 전문성을 향상하는 것이 목적이었다면, 여기에 그 전문성을 알리고 다른 사람들이 인식할 수 있도록 하는 것입니다. 어떤 의류 브랜드를 보면 떠오르는 이미지가 있는 것처럼, 사람에 관한 이미지도 구축할 수 있어요. "축구화는 나이키지." 처럼 "미디어 리터러시 교육은 이승화지."라는 인식이 자리 잡았다면 퍼스널 브랜딩에 성공한 것입니다.

이렇게 개인이 영향력을 가질 수 있게 된 배경은 미디어의 발달 덕분이라고 해도 과언이 아닙니다. 나만의 콘텐츠를 제작할 수 있는 환경이 만들어졌고, 소셜 미디어 기능으로 수많은 사람에게 나를 알릴 수도 있게 되었습니다.

그래서 기존 퍼스널 브랜딩 교육에 SNS 채널 관리하기, 인플루언서 되기, 빠르게 구독자 수 늘리기 등에 마케팅 관점에서 이루어지는 교육이 성행합니다. 하지만 여기선 좀 더 근본적으로 진로 교육과 결합해서 알아보도록 하겠습니다. 이는 내가 어떤 콘텐츠를 제작할 것인가와도 밀접한 관련이 있습니다.

진로 교육은 크게 진로 인식→진로 탐색→진로 준비→진로 선택으로 이루어지고 브랜딩은 브랜드 구축→브랜드 확장→브랜드 관리로 이루어집니다. 이 단계를 살짝 수정하여 적용해 보겠습니다.

콘텐츠 인식과 탐색

내가 좋아하는 것과 싫어하는 것, 내가 잘하는 것과 못하는 것 등을 파악하며 자신을 이해하는 시간입니다.

'나는 무엇을 잘하는가?'

'나는 무엇을 좋아하는가?'

이는 유치원 때부터 줄곧 하던 질문입니다. 그리고 성인이 되어서도 '좋아하는 일을 해야 하는가, 잘하는 일을 해야 하는가'라는 질문은 계속 따라다니죠. MBTI와 에니어그램 같은 심리검사가 많이 활용하기도 합니다.

개인적으로는 '싫어하는 것'과 '못하는 것'도 함께 들여다보라고 합니다. 저의 경험상 그런 것들이 언제 장점이 될지 모르거든요. 또 입맛이 변하듯 좋아하는 것이 될 수도 있습니다. 고정되어 있지 않은 개념이에요. 이렇게 성향이 바뀌는 데는 '경험'이 많은 역할을 합니다. '성공 경험'과 '실패 경험'이 기존의 인식을 바꾸지요. '좋았던 경험', '뿌듯했던 경험', '의미 있었던 경험' 등을 자주 떠올려보세요.

또한, 생활 속에서 다양한 미디어를 접하면서 수시로 내면화 질문을 던져보는 것이 좋습니다. '나라면 어떻게 행동했을까?', '나에게 가장 소중한 것은 무엇인가?'와 같은 질문이 나의 가치관을 계속 확인할 수 있는 실마리를 던져줍니다.

이러한 인식을 바탕으로 다양한 콘텐츠에 관심을 두고 탐색하여 구체적인 정보를 쌓아갑니다. 특정 콘텐츠에 국한하지 않고 행위에 집중하면 영역이 넓어집니다. 지금, 이 순간 인기가 많아도 또 언제 트렌드가 변할지 모르니까요.

미디어를 통한 대리경험으로 장단점을 분석해 보고, 내가 구현할 수 있는지, 구현하기 위해서는 어떤 능력이 필요한지 알아봅니다. SNS를 통해 만나는 많은 사람의 일상 속에서 힌트를 얻을 수도 있고, 박람회 같은 곳에서 인사이트를 얻을 수도 있어요. 그렇게 탐색하며 시야를 확장해나갑니다. '관심 있는 만큼 보인다'라고 생각하며 호기심을 가져보세요.

콘텐츠 준비와 선택

탐색한 일에 관해 필요 요소를 채우고, 전문성을 쌓아야 합니다. 전문성의 기준은 타인과 비교하는 것이 아니라 스스로 자신감이 있느냐입니다. 학위나 자격증도 좋지만, 내적인 자신감이 중요해요. 해당 분야에 대한 내공이 쌓여있다면, 막힘 없이 관련 이야기가 술술 나올 것입니다.

관심 있는 분야의 SNS 채널이나 뉴스레터를 구독하고 정보를 수집하여 길잡이로 삼는 것도 좋은 방법입니다. 정보의 홍수 시대에 필요한 정보를 효과적으로 획득하는 것이 중요해요. 그리고 관심사를 향한 나의 애정 어린 활동을 SNS 계정에 잘 기록하면 그것이 포트폴리오가 됩니다. 분야에 따라 글, 그림, 영상, 작업물 등 다양합니다. 포트폴리오가 쌓이면서 전문성도 함께 생길 것이고 알아봐 주는 사람들도 등장할 거예요.

많은 이력서에서 SNS 계정을 함께 기재하는 부분이 있습니다. 나의 방향성 있는 콘텐츠들은 탄탄한 밑바탕이 될 수 있어요. 그렇다고 시야를 좁게 가져서 한 우물만 파라는 것은 아닙니다. 여러 가지 경험을 기술하더라도 이야기를 잘 연결하는 것이 중요해요. 그 이야기를 엮기 위한 기준은 선택할 필요가 있습니다.

인생은 결국 선택의 연속입니다. 대학입시, 전공 선택, 취업, 이직, 사업 등등 끝이 없습니다. 수많은 콘텐츠 중에서 또 방향성을 선택해야 합니다. 그 선택을 하는데 무엇을 기준으로 삼느냐가 중요하죠. 나의 가치관, 환경적 요소, 복지, 경제적 여건 등 입체적으로 바라보는 자세가 필요해요.

많이 쓰이는 생각 도구 중 스왓(S.W.O.T) 분석이란 것이 있습니다. 내부적인 강점Strength과 약점Weakness, 외부적인 기회Opportunity와 위협Threat으로 구분하여 생각하는 방법이에요. 중심에 무엇을 두느냐에 따라 입체적으로 살펴볼 수 있는 도구입니다. 이렇게 여러 가지 요소를 고려하여 핵심 콘텐츠를 선택합니다. '나를 말해주는 콘텐츠'가 형성되는 것이죠.

브랜드 구축

'나를 말해주는 콘텐츠'가 상대방에게도 그대로 전달되도록 노

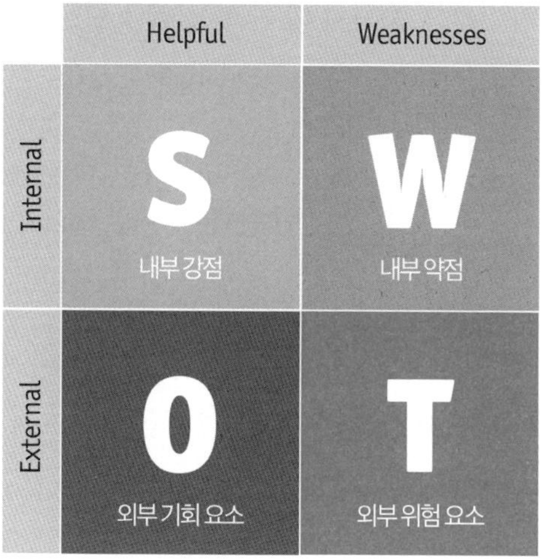

〈스왓 분석〉

력해야 합니다. 다른 사람들에게 인식시키기 위해선 명확한 콘셉트와 키워드를 정할 필요가 있어요. 키워드가 모호하면 받아들이는 사람이 오해할 수 있으니까요. 그래서 많은 브랜드가 브랜드 이름, 로고, 카피 등에 큰 비용을 투자하는 것이죠.

콘텐츠명, 채널명 등을 센스 있게 지어보려고 노력합니다. 자꾸 그 브랜드가 머릿속에 맴돌고, 내가 의도한 의미와 연결이 된다면 성공이죠. A 브랜드는 프리미엄 이미지를 갖고 싶고, B 브랜드는 가성비 좋다는 이미지를 갖고 싶다면 그 의도에 맞게 각각 다르게 접근해야 합니다. 절대적으로 좋은 브랜딩은 없다고 생각해요. 맞지 않는 옷은 오히려 불편하기만 하니까요.

순간의 트렌드에 휩쓸리지 않는 것도 중요합니다. 금방 촌스러워질 수 있고, 이미 구축된 브랜드는 바꾸기 쉽지 않기 때문이지요. 간판을 생각해 보세요.

한때 유행어로 만들어진 간판, 인기 많은 프로그램의 이름을 따온 간판들은 그때는 반갑고 유쾌하지만, 시간이 지나면 세월의 흐름을 직접 느끼게 합니다. 하지만 간판 교체 비용도 아깝고, 이미 생긴 고객들이 있으므로 바꾸기도 쉽지 않아요. 그래서 단기 프로젝트가 아니라면, 지속가능성도 하나의 기준으로 삼아야 합니다.

브랜드 확산

구축한 브랜드를 다른 사람에게 널리 알리는 것이 퍼스널 브랜딩의 포인트입니다. 여기에 SNS를 비롯한 미디어들에 적극적으로 활용됩니다. 기본 노출이 있어야 이미지가 각인되는 것이니까요. 자신의 콘텐츠에 적합한 플랫폼을 찾아 적극적으로 알릴 필요가 있습니다. 그러다 보면 어느 순간 내가 직접 접촉하지 않아도 내가 필요한 사람들이 늘어납니다. 나의 브랜드가 알려졌기 때문이죠.

과거 개인 브랜드 구축과 확산의 대표주자는 책이었습니다. 책을 내고 베스트셀러가 되면 해당 분야의 전문가로 명성을 얻을 수 있었어요. 지금은 SNS와 유튜브의 영향력이 점점 더 커지고 있습니다. 작가의 권위가 SNS 팔로워 수, 유튜브 구독자 수로 넘어왔다고 할 수 있어요.

구독자 수가 많은 인플루언서들은 자신의 활동을 올리는 것만으로도, 많은 사람의 반응을 끌어내기 때문에 '구독자가 권력'이라는 말이 있을 정도입니다.

수많은 개인방송에서 '좋아요'와 '구독'을 간절히 눌러 달라고 하는 이유입니다. 이는 직접적인 수익에도 연결되니까요. 그래서 요즘은 개인들도 비싸지 않은 금액으로 SNS 유료 광고를 진행하거나 마케팅 관련 공부를 진행합니다.

브랜드 관리

브랜드 이미지는 수시로 변화하기 때문에 지속적인 관리가 필요합니다. 많은 사람과의 소통이 홍보나 이미지 관리에 큰 도움이 되기 때문이에요. '킬러 콘텐츠'로 순간에 명성을 얻을 수도 있지만, 그만큼 사소한 문제로 쉽게 인기를 잃을 수도 있습니다. 기업에서 '고객센터', '위기 대응팀'을 따로 운영하는 이유이지요.

나아가 브랜드를 지속하여 변화시키고 확장할 수도 있습니다. 게임 방송으로 유명한 크리에이터가 먹방이나 요리방송에 도전하는 식으로 확장할 수 있어요. 이러한 성장과 혁신의 과정은 수시로 진행됩니다. 기존 브랜드와의 접점, 연결고리를 잘 정리하는 것이 중요해요. 잘못하면 어렵게 쌓아 온 기존의 브랜드도 잃을 수 있으니까요.

사람은 창조하려는 욕구를 가진 존재입니다. 그리고 그 콘텐츠가 자신을 말해주기도 하죠. 상대방에게 나를 인식시키는 하나의 이미지가 되기도 하는 세상입니다. 맹목적으로 인기를 좇으란 말은 아닙니다. '왕관의 무게를 견뎌라'라는 말처럼 인기의 무게도 무거우니까요. 그런데도 성숙한 독자는 성숙한 제작자가 될 것을 믿습니다.

진로 교육에 크롬볼츠의 계획된 우연이란 이론이 있습니다.

연구자가 수많은 성공한 사람들을 조사한 결과 깨달은 것은 '우연은 계획된다'라는 사실입니다. 우연히 좋은 기회를 만난 것이 아니라는 것이죠. 덧붙여서 이렇게 말합니다. "우연은 결코 우연이 아니다. 인간이 어느 순간에 맞닥뜨리게 되는 상황은 이미 오래전부터 직간접적으로 쌓아온 꾸준한 경험이 축적된 결과물이다." 그리고 우연을 진로의 기회로 사용하기 위한 다섯 가지 기술로 호기심, 인내심, 융통성, 긍정주의, 위험 감수를 이야기합니다. 특별할 것 없어 보이지만, 중요한 요소들이죠.

우리는 수많은 미디어의 영향 속에서 다양한 우연들을 맞이합니다. 그것을 성장의 발판으로 삼을 수 있는 것은 여러분의 능력입니다. 내 주변의 미디어들을 잘 읽고 쓰기를 한다면 여러분은 멋있게 승화할 것입니다.

[TIP] 알차고 간단한 다섯 마디 리뷰

로맹 가리 지음 | 문학동네

《자기 앞의 생》

내용: 불우한 환경의 소년 모모가
　　좋은 이웃들과 함께 성장하는 이야기

감상: 사람은 사랑 없이 살 수 없다

추천 대상: 사랑이 필요하신 분

이미지: 군만두. 시크한 말투 속 따뜻한 감동 있다

내면화: 내가 살아가는 이유는 무엇인가?

김원석 연출 | tvN

「나의 아저씨」

내용: 고독한 아저씨와 상처받은 존재가 만나
　　서로 치유해주는 이야기

감상: 괜찮은 어른이 되고 싶다

추천 대상: 삶이 퍽퍽하신 분

이미지: 어른. 조금은 든든한 모습

내면화: 나는 어떤 어른인가?

이동건 글그림 | 위즈덤하우스

《유미의 세포들》

내용: 유미의 머릿속에서 벌어지는 다양한 세포들 이야기

감상: 승화의 세포들! 뭐하나 지금!

추천 대상: 머리가 복잡하신 분

이미지: 세포. 각자의 역할을 충실히!

내면화: 나의 프라임 세포는?

피터 위어 연출 | 해리슨앤컴퍼니

「트루먼 쇼」

내용: 방송국에 입양되어, 삶이 쇼가 된 트루먼의 이야기

감상: 나는 그 방청객들과 다른가

추천 대상: 관찰 예능 좋아하는 분

이미지: 브이로그. 자발적 일상 공개

내면화: 나의 일상이 생중계된다면 어떨까?

건강하게 적응하기

이 원고를 쓰는 팬데믹 시기는 우리에게 그 어느 순간보다 충격을 주었습니다. 그 충격은 우리의 일상을 송두리째 바꾸었습니다. 실제로 3차시 강의를 진행하고 있는 도중에 그 순간을 맞이했습니다. 1차시는 평상시대로 진행했고, 2차시는 마스크를 쓰고 진행했으며, 3차시는 결국 취소되었으니까요. 설마설마했지만, 그 상태로 1년이 지났습니다.

모두가 웅크린 상태로 몇 개월을 보내고, 더는 이렇게 지낼 수 없다는 생각에 사람들은 여러 가지 새로운 수단을 취했어요. 일상을 살아가기 위한 몸부림으로, 적응하기 시작했습니다. 연기되었던 강의들은 모두 화상 회의 플랫폼으로 대체되었어요. 그때 많이 들었던 질문이 "비대면 강의 가능하세요?, ZOOM 사용할 줄 아세요?"입니다.

저는 개인적으로 쑥스러움이 많은지라, 셀카도 부담스러워하고 영상 촬영은 더 피했습니다. 그래서 라디오와 팟캐스트 위주로 활동하곤 했었어요. 하지만 상황이 이러니 어쩔 수 있겠나요.

부랴부랴 화상 Cam을 사고, 화상 회의 플랫폼 활용법 공부도 했습니다.

처음엔 굉장히 어색했지만, 하다 보니 적응이 되었어요. 민망함을 줄이기 위해 더 좋은 화상 Cam을 구하고 조명 장비도 설치했습니다. 빠르게 적응한 덕분에 더 많은 기회를 잡을 수 있었어요. 이전에는 일정상 할 수 없었던 일들을 경험하게 되고 전국에 있는 많은 분을 화면으로 만났습니다. 시간과 공간의 제약에서 자유롭게 되니 새로운 길들이 열리기도 했어요. 이제는 이것이 새로운 일상이 되었습니다. 마스크 쓰고 하는 오프라인 강의보다 온라인 강의가 낫다고 생각할 때도 있어요.

물론 우린 많은 것을 잃었습니다. 이대로 3개월만 지나면 세상이 망한다고 말하던 때도 있었죠. 그런데도 우리는 지금 일상을 살아가고 있습니다. 힘들지만 나름대로 적응하며 지내고 있습니다.

무조건 트렌드를 따르라는 의미는 결코 아닙니다. '지나치지도 않고, 모자라지도 않고, 치우치지도 않은' 중용의 상태, 조화와 균형을 위한 태도는 항상 견지해야 합니다. 그래서 적응의 중심에 '건강'이란 키워드가 우선시 되어야 해요. 육체 건강, 정신 건강, 건강한 소비, 건강한 사회, 건강한 경제 등등 전 영역에 걸쳐 주목받고 있습니다.

이 적응의 시기를 조금 더 건강하게 유지할 수 있도록 도와주는 것이 미디어의 바람직한 역할이라고 생각해요. 삶을 피폐하게 만드는 미디어 생활이 아니라, 삶의 활력을 주는 미디어 생활이 절실한 순간입니다. 과거 '지속할 수 있는 즐거움'보다 더 간절해진 '건강한 미디어 생활'이 목표인 이유입니다. 건강을 잃으면 모든 것을 잃게 되니까요. 이 책이 여러분의 건강한 미디어 생활에 도움이 되길 진심으로 바랍니다.

참고 문헌

강석,《커뮤니케이션과 자본》, 커뮤니케이션북스, 2016.
김기란·최기호,《대중문화 사전》, 현실문화연구, 2009.
김기홍·김신엽 외 8명,《문화콘텐츠와 트랜스미디어》, HUINE, 2016.
김명희·이형식,《문학텍스트에서 영화텍스트로》, 동인, 2004.
김아미,《미디어 리터러시 교육의 이해》, 커뮤니케이션북스, 2015.
권정민,《인터랙티브한 쌍방향 온라인 수업》, 사회평론아카데미, 2020.
김성우·엄기호,《유튜브는 책을 집어삼킬 것인가》, 따비, 2020.
김광희 외 4명,《미디어 리터러시 수업》, 휴머니스트, 2019.
권혜령 외 5명,《슬기로운 미디어생활》, 우리학교, 2018.
구본권,《뉴스, 믿어도 될까?》, 풀꽃, 2018.
김경희 외 5명,《디지털 미디어 리터러시》, 한울아카데미, 2018.
나다니엘 호손, 김욱동 옮김,《주홍 글자》, 민음사, 2007.
데이비드 버킹엄, 조연하 외 8명 옮김,《미디어 교육 선언》, 학이시습, 2019.
류희림,《가짜 뉴스 시대에서 살아남기》, 글로세움, 2018.
리 매킨타이어, 김재경 옮김《포스트트루스》, 두리반, 2019.
모기룡,《평생직장이 사라진 시대에 '나'라는 브랜드로 살아남기》, 책들의정원, 2019.
배상준,《미장센》, 커뮤니케이션북스, 2016.
배상준,《영화 예술학 입문》, 성신여자대학교출판부, 2009.
신동명,《실전 토론교과서》, 봄풀출판, 2013.
안창현·유제상 외 3명,《새로운 문화콘텐츠학》, 커뮤니케이션북스, 2017.
유발 하라리, 김명주 옮김,《호모 데우스》, 김영사, 2017.
유발 하라리, 전병근 옮김,《21세기를 위한 21가지 제언》, 김영사, 2018.
유승호,《당신은 소셜한가?》, 삼성경제연구소, 2012.
이강원 · 손호웅,《지형 공간정보체계 용어사전》, 구미서관, 2016.
이경혁,《게임, 세상을 보는 또 하나의 창》, 로고폴리스, 2016.
이대현,《소설 속 영화, 영화 속 소설》, 다할미디어, 2016.
이지은,《퍼스널 브랜딩》, 에소프레소북, 2018.
정유라 외 6명,《2021 트렌드 노트》, 북스톤, 2020.
조지 오웰, 도정일 옮김,《동물농장》, 민음사, 1998.
한철우,《거시적 독서 지도》, 역락, 2011.
한국교육심리학회,《교육심리학 용어사전》, 학지사, 2000.
한스 로슬링, 이창신 옮김,《팩트풀니스》, 김영사, 2019.
황치성,《미디어 리터러시와 비판적 사고》, 교육과학사, 2018.